U0612657

全国革命老区县发展史丛书·广东卷

揭阳市揭东区革命老区发展史

揭阳市揭东区革命老区发展史编委会　编

SPM 南方出版传媒·广东人民出版社
·广州·

图书在版编目（CIP）数据

揭阳市揭东区革命老区发展史 / 揭阳市揭东区革命老区发展史编委会编. —广州：广东人民出版社，2021.7
（全国革命老区县发展史丛书·广东卷）
ISBN 978-7-218-15062-8

Ⅰ.①揭…　Ⅱ.①揭…　Ⅲ.①区（城市）—地方史—揭阳
Ⅳ.①K296.54

中国版本图书馆CIP数据核字（2021）第108993号

JIEYANG SHI JIEDONG QU GEMING LAOQU FAZHANSHI
揭阳市揭东区革命老区发展史
揭阳市揭东区革命老区发展史编委会 编

出 版 人：肖风华

责任编辑：李　敏　温玲玲
装帧设计：张力平　等
责任技编：吴彦斌　周星奎

出版发行：广东人民出版社
地　　址：广州市海珠区新港西路 204 号 2 号楼（邮政编码：510300）
电　　话：（020）85716809（总编室）
传　　真：（020）85716872
网　　址：http://www.gdpph.com
印　　刷：广州市浩诚印刷有限公司
开　　本：715mm×995mm　1/16
印　　张：25.375　　插页：12　　字　数：350 千
版　　次：2021 年 7 月第 1 版
印　　次：2021 年 7 月第 1 次印刷
定　　价：88.00 元

如发现印装质量问题，影响阅读，请与出版社（020-85716849）联系调换。
售书热线：（020）85716826

微信扫描二维码
您立即获得本书主要内容/
丛书介绍。

广东省编纂《革命老区县发展史》丛书
指导小组

组　　长：陈开枝（广东省老区建设促进会会长）

副组长：林华景（广东省老区建设促进会常务副会长）

　　　　宋宗约（广东省农业农村厅二级巡视员、广东省
　　　　　　　　老区建设促进会副会长）

　　　　刘文炎（广东省老区建设促进会副会长）

　　　　郑木胜（广东省老区建设促进会副会长）

　　　　姚泽源（广东省老区建设促进会副会长兼秘书长）

　　　　谭世勋（广东省老区建设促进会副会长）

　　　　廖纪坤（广东省农业农村厅总经济师）

办公室

主　　任：姚泽源（兼）

副主任：韦　浩（广东省农业农村厅扶贫协作与老区建设
　　　　　　　　处处长）

　　　　柯绍华（广东省老区建设促进会副秘书长）

　　　　伍依丽（广东省老区建设促进会副秘书长）

《揭阳市揭东区革命老区发展史》
编纂委员会

顾　问：方　烽　许剑芒　林运明

主　任：陈郁芳

副主任：林玉龙　洪璧华　郑树彬

委　员：陈楚鹏　张旭斌　卢填波　蔡于娜

主　编：陈楚鹏

副主编：蔡逸龙

编　辑：陈耿洪　何巧珠　陈　岚

在举国欢庆新中国成立 70 周年前夕，中国老区建设促进会王健会长请我为《全国革命老区县发展史》丛书作序，作为一名在老区战斗过并得到老区人民生死相助的老兵，回首往事，心潮澎湃，感慨万千，深感义不容辞，欣然应允。

中国革命老区，是以毛泽东为代表的中国共产党人在领导人民推翻帝国主义、封建主义和官僚资本主义三座大山，争取民族独立和人民解放伟大斗争中建立的革命根据地，在这片红色的土地上，诞生了无数可歌可泣的革命英雄儿女，为后人树起了一座不朽的丰碑，她是新中国的摇篮，是党和军队的根。

在艰苦卓绝的战争年代，老区人民把自己的命运与中华民族的命运紧紧地联系在一起，与中国共产党和人民军队的命运紧紧地联系在一起，他们生死相依，患难与共。我曾亲历过战争年代，并得到过老区红哥红嫂的救助，切身感受到发生在身边的一幕幕撼天动地的革命故事，在那极其艰难的条件下，老区人民倾其所有、破家支前，不怕艰难困苦，不怕流血牺牲。"最后一碗米送去做军粮，最后一尺布送去做军装，最后一件老棉袄盖在担架上，最后一个亲骨肉送去上战场"，这是当时伟大的老区人民为建立新中国做出巨大牺牲的真实写照，它将永远镌刻在中国共产党、中国人民解放军、中华人民共和国的历史丰碑上。他们的光辉业绩永载史册，他们的革命精神必将影响一代又一代的革命新人，造就一代又一代的民族脊梁。

在社会主义革命和建设时期，革命老区和老区人民响应党的号召，面对落后的面貌、脆弱的经济、恶劣的生态环境，他们本色不变，精神不丢，自力更生，艰苦奋斗，干一行爱一行。始终坚持"革命理想高于天"，自觉做共产主义远大理想的坚定信仰者和忠实实践者，勇于向恶劣的自然环境和贫穷落后宣战，他们在各条战线上为国建功立业，用平凡的双手创造了一个又一个不平凡的奇迹，彰显了老区人的崇高精神和人格力量。

在改革开放的伟大进程中，老区人民解放思想，勇于创新，发奋图强，攻坚克难，老区的经济社会建设取得了辉煌成就。特别是在改变中国的面貌、中华民族的面貌、中国人民的面貌、中国共产党的面貌的伟大实践中发挥了至关重要的作用。老区人民既是改革开放的参与者，也是改革开放的推动者。

艰苦练意志，危难见精神。老区人民在近百年的革命战争、社会主义建设和改革开放的伟大实践中，孕育形成了伟大的老区精神：爱党信党、坚定不移的理想信念；舍生忘死、无私奉献的博大胸怀；不屈不挠、敢于胜利的英雄气概；自强不息、艰苦奋斗的顽强斗志；求真务实、开拓创新的科学态度；鱼水情深、生死相依的光荣传统。这是党和人民宝贵的精神财富、丰厚的政治资源，是凝心聚力、振奋民族精神的重要法宝，也是社会主义核心价值观的重要内容。

中国老区建设促进会怀着强烈的政治责任感和历史使命感，组织全国各地老促会人员克服困难，尽心竭力编纂《全国革命老区县发展史》丛书，记录老区的光辉历史和辉煌成就，传承红色基因，弘扬老区精神，是功在当代，利及千秋的一件大事。手捧这部丛书的部分书稿，读着书中的故事，倍感亲切，深感这部丛书具有资政、育人、存史的社会功能,有着重要的时代和历史价值。它是不忘初心、牢记使命的源头活水,是赞颂共产党、讴歌老区人民的一部精品力作,是弘扬老区精神、传承红色记忆的丰厚载体,是一项继承优秀传统文化、弘扬革命文化、发展社会主义先进文化,坚定"四个自信"的宏大文化工程。它必将成为一种文化品牌,为各界人士了解老区宣传老区支持老区提供一部有价值的研究史料。希望读者朋友们能从中了解并牢记这些为党和民族的利益不断奉献的老区人民,从中得到教益,汲取人生奋斗的精神动力。

新时代赋予新使命,新起点开启新征程。让我们更加紧密地团结在以习近平同志为核心的党中央周围,坚持以习近平新时代中国特色社会主义思想为指导,增强"四个意识",坚定"四个自信",做到"两个维护",弘扬老区精神,铭记苦难辉煌。为实现"两个一百年"奋斗目标,实现中华民族伟大复兴的中国梦作出新的更大的贡献!

遆清田

2019 年 4 月 11 日

2017 年 6 月，中国老区建设促进会组织全国各地老促会启动编纂《全国革命老区县发展史》丛书，按照"建立中国共产党、成立中华人民共和国、推进改革开放和中国特色社会主义事业"三大里程碑的历史脉络，系统书写革命老区百年历史，深入挖掘革命老区红色文化资源，这对于充实丰富中国革命史籍宝库、在新时代传承红色基因、弘扬革命精神、强固根本，对于激励人们在新的历史条件下夺取中国特色社会主义伟大胜利，实现中华民族伟大复兴的中国梦具有重要意义。

丛书编纂以习近平新时代中国特色社会主义思想为指导，以《中国共产党历史》《中国共产党的九十年》等重要文献为基本依据，以党的领导为核心，以老区人民为主体，以老区发展为主线，体现历史进程特征，突出时代发展特色，坚持辩证唯物主义和历史唯物主义相统一、历史真实性与内容可读性相统一的原则，书写革命老区从站起来、富起来到强起来的光辉革命史、不懈奋斗史、辉煌成就史，把老区人民的伟大贡献、伟大创造、伟大成就、伟大精神充分展示出来，形成一部具有厚重历史特征和鲜明时代特色的精品力作。这是一部培根铸魂、守正创新，既为历史立言，又为时代服务，字里行间流淌着红色血脉、催生着革命激情的传世之作。丛书的编纂出版将成为讴歌党讴歌人民讴歌时代、传播红色文化、为革命老区和老区人民树碑立传的重要载体。

丛书按照编年体与纪事本末体相结合、以编年体为主的编写体例确定框架结构；运用时经事纬、点面结合的方式记述史实；坚持人事结合、以事带人的原则处理人与事的关系；采取夹叙夹议、叙论结合以叙为主的方法展开内容。做到了史料与史论、历史与现实、政治与学术统一，文献性、学术性、知识性相兼容。

为编纂好《全国革命老区县发展史》丛书，打造红色文化品牌，中国老区建设促进会认真组织积极协调，提出政治立场鲜明、史料真实准确、思想论述深刻、历史维度厚重、时代特色突出、编写体例规范、篇目布局合理、审读把关严格、出版制作精良的编纂出版总要求，力求达到革命史籍精品的精神高度、思想深度、知识广度、语言力度，增强丛书的权威性和社会影响力。各省（区、市）、市（州、盟）、县（市、区、旗）老促会的同志，以强烈的使命感、责任感和紧迫感，勇于担当，积极作为，认真实施，组织由老促会成员、专家学者等参加的十余万人编纂队伍。编纂工作主体责任在县，省、市组织协调、有力指导、审读把关。各方面人员以高度负责的精神和科学严谨的态度，满腔热情地投入工作，为丛书编纂出版做出了重要贡献。丛书编纂工作还得到了党和国家有关部委、地方各级党委政府及有关部门的大力支持和积极参与，社会各界也给予了热情帮助。中共中央政治局原委员、中央军委原副主席、原国务委员兼国防部长迟浩田上将，对老区人民怀有深厚感情，对革命老区建设发展十分关注，欣然为《全国革命老区县发展史》丛书作总序。

丛书由总册和 1 599 部分册（每个革命老区县编纂 1 部分册）组成，共 1 600 册。鉴于丛书所记述的史实内容多、时间跨度长和编纂时间紧，不妥之处，敬请批评指正。

中国老区建设促进会

● 革命史迹 ●

揭东区汾水战役纪念馆

潮揭丰边革命历史纪念馆

谦受公祠——蓝康中心学校旧址

树德斋后书斋——中共潮揭丰边县委北洋交通总站旧址

有庆公祠（陈氏宗祠）——中共潮揭丰中心县委旧址

英雄独立（1935年春，革命烈士马雪卿绣给丈夫蔡耿达的布画，今藏于锡场镇坤山村烈士后人家里）

罗知家——中共潮揭丰边县委旧址　　　萬柒公祠——中共潮揭丰边县委联络站旧址

苏景桐家——中共潮揭丰边县委骨干会议旧址

大厝厅——中共潮揭丰边县委敌后办事处旧址

长岭村祠堂——潮揭丰边第一区政府成立旧址

潮揭丰边革命烈士纪念碑公园

五房村客家围屋——闽粤赣边纵队第二支队第七团成立大会旧址

桂林乡革命烈士纪念碑

坤洋村革命烈士纪念碑

大脊岭抗战纪念公园

养素公祠——南侨中学二校旧址、中共潮梅临时特委成立旧址

洪氏宗祠——玉塔乡农民协会成立旧址

刘夷白家的大房——中共揭阳县委机关驻地旧址

述古轩——中共揭阳县卅岭区委旧址

廖正烈士墓

大崇山烈士墓

潭蔡村烈士墓

徐长顺烈士墓

大坑村革命烈士墓

李福来烈士墓

长岭村无名烈士墓

● 老区新貌 ●

中国特色小镇——埔田（许丹琼　摄）

革命老区龙尾镇石坑村概貌（郑楚藩　摄）

揭东新貌

新寮古村（倪浩聪　摄）

揭东新貌（倪三板、吴伟健、江创彬　摄）

革命老区白塔镇老德围概貌（洪思明　摄）

位于龙尾镇高明村的揭阳产业园（邱泽彬　摄）

老区牌边村远眺（倪三板　摄）

1995年揭东县埔田竹笋基地（埔田镇　供图）

鸟瞰老区锡场镇锡西村（倪三板　摄）

老区桂西村一景（郑楚藩　摄）

潭王红色主题公园（郑志鹏　摄）

老区客洞村鸟瞰（郑楚藩 摄）

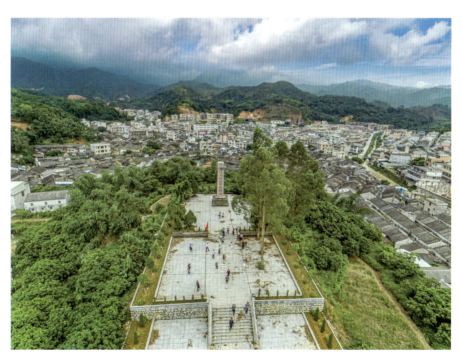

老区五房村鸟瞰（郑志鹏 摄）

中德金属生态城一景（罗丹纯　供图）

老区坪上村采茶忙（杨子斌　摄）

潭王蓝康红军小学（郑志鹏　摄）

革命老区车田村一景（江杜勇　摄）

老区南河村概貌（郑楚藩　摄）

东仓新貌（苏泳龙　供图）

2015年12月25日，在革命老区新亨镇，总投资1.5亿多元，其中乡贤捐资4 000多万元兴建的揭东区蓝田中学外貌（郑志鹏　摄）

革命老区玉滘镇尖山村一瞥（吴伟健、陈楚鹏　摄）

位于锡场镇的高铁揭阳站（倪三板　摄）

● 领导关怀 ●

2018年5月15日，揭东区编纂《革命老区发展史》工作会议在区人大会议厅召开（许丹琼　摄）

2018年11月14日，揭东区革命老区建设促进会第一届理事会第一次会议在区人大会议厅召开（许丹琼　摄）

2019年1月22日，揭东区革命老区建设促进会组织相关理事单位到革命老区五房村"送温暖，献爱心"活动（陈楚鹏　摄）

2019年4月19日，广东省老区建设促进会副会长黄广伟一行到揭东调研，并在区政府办公大楼召开工作会议（许丹琼　摄）

2019年6月12日，揭阳市"广东省革命老区村"挂牌仪式在锡场镇潭王村举行（许丹琼　摄）

2019年6月19日，揭东区"广东省革命老区村"挂牌启动仪式在玉滘镇尖山村举行（许丹琼　摄）

2020年8月5日，广东省老区建设促进会会长陈开枝（前排左二）一行到揭东区锡场镇潭王村、埔田镇牌边村调研（许丹琼　摄）

微信扫描二维码
您立即开展本书的
延伸阅读。

揭东人民有着光荣的革命斗争历史。

在大革命时期，广东省农民运动特派员到揭东组织领导农运工作。受彭湃指派，中共党员、农运特派员颜汉章、梁良蕚、卓献弼、杨石魂等先后在揭东白塔老德围、大寨内、霖田、瑞联、霖磐秦厝头、三洲头等组织农会，成立党支部。1926年1月20日，揭东第一个农会组织在霖田村成立；4月3日，揭阳县第三区农民协会在霖磐蛟龙村三洲头成立，当天彭湃到场鸣枪当礼炮。在揭阳县第四区，梁良蕚、林德奎、陈剑雄等以新亨硕联小学为立足点，在揭东大地点燃农民运动的革命火种。

在土地革命战争时期，1927年9月，周恩来、贺龙、叶挺率领的南昌起义军南下广东，在今揭东玉湖汾水与国民党军队展开激烈战斗，来自揭东各地的农军队伍积极参与抢救起义军伤员的行动。战后，一批农军志士遭到国民党反动派的搜捕屠杀。汾水战役对推动揭东大地革命斗争蓬勃发展具有十分重要的意义，是人民军队英勇无畏的革命精神的生动体现，是追求共产主义理想、为人民谋求解放的征程，也是揭东人民自觉投身到革命斗争的光辉写照，永远镌刻在革命斗争历史上。自此，揭东人民投入到火热的土地革命战争中，为谋求人民解放，一批批热血儿男走上疆场，在这片热土上抛头颅洒热血。从五房的大山峦、玉湖的小山岭到白塔的瑞联村、龙尾河坑村以及卅岭山区，红军健儿的身影穿梭在乡野丛林之中，为真理、为革命不屈不挠地坚持战斗。

在抗日战争时期，在中共地下组织的领导下，揭东的一批批热血青年，投身到抗日战争的烽火之中，锡场潭王村的蓝康中心学校、白塔瑞联村的南侨中学二校成为爱国志士宣讲抗日救亡的礼堂。在玉滘大脊岭，由中国共产党领导的抗日组织，纷纷参加到支援前线、抗敌卫国的行动中……

在解放战争时期，在中共潮揭丰边县委的领导下，从磐东棉树到霖磐桂林，从桂岭到龙尾，从玉湖坪上到锡场大寮，从埔田金东岭到云路田东，开辟了一个个革命根据地，纷纷建立了区、乡两级革命政权，成为揭东境内率先解放的地区。尔后，粉碎了敌人的一次又一次的"围剿"，最终，实现了全境的解放。

中华人民共和国成立后，揭东人民发扬革命传统，传承红色基因，弘扬老区精神，不忘初心，牢记使命，在推动老区脱贫攻坚、振兴发展上，做出了不懈的努力和贡献。

在建设中国特色社会主义新时代，党的十九大提出实施乡村振兴战略和大力支持革命老区发展，老区人民迎来了新的发展机遇。

揭东区有49个革命老区村，分布在13个镇（街道）中。在中国特色社会主义新时代，我们认真学习贯彻习近平总书记一系列重要讲话精神，围绕"举旗帜、聚民心、育新人、兴文化、展形象"的目标任务，按照产业兴旺、生态宜居、乡风文明、治理有效、生活富裕的总要求，紧扣揭东实际，坚定走好中国特色社会主义乡村振兴道路，加快推进农业农村现代化，推动农业强起来、农村美起来、农民富起来，扎实推进农业供给侧结构性改革，突出抓好精准扶贫，深入推进革命老区新农村建设。

革命老区是揭东人民宝贵的"红色基因"。2013年2月4

日，习近平总书记在视察兰州军区时指出，要"发扬红色资源优势，深入进行党史军史和优良传统教育，把红色基因一代代传下去"。编辑出版《揭阳市揭东区革命老区发展史》，正是贯彻落实习近平总书记关于革命老区的一系列讲话精神，阐述老区在战争年代为夺取革命胜利做出的巨大牺牲和伟大贡献，总结老区建设发展的经验，展示老区建设的伟大成就的一件十分有意义的工作。这对于发扬革命传统，传承红色基因，弘扬老区精神，推动老区振兴发展，具有重要的现实意义。

本书从揭东的区域地理、人文历史、革命斗争、社会发展等多个角度，进行历史纵深的叙述，用大量翔实的史料，介绍了中国共产党领导揭东人民进行革命、建设、发展的丰功伟绩，是揭东人民一份宝贵的精神财富。本书的出版，对于当前建设中国特色社会主义，鼓励人们抓住机遇，同心同德，开拓创新，为描绘揭东革命老区新蓝图，书写红色揭东新篇章，具有划时代的意义。

《揭阳市揭东区革命老区发展史》编委会
2021年1月20日

第一章

区域和革命老区概况

第一节 建置区域区划

一、建置沿革

揭阳市揭东区地域，秦、汉、三国时属南海郡揭阳县；晋咸和六年（331年）属东官郡；晋义熙九年（413年）属义安郡海阳县；南北朝时，历宋、齐、梁、陈，隶属不变；隋开皇十一年（591年）属潮州，唐代袭之；北宋宣和三年（1121年）属潮州辖下揭阳县；南宋绍兴二年（1132年）属海阳县；绍兴八年（1138年）复置揭阳县，本境属揭阳县。元至元十七年（1280年）置潮州路，本境属揭阳县。明洪武二年（1369年）改潮州路为潮州府，领海阳、潮阳、揭阳、程乡四县，本境仍属揭阳，至清代不变。

1928年，揭东地域随揭阳县隶属东江善后区；1949年4月，随揭阳隶属第八行政区。

1949年10月19日揭阳县城解放后，揭东地域随揭阳隶属潮汕专区；1951年7月，随揭阳隶属粤东区；1956年，随揭阳隶属汕头专区；1983年7月，随揭阳隶属汕头市。1991年12月7日，国务院批准设立揭阳市（地级），本境从原揭阳县地域分设为揭东县，隶属揭阳市。2012年12月经国务院批准，由原揭东撤县设区，2013年3月2日正式挂牌成立揭东区。

二、地理区域

揭东区地处广东省东部、潮汕平原东北部，位于北纬23°22′56″～23°46′27″、东经116°05′23″～116°37′39″之间。其东北和潮州市潮安区接壤，南与揭阳市榕城区、普宁市相邻，西连揭西县，北接梅州市丰顺县；东西跨度46.8千米，南北跨度35.8千米，总面积709.32平方千米。揭东区人民政府驻曲溪街道，距揭阳市区4千米，距广州市400多千米。

揭东区地貌类型主要有山地、丘陵、平原。其中，平原占全县总面积近一半，分布在东部和中部。丘陵和山地多在西北部，地势自西北向东南倾斜。北部鹰爪石山，地跨揭东、丰顺两县，海拔1 180.5米，为全区最高峰。

三、行政区划

1991年12月，揭阳撤县建市，同时设立揭东县。原揭阳县所辖的龙尾、白塔、霖磐、桂岭、月城、玉湖、新亨、锡场、埔田、曲溪、云路、玉滘、登岗、炮台、地都等15个镇划归揭东县。揭东县委、县政府驻曲溪镇，并进行县城规划建设。1992年10月，经广东省人民政府批准，把曲溪镇东部的龙砂、蟠龙、新篦、路篦、寨一、寨二、诸美、云南、三友、港畔、陈寮、陇埔诸村地域划为县经济开发区。2006年2月，根据广东省民政厅《关于印发〈撤销县政府驻地镇改设街道办事处试点方案〉的通知》的精神，经省政府批准，撤销曲溪镇建制，设立曲溪街道办事处。该办事处管辖原曲溪镇行政区域范围。2008年10月，因建设潮汕机场，登岗镇三坑、许厝、浦口、登岗等4个行政村的蔡坑、张厝、许厝、涵涛、林畔5个自然村全部拆迁，所属地域划出5 081.7亩为机场用地。新亨镇坪埔村后有市属青山农场。2010年，全县设曲溪街道和龙尾、白塔、霖磐、桂岭、月城、玉湖、新亨、锡场、埔田、云路、玉滘、登岗、砲台、地都等14个镇，共227个行政村、17个居民社区。2012年12月，经国务院批准撤销揭东县，设立揭阳市揭东区，将揭阳市榕城区的磐东街道划归揭东区管理，以原揭东县（不含地都镇、砲台镇、登岗镇）和榕城区磐东街道的行政区域为揭东区的行政区域；将原揭东县的地都镇、砲台镇、登岗镇划归榕城区管理。2013年3月2日，揭东区正式挂牌成立。同时，在揭东区域内设立蓝城区（揭阳市非建制区，代管龙尾、白塔、霖磐、桂岭、月城5个镇和磐东街道，后改称揭阳市产业园）。2020年9月，根据市委有关文件精神，揭阳市产业园（非建制区，代管龙尾、白塔、霖磐、桂岭、月城5个镇和磐东街道）划归揭东区。

2020年10月，全区共有玉湖、新亨、锡场、埔田、云路、玉滘、龙尾、白塔、霖磐、桂岭、月城共11个镇和曲溪、磐东2个街道办事处及揭东经济开发区、中德金属生态城2个经济园区，有202个行政村（社区）、15个居委会。全区的河流有榕江干流南河、榕江一级支流北河、榕江二级支流枫江、新西河和榕江三级支流车田河等。全区土地面积为709.32平方千米，人口为111.78万人。

革命老区情况

揭东区现辖13个镇（街道），有老区村庄49个，其中，土地革命战争时期老区村庄13个，解放战争时期老区村庄36个。老区村占全区202个行政村的24.26%。2019年，老区人口31.02万人，占全区总人口数的28%；老区总面积279.31平方千米，占全区总面积的39.38%。

揭东人民勤劳勇敢，富有革命精神。五四运动后，民众日益觉醒。大革命时期，在周恩来、彭湃、杨石魂等老一辈革命家的指导下，1925年3月6日，国民革命军（第一次东征）进入揭阳县城，进行革命活动。1926年夏，揭阳县第四区农会成立。1927年9月13日，中共揭阳县代表会议召开，组建中共揭阳县委。1927年9月底，贺龙、叶挺率领的南昌起义军在汾水（在今揭东区玉湖镇）与三倍于己的国民党军浴血激战两日两夜，这就是有名的"汾水战役"，它对揭阳地区的革命影响巨大而深远。

抗日战争时期，揭阳党组织得到重建和发展，并组织领导全县人民成立了妇抗会、青抗会、教抗会、少抗会等抗日救亡团体，掀起了抗日救亡运动高潮，同时开展抗日民族统一战线工作，成绩卓著。1944年底，在揭阳党组织的领导下，揭阳各地相继建立了抗日游击小组。至1945年春，揭东地域的南河、桂东、瑞联、塔东、龙尾、潭王、坤头洋、东仓、锡场、大寮

（包括下寮、石林村）、五房、车田、北洋等都建立了抗日游击小组。1944年12月，揭阳人民抗日游击大队成立，其中包括小北山人民抗日游击队独立大队。这些抗日武装团结广大爱国民众，英勇杀敌，直至取得抗战胜利。

解放战争时期，中共揭阳县委为反对国民党的独裁统治，开辟革命新据点，深入发动群众，坚持斗争；建立武装队伍，领导人民开展抗"征粮、征兵、征税"斗争；坚决进行反"围剿"斗争，开展统战工作，放手发动群众，开展游击战争，并在战斗中壮大革命武装力量。

中华人民共和国成立后，揭阳县根据党中央、国务院的部署和上级布置，结合本县实际，在全县范围内开展评划革命老区的工作。1952年下半年，揭阳县人民政府根据广东省人民政府的指示，进行评划老区点的工作，由各区组成老区工作队，通过重点调查、访问及召开座谈会，对各区有关革命老根据地人民斗争史的材料进行核对。接着，揭阳县政府主持召开评划革命老根据地座谈会，评定38个村为革命老根据地。这些老区点分布在10个区，除第十区（新亨）的五房整个乡是老区点外，其余均是一乡之内一村或数村的老区点。全县老区点有4 945户21 764人。

1957年上半年，根据广东省革命老根据地建设委员会的通知，揭阳县派出工作组到京溪园搞老区普查试点。下半年，全县开展第二次评划老区的普查活动。12月中旬，召开全县评划老区会议，按照广东省关于评划革命老根据地的标准评划，全县共评划49个老区村庄。其中：红色根据地（1924—1934年）8个，红色游击区（1924—1945年）32个，抗日游击区（1936—1945年）9个。

1993年，揭东县对辖区内各个村庄进行详细的调查和研究后，决定评划和补划一批革命老区，并将文件上报给揭阳市政府审核同意后，于当年12月8日发出通知，确定将玉湖镇坪上村等35个村公所（村庄）评划为解放战争游击根据地，将新亨镇尖石村补划为第二次国内革命战争时期红色根据地村庄。加上磐东街道南河村，共36个。今揭东区在这次评划为解放战争游击根据地的村公所（村庄）有：

玉湖镇：坪上村。

锡场镇：潭王村、东仓村、大寮村、江滨村、锡西村、锡中村、锡东村。

埔田镇：车田村、马硕村、埔田村、新岭村、老岭村、湖下村、庵后村、长岭村、金东岭村、祯祥坑村。

云路镇：田东村、北洋村、中夏村、赵埔村，棋盘村公所的棋盘新村村，洪住村公所的洪厝寮村、莲花埔村、后埔村。

玉滘镇：尖山村。

龙尾镇：美联村、高明村、石坑村、东湖村、新丰村、四联村、龙珠村、珠坑村。

霖磐镇：桂东村、桂西村。

磐东街道：南河村。

今揭东区在这次补划为第二次国内革命战争时期红色根据地的村庄有：新亨镇楼下村公所的尖石村。

至此，连同1957年被评为老区村的玉湖镇大坑村、下坡村，新亨镇五房村，埔田镇牌边村，龙尾镇河坑村，白塔镇瑞联村、马坑村、塔北村、塔东村、霖田村，霖磐镇东洲村，桂岭镇客洞村，揭东区境内共有49个革命老区村。

2018年5月，揭东区将革命活动活跃的玉湖镇的汾水村、新寮村和曲溪街道路篦村编入本书中。

党的十八大以来，中共揭东区委、区政府带领揭东老区人民，紧密团结在以习近平同志为核心的党中央周围，深入学习贯彻党的十八大、十九大精神，以习近平新时代中国特色社会主义思想为指导，牢牢把握新时代社会主义主要矛盾，自觉践行新发展理念，按照中共广东省委和中共揭阳市委的工作部署，坚持稳中求进工作总基调，围绕"产业强区、宜居新城、美丽新区"的定位，以提高发展质量和效益为中心，全力推进城市发展和产业建设。

附：

揭东区革命老区村情况表（2019年）[①]

镇（街）	序号	行政村	面积（平方千米）	人口（人）	类型	备注
龙尾镇	1	美联	10.63	7 951	B	
	2	高明	11.68	9 627	B	
	3	石坑	4.18	3 284	B	
	4	东湖	1.96	1 793	B	
	5	新丰	3.57	3 082	B	
	6	四联	2.53	1 647	B	
	7	龙珠	3.70	4 829	B	
	8	珠坑	3.25	2 945	B	
	9	河坑	2.02	1 331	A	
白塔镇	10	瑞联	6.53	7 337	A	
	11	马坑	2.31	1 847	A	
	12	塔北	2.12	6 662	A	老德围
	13	塔东	2.58	8 991	A	大寨内
	14	霖田	1.01	2 527	A	
桂岭镇	15	客洞	2.10	2 484	A	
霖磐镇	16	东洲	3.60	10 259	A	
	17	桂东	3.72	13 037	B	
	18	桂西	4.0	10 357	B	
磐东街道	19	南河	2.0	6 825	B	

---

① 表中类型一列，A为第二次国内革命战争时期红色根据地，B为解放战争游击根据地；备注一列为自然村。

（续上表）

镇（街）	序号	行政村	面积（平方千米）	人口（人）	类型	备注
玉湖镇	20	坪上	40.90	7 729	B	
	21	大坑	2.50	1 288	A	
	22	下坡	1.50	2 452	A	
新亨镇	23	五房	36.87	7 674	A	
	24	楼下	2.90	5 913	A	尖石
锡场镇	25	潭王	4.0	8 632	B	
	26	东仓	3.0	8 377	B	
	27	大寮	1.97	5 581	B	
	28	江滨	3.01	9 316	B	
	29	锡西	3.74	12 657	B	
	30	锡中	4.68	12 119	B	
	31	锡东	6.52	17 066	B	
埔田镇	32	车田	7.61	5 662	B	
	33	马硕	5.46	5 003	B	
	34	埔田	1.90	3 417	B	
	35	新岭	4.04	1 811	B	
	36	老岭	6.44	3 357	B	
	37	湖下	1.27	2 723	B	
	38	庵后	6.52	8 114	B	
	39	长岭	5.26	3 622	B	
	40	金东岭	7.03	3 558	B	
	41	祯祥坑	4.69	2 355	B	
	42	牌边	3.72	8 401	A	
云路镇	43	田东	2.98	7 860	B	
	44	北洋	5.88	13 474	B	
	45	中夏	4.09	7 094	B	
	46	赵埔	4.62	5 511	B	
	47	棋盘	12.93	6 273	B	棋盘新村
	48	洪住	7.99	9 650	B	洪厝寮 莲花埔 后埔
玉滘镇	49	尖山	1.80	6 738	B	

第三节 经济社会发展情况

一、全区经济稳步发展

2019年，揭东区生产总值为446.2亿元；地方公共财政预算收入为10.55亿元，税收收入为6.05亿元，同比下降7.75%；新增规模以上企业40家，规模以上工业增加值为130.9亿元，同比增长5.6%；高新技术企业11家，揭东经济开发区蒙泰上市工作已获国家证监会正式受理。全区固定资产投资为230.48亿元，同比增长18%；社会消费品零售总额为237.61亿元，同比增长7.73%；农村居民人均可支配收入为18 139元，城镇居民人均可支配收入为28 654元，职工平均工资为49 552元。

二、市政建设有序进行

2019年，揭东区抓好榕江北河流域水污染综合整治，建成锡场、新亨等6座污水处理设施配套管网和玉湖中心镇区污水处理厂及配套管网，7座污水处理设施全面通水运行。投入资金5.49亿元，建成开发区、玉滘镇2座PPP模式污水处理设施厂区和20.85千米配套管网，启动建设全区87.20千米污水管网扩延工程。大港溪、曲溪河2条黑臭水体整治基本完成。磐东人民医院升级为市第三人民医院，住院大楼全面开工建设。区妇幼保健院完成主体建设，月城镇卫生院住院综合大楼完成旧房拆迁和前期钻探工作。投资逾10亿元的省道S234线改建工程基本建成通车，玉都大道完成路基建设进入路面施工，教育路北段完成拆迁和招投标工作，罗山大桥改建工程完成新桥建设，防汛通道拆迁工作全面完成。玉都新城中心片区项目顺利推进。村庄保洁覆盖面100%。

2019年，埔田卫生院标准化建设竣工验收，成功创建"省级慢性病综合防控示范区"。518个自然村"三清三拆三整治"工作全面完成，农村"厕所革命"有序推进。

三、文化旅游丰富多彩

揭东区是全国粮食创高活动示范基地，名优特产有埔田竹笋、吴厝淮山、玉湖东寮芋、"古山二号"龙眼、坪上绿茶、五房炒茶等；加工名优产品有新亨菜脯、罗山牌沙茶酱、龙尾酱油、乒乓粿、北洋成顺菊花糕、新亨糖葱、埔田笋脯等。

揭东区有众多名胜古迹，如桂岭双古峰寺、新寮古村落、新亨蔡翘院士博物馆、玉滘郑大进府纪念馆、锡场广安寺、玉滘腾龙寺、白塔丰化寺、元联围龙屋、龙尾将军府、霖磐桂东刘氏大宗祠、磐东乔林古建筑群、月城一德堂等，还有旅游景点望天湖、万竹园、宝山湖、念恩山、揭东人民广场、中德金属生态城、大脊岭抗战纪念公园、阳美玉都、白塔广和文化广场、龙尾揭阳高新区等。

揭东区拥有"中国竹笋之乡""亚洲玉都""中国玉都""中国五金之乡"等称号以及百年历史的玉文化。揭东区的国家级非物质文化遗产有曲溪"竖灯杆升彩凤"，省级非物质文化遗产有新亨的"摆猪羊"，磐东的"乔林烟花火龙""阳美翡翠玉雕"等。

揭东拥有众多的革命老区村，留下了众多红色革命遗址，其中省级认定的有：龙尾镇的述古轩，白塔镇的养素公祠（南侨中学二校旧址）、洪氏宗祠，霖磐镇的桂林乡革命烈士纪念碑、刘夷白家的大房，玉湖镇的汾水战役烈士陵园、大坑村革命烈士墓，新亨镇的潮揭丰边革命历史纪念馆、潮揭丰边革命烈士纪念碑公园、五房村客家围屋、廖正烈士墓、钟木森烈士墓、倪忠烈士墓、徐长顺烈士墓，锡场镇的蓝康中心学校旧址、苏景桐家、大厝厅、蔡耿达烈士故居、潭蔡村烈士墓，云路镇的树德斋后书斋、大崇山烈士墓，埔田镇的有庆公祠（陈氏宗祠）、罗知家、萬柒公祠、长岭村祠堂、长岭村无名烈士墓，玉滘镇的李福来烈士墓，共27处。

四、老区面貌日新月异

改革开放以来，揭东区49个革命老区村的经济社会发展取得长足的进步：

龙尾镇高明村把村西面与揭西县五经富接壤的约4 700亩土地规划开发成揭阳（珠海）产业转移工业园区（高新区），引进外来企业中通快递、天诚汽配、吉荣电梯等。白塔镇致力于发展乡村旅游和现代农业。2014年，该镇荣获"广东省休闲农业与乡村旅游示范镇"称号，主要旅游景点有国家AAAA级广东望天湖生态旅游度假区等。霖磐镇依托区位优势，大力发展服装、餐饮、酒店等第三产业。2019年，桂东村对原来的烈士陵园进行装修绿化，又投资250万元建设桂东文化广场。玉湖镇建成汾水战役纪念公园，新寮村2012年被广东省文联评为"广东省古村落"。如今，该镇以汾水、坪上、新寮等革命老区村为依托，正在创建旅游特色小镇和坪上茶业生态风景区。新亨镇五房炒茶已成为揭东区特色农业的一张亮丽名片。锡场镇锡东、锡中、锡西"三锡"共有大小企业200多家。1998年，锡西村被广东省评为工业"百强村"。2019年10月，"三锡"境内的汕梅高铁揭阳北站通车，这里将成为集公路、高速、高铁、城市轻轨于一体的交通枢纽。锡场镇潭王村继2015年被广东省人民政府评为"文明村"以后，2016年被定为"省级美化绿化示范村""三江绿化示范点""揭阳市级文明创建示范村"和"社会主义核心价值观宣传示范点"。曲溪街道路篦村商贸、工业以及第三产业发展迅猛，投资2 000多万元的宝嘉广场，配备有戏台、球场、儿童乐园、文化长廊等景观。埔田镇牌边村荣获"省级新农村示范片"等称号，庵后村以竹笋闻名全国；该镇荣获"中国竹笋之乡"称号，其"万竹园"为国家AAA级旅游景区，每年吸引大量游客。2017年，埔田镇被国家住建部授予"第二批全国特色小镇"称号。云路镇北洋村已建成大型农贸市场，多家市级农业龙头企业落户该村；洪住村的陶瓷工业制品走向全国。

振兴乡村战略的建设如火如荼，揭东区革命老区在改革开放的春风中一片欣欣向荣。

第二章
揭阳县党组织创建时期

第一节 党组织创建前后的社会状况

20世纪初期，今揭东区境域属揭阳县磐溪都、蓝田都、梅冈都，以及霖田都东部部分辖域；磐溪都包括今磐东街道和桂岭镇、月城镇、霖磐镇，蓝田都包括今玉湖镇、新亨镇和锡场镇，梅冈都包括今曲溪街道和埔田镇、云路镇、玉滘镇，霖田都东部包括龙尾镇、白塔镇。20世纪30年代前后，今揭东区境域属揭阳县第三、四、六区辖域，第三区包括今磐东街道和龙尾镇、白塔镇、桂岭镇、月城镇、霖磐镇，第四区包括今玉湖镇、新亨镇和锡场镇，第六区包括今曲溪街道和埔田镇、云路镇、玉滘镇。

在旧中国，揭东境域自然灾害频仍，水、旱、蝗、涝以及冰雹、地震等经常发生。从1915年至1925年，在揭东地域发生的大灾害有：1915年2月20日的大冰雹，1918年2月13日的大地震，1922年8月2日的强台风，等等。揭阳县第四、六区地处北部山区，每次灾害都给人民群众造成很大的伤亡和财产损失。当时的统治阶级不管人民死活，在灾害面前，百姓流离失所，哀鸿遍野，到处一片萧条凋零景象。

在旧中国，军阀混战，人民遭殃，揭阳地区也不例外。1920年8月20日，粤、桂两支军阀在山湖（今玉湖镇）竹竿山交火，败军在溃逃经过登岗圩时大肆洗劫商店，致使该圩一个星期不能开市。1922年12月，军阀陈炯明的残部路过揭阳城，沿途抢劫。1923年4月15日，军阀洪兆麟部下纪亚开与许崇智部队大战于揭阳城。两方军阀打仗，不论谁胜谁负，一样发横财。打胜仗的，乘机向地方榨取大量的粮饷；打败仗的，逃到哪便抢到哪。在军阀打仗的地方和败兵经过的地方，贫困的百姓便遭受兵燹和抢劫两重压迫，生活更加困难。

揭阳毗邻潮州、汕头，交通方便，又是帝国主义魔爪较早伸入的地区，英、法、美等在揭阳地区设立教堂、教会学校，作为进行文化、经济侵略的立足点。他们假手在揭阳的集隆昌、三达等几家洋行，每年倾销鸦片、香烟达68万银圆。洋轮运来的大量洋货，如布匹、豆粉、麻苎、面粉、煤油、烟叶、烟纸、米、糖等，这些洋货严重冲击了揭阳的土特产生产，农村经济遭到极大的打击。帝国主义者又假手于地方封建势力和官僚买办，取得了一些地区如车田（今属埔田镇）的锡矿开采权，开采掠夺资源。

第二节 揭阳县党组织的创建

一、五四运动锻炼一批揭阳爱国学生

第一次世界大战结束后，英、美、法、日等战胜国于1919年1月至6月在法国巴黎召开所谓的"和平会议"。作为战胜国之一的中国政府也派代表参加了会议。中国代表在会议上提出取消帝国主义在华特权、废除"二十一条"、收回青岛主权等正当要求。然而，英、法、美等列强操纵了会议，对中国的要求置若罔闻，竟然将德国在中国山东的特权全部转让给日本。消息传到国内，长期积压在中国人民心头的怒火，终于像火山一样爆发了！

1919年5月4日，北京3 000多名学生汇集在天安门前，发表宣言，揭露帝国主义列强的侵略行径，并举行示威游行。五四运动由此开始。

消息很快传到揭阳，5月7日，榕江中学（今揭阳一中）学生杨石魂、林希孟（东洲人）等领导该校学生起来响应，成立榕江中学学生会。他们在校内召开大会，会后上街游行，贴标语、发传单，开展街头宣传，高呼"誓不签订'巴黎和约'""不承认二十一条""抵制英、日仇货""惩办卖国贼曹汝霖、章宗祥、陆宗舆"等口号，并通电北京学生，表示声援。会后他们又组织宣传队，深入城乡进行宣传。

为响应北京学生提出的"全国学生联合起来"的号召，5月13日揭阳高小以上学校派代表到揭阳韩祠广场开会。会上通过揭阳县学生会成立宣言，并选出杨石魂为主席，林希孟为副主席，陈卓然、林希明、陈名卿等11人为委员。会后，学生们进行全城大示威，并在衙前包围集隆昌等几家奸商，将查获的洋货运至东校场焚毁，还捣毁拒交洋货的商店。

5月14日，由省立汕头甲种商业学校发起，在汕头华英学校召开汕头、潮州、揭阳、普宁、澄海等县学生代表会议，成立岭东学生联合总会，作为统一领导潮汕爱国学生运动的核心。会议选举揭阳县学生会主席杨石魂等为负责人。揭阳学生会改为岭东学生联合会揭阳支会，会址设于学宫紫光阁，下设4个分会：在城分会，由总会派出朱希博、陈名卿、杨柏年等人兼任领导；霖田、蓝田、磐岭三都分会，由林希明、陈伯元领导；桃山、地美、梅冈三都分会，由谢文敏、沈子明等领导；官溪、渔湖二都分会，由陈卓然、杨日耀等领导。各分会组织宣传队，深入圩镇、渡口等进行宣传，查抄英日洋货。有的学生带头把自己身上穿的日本洋布料衣衫撕破后投入榕江，甚至还将身上的日本银圆丢入江河，充分表现学生们强烈的反帝爱国义愤。

揭阳学生的爱国运动，前后延续几个月，遍及各个乡村。他们通过"外争国权，内惩国贼"的宣传，唤醒了处于蒙昧状态的人们，教育提高了社会民众的爱国观念。一些青年妇女，冲破了几千年来封建牢笼的禁锢，走上了反封建争自由的道路。学生们既宣传动员了群众，也教育提高了自己。一部分青年手工业工人、城市无业青年以及少数受过教育的青年农民，也参加到学生运动的潮流中来。许多学生骨干也在运动中得到锻炼，不少人后来成为革命运动中的领导骨干，如杨石魂是大革命时期岭东地区工会领袖，谢培芳是揭阳县总工会秘书，陈卓然是揭阳县委宣传部部长，黄龙驹（黄贻嘉）为揭阳县第三区委书记，陈怀天为揭阳县第四区委书记等。

二、马克思主义在揭阳的传播

1920年，杨石魂从揭阳榕江中学毕业后，考进广州铁路专门学校。1923年，他在广州参加社会主义青年团。同年6月，成立广东新学生社，杨石魂任执委。广东新学生社是广东地区社会主义青年团的外围组织，最初范围只在广州，后来逐渐扩展到各地。此后，杨石魂经常与榕江中学第七、八届的进步学生许涤新、江明衿等联系，介绍广东新学生社的宗旨、组织大纲及其活动情况，还建议在榕江中学组织社会科学学习小组，作为成立榕江中学新学生社的思想准备和组织准备。当年暑假，杨石魂利用回家省亲的机会，到榕江中学向学生会骨干做题为《国难中青年应负的责任》的演讲，阐明学生既要读书，又要关心国家命运，投身民族运动的道理；并就在榕江中学成立新学生社的问题进行了探讨。同年冬天，榕江中学新学生社宣告成立，领导骨干是江明衿、许涤新等。榕江中学新学生社成立之后的主要活动是：组织社员阅读《新青年》《新生活》《解放与改造》等进步书籍；利用舆论阵地开展革命宣传活动，宣传革新，反对守旧，宣传进步，反对封建，在斗争中壮大发展新学生社组织。榕江中学是当时岭东地区最高学府之一，新学生社成立以后，右派组织孙文主义学会也跟着成立，该会会员达300余人，以城区学校中地方当权派子弟占多数，与新学生社形成对立的两派。每逢集会，两派学生壁垒分明，各坐一边，经常唇枪舌剑，激烈辩论，新学生社领袖江明衿能言善辩，分析精辟，词锋犀利，问题一提出，总是将对方驳得无话可说，孙文主义学会的学生只得悻悻然离去。通过辩论，既锻炼进步学生自己，也教育了广大学生。

1924年春，青年教师杨嗣震来到榕江中学任教，并在校园里广泛传播马克思主义。杨嗣震又名杨志白，原籍江西九江，1921年在日本参加中国共产党。1922年，他在海丰县从事教育工作，因协助彭湃搞农民运动，地方反动当局要逮捕他，他只好离开海丰，辗转上海。1924年春，他应留日学友王鼎新的聘请，到揭阳县榕江中学任教，担任英语部主任。杨嗣震到榕江中学后，旗帜鲜明地支持左派学生组织——新学生社，指导他们开展学习和活动；与县城的进步组织——店员工会联系，得到他们的支持，以巩固和扩大左派组织的力量。

杨嗣震到榕江中学之后竭力宣传马克思主义，介绍俄国十月革命，在课堂上或课余，常向渴求知识的学生们介绍马克思和他的学说。学生们感到被打开了一扇新的门，有的开始向杨嗣震借阅马克思、列宁的著作等进步书刊。新学生社骨干许涤新正是读了大量革命书刊之后，思想才转向信仰马克思主义的。

杨嗣震还兼任榕江中学校刊《榕声》主编，利用这一舆论阵地，撰写文章，开展宣传活动。他经常组织学生撰写进步的革命文章，发表在《榕声》校刊上。1924年冬，岭东新学生社散发传单，声讨统治潮汕的军阀洪兆麟。杨嗣震把第七届学生陈克叫到房间，让他再抄一份，署名"陈克录自岭东新学生社"，登在校刊《榕声》上。这下可惹了祸，平时对杨嗣震已有注意的地方当局立即出动军警到榕江中学抓手抄者及其"后台"。幸得杨嗣震闻风避开，陈克在进步学生的掩护下，从后墙逃脱，两人才免遭毒手。这就是轰动一时的"《榕声》事件"。

杨嗣震在海丰时曾协助创建海丰县青年团组织，并与当时的团中央书记施存统保持工作联系。到榕江中学后，他也曾有创建团组织的计划，并物色了江明衿、许涤新等左派学生作为建团对象，悉心培养。发生了"《榕声》事件"之后，他离开榕江中学，建团计划虽未能实现，却播下了一批革命种子，为揭阳地区创建党、团组织创造了条件。

杨嗣震离开揭阳后，建立青年团组织的任务由谢培芳完成。谢培芳在榕江中学读书时，参加过1919年5月揭阳学生爱国运动，1922年毕业后，他在县城一家小百货商店当店员。1924年暑假，经他的姐夫杨石魂介绍，他进入广州农民运动讲习所第二届学习。这期间他参加了社会主义青年团组织。两个月后，学习结束，被派回揭阳工作。

谢培芳回到揭阳后，着手做了三件事：一是加入原有的县农会、商会组织，从中开展宣传和改造活动；二是与榕江中学新学生社加强联系，秘密吸收江明衿等几个学生骨干参加青年团；三是组织青年团及一些进步学生参加社会活动，从中得到锻炼和提高。

三、团组织的建立和党组织的创建

1925年底，在揭阳县城成立县学生联合会组织，主席为李子滔。学生会自觉接受中共揭阳地方组织的领导，积极组织学生投身社会运动，支持进步，反对封建。

1925年5月，在揭阳县城秘密建立共产主义青年团支部，团员有谢培芳、江明衿、黄荣虞等人。团支部建立之后，组织团员参加社会活动及革命斗争实践，加强与县城的左派群众组织的密切联系。

1925年3月初，广东国民革命军第一次东征到达揭阳县，中共代表、黄埔军校政治部主任周恩来在学宫接见左派团体代表时，明确指出建立中共组织、青年团的重要性和必要性。11月，广东国民革命军第二次东征攻克潮汕后，中共代表、东征军总政治部主任周恩来主政东江，国民运动进入新的历史时期，急需派一批农民骨干到潮汕各地开展农运工作。中共党员、广东省农运特派员颜汉章、彭名芳、梁良蓂、卓献弼被派到揭阳县，开展农民运动，并着手筹建中共地方组织。

颜汉章等4人皆是海丰人，他们到达揭阳后，分头到乡村开展农运工作，组织农民协会，发展中共党员。梁良蓂到第四区，以新亨硕联小学为立足点开展工作。4人的公开身份是广东省农民运动特派员，其时是国共合作时期，地方势力对这几个异乡人虽有所忌惮，却也奈何不得。

1925年11月，在揭阳学宫大成殿，中共揭阳县支部正式建立，支部书记为颜汉章。在此之前，共产主义青年团揭阳县支部已经成立，青年团参加党支部一切活动。

四、中共老德围支部的建立

中共揭阳县支部建立后，党员分头深入圩镇、农村，在开展群众运动中发展党员，壮大党的组织队伍。

1925年冬，揭阳县党组织的创始人和负责人、中共揭阳县支部书记、广东省农运特派员颜汉章和中共党员、广东省农民运动特派员梁良蓂、卓献弼来到老德围村宣传组织农会，建立党的基层组织。在他们的培养和指导下，老德围村农会骨干洪徐贵、洪学元、洪瑞泉思想觉悟迅猛提高，并加入中国共产党。1926年春，在老德围村老书斋厅召开第一次党组织的会议，成立中共老德围支部，支部书记为洪徐贵，党员有洪学元、洪瑞泉。中共党员、广东省农运特派员梁良蓂、卓献弼参加了会议。梁良荨主持了会议，他希望老德围党支部每一位共产党员要铭记入党誓言，坚定理想信念，忠实为党、为革命、为人民工作，为共产主义奋斗终生。

1926年冬，中共揭阳县特别支部转为中共揭阳县部委员会，颜汉章仍任书记，下辖4个区委。区委下面设党支部。第三区委活动于白塔一带，直接领导老德围党支部等6个党支部，全区共有20多名中共党员。

第三章
大革命时期

揭阳党组织的发展

中共揭阳县支部建立之后，团员参加党支部的活动，接受党组织的派遣与安排，分别担任工会、农会、商会、学生会等左派组织的负责人。为适应国共合作形势，有的还以个人身份参加国民党组织，在国民党揭阳县党部内工作。江明衿任工农部部长，林新民任商业部部长。

江明衿是揭阳县第六区龙砂乡港畔村人，出身农家，参加青年团组织之后，刻苦学习革命理论知识。广东国民革命军第一次东征，抵达揭阳后，江明衿作为榕江中学新学生社代表与其他左派组织代表，在东征军政治部科员杨嗣震的引荐下，前往学宫受周恩来主任接见，向周恩来汇报揭阳革命群众组织已有近1 000人参加活动的情况，得到周恩来的充分肯定与明确指示。以后，江明衿更积极投身社会活动，并根据周恩来的指示，利用假日回到家乡对乡人、家人进行宣传教育。其祖父、父亲虽反对江明衿所为，但又说不过江明衿，于是想以婚姻为"绳索"来套住他。江明衿对此毫不动心，笑着说："我既走上革命这条路，这颗头颅还不知什么时候丢掉呢。"

中共揭阳县支部建立后，党员分头深入圩镇、农村，开展群众运动，在运动中发展党员，壮大党的组织。不久，先后吸收了一批进步工人、农民、学生参加中国共产党，分别建立了党支部。

1926年春，中共揭阳县支部转为中共揭阳县特别支部，特支书记为颜汉章。这时，揭东地域的群众运动蓬勃发展起来，党组织进一步壮大，新建立的党支部增多。根据党中央的指示，如组织发展、支部增多时，应于区委或地委管辖下，增设部委，按区域分成几部，联合若干邻近之支部，成立组织部委员会，管理本区内各支部工作。是年冬，中共揭阳县特别支部转为中共揭阳县部委员会，颜汉章任书记，下辖4个区委。其中，第三区委活动于白塔一带，区委由杨昌明负责，区委设在三洲村。第四区委活动于新亨一带，区委由梁良萼、林德奎负责，区委设在新亨镇。其时，全县有党员100多名。

第二节 农民运动在各地兴起

1923年夏，彭湃派人到普宁、揭东、惠来发动农民群众，先后建立起农会组织。揭阳党组织创建之际，正是国共两党合作时期，党的活动由秘密逐步转为半公开，多数共产党员参加革命群众组织，担当领导或骨干，有个别党员以个人身份参加国民党，从而加强了党对群众运动的领导。

从1925年冬至翌年春，揭阳县城乡陆续成立了工会、农会、学生会、妇女会、商民协会等群众组织。县、区、乡（村）各级农会组织大多是由共产党员担任领导人。各区委书记，一般兼任农会组织的领导人。颜汉章为全县农运的主要领导人，卓献弼负责第三区农运工作，第四区农会组织先由区委书记梁良莘负责，后由陈剑雄负责。

颜汉章较多时间活动于第三区的霖田、瑞来（今瑞联）、元联、大寨内等村。他深入串联，开展反对土豪劣绅、减租减息、分田分地的宣传活动。他利用农民劳作后的休息时间，在寨头、祠堂前等人群集中的地方讲演，教唱革命歌谣，号召农民团结一致，组织农民协会，反抗剥削，翻身做主人。其中一首歌谣是这样唱的："劝诸位，不必哭啼啼，不必言三共语四，田租钱债共粮税，一切拒去勿还伊。田契账簿来烧掉，田埂一概掘平地。旧的权力要废掉，由俺农会来主持。打倒一切反动派，实行共产正有势。若说此事是散哭父，海丰农会已做起。只要俺身齐努力，自有一日出头天。"这些歌谣，每一句歌词都拨动农民的心弦。贫穷、没文化，只知苦，但不知为什么苦的农民，听懂了革命道理之后，纷纷要求参加农会。

作为省农运特派员，梁良萼到第四区后，发动青年农民黄长谨、林德奎、蔡武弟等起来组织农会，并将他们培养成区农民协会骨干。

一、揭东地域第一个农会组织在霖田村成立

1926年1月22日，揭阳县第三区霖田村农会宣布成立，是揭东地域第一个农会组织，有会员100多人。农会主席为林声望，农会委员为林厚呢等5人。成立农会这天，隆重组织庆祝活动，进行游行示威。农会赤旗在队伍前头引路，农会会员胸前别着犁头标志的农会徽章，个个喜气洋洋，神情兴奋，不断高呼："打倒土豪劣绅，一切权力归农会。"八班大锣鼓在队伍中间，弦箫吹奏，鼓乐喧天。当晚还演戏助兴，热烈异常。

霖田村位于卅岭山麓，南与普宁接壤，北通大北山区。海陆丰、普宁的农民运动蓬勃开展，直接影响了霖田村。

该村进步青年林声望原在外地教书，因不满社会黑暗势力，又受到各地农民运动的影响，放弃教书，从汕头回家乡搞农运。他与该村农民林亚袋等13人商议组织农会之事，随后于1925年12月6日到汕头市省农民协会办事处，要求彭湃派人前来该村指导组织农会。彭湃即指示省农运特派员颜汉章、卓献弼等加强对霖田村组织农会的领导。颜汉章、卓献弼等人以该村荔枝园的一间小屋为活动点，向农民群众宣传革命道理。农民逐渐觉醒，纷纷报名要求参加农会。经过选举，林声望、林厚呢、林阿见、林亚袋、林亚森5人被选为执行委员，林声望任农会主席兼秘书。

霖田村农会的成立，对邻近各村的影响很大。与霖田村相邻的瑞来村，推出代表黄荣添到霖田村了解学习，也成立了瑞来村农民协会。开始时只有45名会员，至1926年春，会员增加了一倍。接着，元埔、蛟龙、大寨内、老德围等村也成立了农会，树起了犁头赤旗。至4月间，第三区已有一半以上的村庄建立起农会组织，遂于4月3日在顶三洲祠堂成立揭阳县第三区农民协会。东江地区农民运动领袖彭湃率卓献弼、梁良萼、杨石魂等人参加了第三区农民协会成立典礼，彭湃还当场鸣枪当礼炮。至是年秋，第三区农会会员达1.5万人。

1926年，彭湃兼任设在汕头市的潮梅海陆丰办事处主任。在此期间，由于周恩来和彭湃的亲自领导和发动，揭阳农民协会如雨后春笋，纷纷建立起来。

1926年夏，第四区农民协会成立，执行委员为黄长谨、林德奎、林伟松、蔡武弟、陈尤足，秘书为林瑞南。农会会址设在硕联小学。

在第六区，1926年，尖山村人李福来奉命回村开展革命活动。他带领村民开展农民运动，先后创建尖山农会和尖山工会2个革命组织。尖山农会由农会主席李福来，筹委李大桃，文书李映泉，妇女委员陈跃叶，候补委员李清海、张万春，会员400余人组成，每人发圆形铜质犁标徽章一枚，会址设在实榆公祠；尖山工会由工会组长李宗清、会员（船工）30余人组成，会址设在亦足轩。在农会和工会的带领下，尖山村村民开展"退租、退押""募枪募粮""打倒土豪劣绅""打倒贪官污吏"等一系列革命活动。

刚从广州农民运动讲习所学习回来的李乾利，受党组织的派遣，到家乡官硕发展农民运动。是时，农会地址设在东面村裕盛书斋，犁旗插在李乾利旧居上，农会主要骨干有李捷声（东面村人）、李克冰（桥头村人）、李春林（饶美村人）等。从此，官硕农民运动揭开了序幕。

二、彭湃与玉塔乡农民协会的成立

1926年1月，霖田村农会成立后，受彭湃指派，梁良蓂、卓献弼领导林声望和省农会诸同志到各乡宣传组织农会，农会组织发展很快，玉塔乡大寨内、老德围、瑞来、马坑、宝垭、元联及金勾等乡村相继成立了农会组织。

1926年4月20日，在梁良蓂、卓献弼的领导下，洪庆云在大寨内洪氏宗祠召开玉塔乡农民协会成立大会。到会的有500余人，洪庆云被选为会长，洪张元、洪徐贵、洪亚赖、洪学元、洪党齐等为委员。全体成员在祖龛前饮鸡血酒，并庄严宣誓"同生死、共甘苦，永远忠于革命，坚决革命到底"。大寨内参加农民协会的还有洪魏南、洪巧心、洪杨清等。

农会组织建立后，同年，霖田、瑞来、大寨内、老德围建立党支部，是白塔区最早建立的党组织。1927年4月30日，国民党揭阳县县长丘君博和民团团长张万仕、林其德、林尊光组织各路武装500余人，围攻霖田、老德围、大寨内农会，受到顽强阻击，只得撤退。

大寨内宗祠分为前厅、中厅、后厅，前厅为群众议事行礼之所，后厅摆放神龛，中厅在当时为农运会聚集地。因宗祠为白塔洪氏所共用，反动派中有部分洪氏宗亲不忍族产化为乌有，故留下前厅、后厅，作为农运会活动场所的中厅便在熊熊大火下荡然无存。宗祠在揭阳解放后才得以整体修复，作为供销社仓库使用，现主要作为大寨内村集会议事及村民乡俗活动场所。

1927年，大革命失败后，大寨内村农会执委洪阿赖、洪老猴等投奔揭阳桑浦山革命组织。其时革命组织已经撤离，桑浦山已被反动派占据。由于情报失误，革命勇士误入虎口，在经过一场惨烈的战斗之后，洪老猴不幸牺牲。洪阿赖在身负重伤之后成功突围，但在反动派的追杀下，最后逼于无奈而远走暹罗，不久因旧伤复发英年早逝……

"星星之火，可以燎原"。农民运动的迅猛发展，引起了地方右派势力的仇视，特别是第三区洋稠岗村的新国民社最为猖狂，他们以种种手段挟制工会、农会，对工农运动的破坏性极强。大寨内革命力量配合其他农会，在颜汉章的带领下，武装围攻洋稠岗村，捉拿反动头子。反动头子闻风逃遁，部属也作鸟兽散，财产被农军没收，就地分给群众。今大寨内有村民家里存在墙夹一副，就是当时的战利品之一。

三、大革命时期的东洲村

1919年5月7日，杨石魂和同学林希孟等人组织学生响应北京五四爱国学生运动，并成立榕江中学学生会，杨石魂被选为会长，林希孟为副会长。5月13日，揭阳全县高小以上学校派出代表开会，成立揭阳县学生会，杨石魂被选为县学生会主席，林希孟为副主席。5月14日，在汕头倡议成立岭东学生联合会，杨石魂为主席，方临川、方思琼（方方）、林希孟等为成员，统一领导岭东学生爱国运动，传播革命火种。1923年，林希孟等奉孙中山命令，自香港回潮汕筹备讨伐陈炯明。船抵汕头时，林希孟被密探抓捕，随即被押往闽粤边防总指挥部，遭到杀害。1926年，国民政府追认林希孟为烈士。林希孟牺牲后，其未婚妻陈可卿（榕城人）化悲痛为力量，牢记周恩来率东征军到揭阳时对她的教导："要坚定为劳动妇女的翻身解放而斗争。"1927年，她在东洲村西安里创办东林女子学校，为革命事业培育英才。

1925年11月，林伟成（东洲人）经颜汉章介绍加入中国共产党。11月下旬，在揭阳学宫大成殿建立中共揭阳县支部，书记为颜汉章，支部成员有梁良萼、卓献弼、林伟成、方针、李子韬、林岳松（东洲人）、林俊利、林声望等10人。

1926年4月3日，在蛟龙村三洲头沙田洋一座"四点金"（传统潮汕民居样式之一）内成立揭阳县第三区农民协会，农会主席为林伟成，农会执委为林文龙、林开成，东江地区农运领袖彭湃率卓献弼、梁良萼、杨石魂等前来参加。会前，彭湃先到林伟成的东洲五壁连居所商议成立事宜，后召集农会骨干到秦厝头日新楼开会确定成立事宜。在农会成立典礼上，宣布成立农民自卫队，队长为林文龙，队员有林羽奕、林焕章、林御欲、林老汉、林和俊、林振声、林学文、林占杰、林占先、林清水、林淑义、林巧之、林御鹏等。

大会召开之时，彭湃亲自鸣枪当礼炮。随后，农会开会地点主要在秦厝头日新楼。初期会员人数不多，秦厝头约有400人参加农会。农民自卫队成立后，开展轰轰烈烈的农民运动，经常在霖田、灰寨、洋稠岗一带与国民党展开针锋相对的斗争。1927年3月，农会参加洋稠岗战斗，与国民党武装展开激烈战斗。5月，国民党武装"围剿"秦厝头，有56所民宅被烧；民众因饥饿难耐，只得捡拾被烧稻谷残渣充饥，生活惨不忍睹。1927年10月，林伟成率50人撤退到普宁扬美后畔园刘瑞昌家避难，后赴泰国曼谷谋生，1928年因病去世。

中共党员、三区农会秘书林文龙在彭湃、古大存等的引领下，在自己的家乡东洲村一带传播革命火种，曾领导洋稠岗战斗。1928年8月，林文龙在古溪圩不幸被捕。敌人把他押回秦厝头审问，用钢针刺他的脸、手指，用钢刀割开其股肉撒盐，用铁条烙其伤口，甚至挖他的眼睛，砍断他的手、足，所用手段极其残忍，而他在死前仍用仅存的微弱气力高呼"中国共产党万岁！"浩气薄天地，肝胆照日月。最终，革命烈士林文龙被杀害并沉入三洲河……

第
三
节

学生运动和妇女解放运动兴起

一、学生运动

广东国民革命军第二次东征攻克潮汕后，潮汕各界兴起反帝反教，收回教育自办权运动。在这个时候，揭阳真理学校董事会却决定将有进步倾向的校长郑汉清和3位教员开除。消息传开后，全校哗然。

1927年1月7日，揭阳真理学校学生会干部和各班班长举行联席会议，提出将学校收回自办。但学校董事会拒绝学生的要求。当天，全校学生随即离开教室，举行罢课，并组织到县教育局、县公署、县农工商学联会、县总工会、县农会请愿。真理学校学生的爱国行为很快得到28个进步团体的支持，各团体派出代表赴真理学校慰问学生。江明衿作为榕江中学新学生社代表参加了慰问活动，并上台发言。各团体代表揭露帝国主义文化侵略的野心，指明学生斗争的方向，勉励学生努力奋斗，以达到最后胜利。

在全县各团体的声援和斗争下，真理学校董事会不得不做出妥协，表示学校收回自办的问题可以协商，学生运动取得了初步的胜利。

1927年春，江明衿被调往汕头市工会工作，他以雇员的公开身份，深入基层，与工人打成一片，把宣传活动搞得有声有色。

二、妇女解放运动

1926年3月，在揭阳县城学宫文华祠成立揭阳县妇女解放协会筹委会（简称"妇筹会"），应邀赴会者达1 000人。许玉磬被选为妇女解放协会筹委会主席。

揭阳妇筹会成立后，遵照省妇协的纲领，发动和组织妇女投身国民革命运动。随后便在部分山区或半山区率先建立起妇女组织，山湖的观音山村、下坡村，白塔的瑞来村等，成为全县较早成立妇女组织的村庄。观音山村的妇女卢妙兰，在革命斗争活动中，逐步成长起来，她家成为革命同志的立足点。她把三亩多地卖掉，作为地下活动的经费。后来，她家房屋被烧毁，她与媳妇黄莲叶被敌人抓去坐牢达28个月之久。但她出狱后仍坚持信念，跟随红军部队干革命，直至牺牲。

1927年3月，揭阳县妇女解放协会在县城正式成立，陈名卿任总干事。

反击国民党"清党""清乡"运动

　　1927年4月12日，以蒋介石为首的国民党反动派在上海发动政变，反革命浪潮很快波及揭阳。4月15日，揭阳县国民党反动派成立了由13人组成的"清党委员会"，强化"清党""清乡"反革命措施，将全县划为9个"自治区"，迅速扩展反革命武装，准备屠杀共产党人和革命群众。下午2时，国民党反动派纠集潮梅警备旅驻揭阳两个连，以及地方警察、保安队、黄色工会打手共400多人，包围县农会、县总工会，抓走并杀害县农会秘书陈祖虞，同时抓走县总工会10多名骨干人员。

　　从4月16日起，国民党反动派集中兵力先后进犯各区农会，第一个目标是第四区农会。国民党军队一个连90多人气势汹汹直扑第四区农会办公场地时，农会干部已事先撤离。国民党军队遂驻扎在新亨罗山。

　　当晚，县、区农会干部陈剑雄、黄峰等在龙岭村卢位美家中商议，决定组织农民自卫军（简称"农军"）反击。

　　4月17日晨，第四区等农军共352人带着枪支、大刀、尖串、耙头等武装，高举农会旗，在陈剑雄、黄峰、陈魁亚、卢位美等的带领下，向国民党军阵地罗山冲去。沿途农军纷纷响应加入，有六七千人之众。驻守罗山的国民党军被漫山遍野的农军阵势震慑，且战且退，向县城方向退去。农军追至东仓桥头，与国民党军隔河对射。当夜农军利用天黑，泗河强渡，将国民党军队赶至县城西郊。县长丘君博见农军压境，危在旦夕，忙将城内武装队伍悉数调至西门防守，地方反动头子也前来助阵。丘君博同时急电潮梅警备司令，请求火速派兵支援。攻城农军弹药有限，装备粗劣，攻了两天两夜未能攻进城内。4月18日，国民党从汕头派来200多个援兵，从水路侧击，农军被迫撤退。

4月27日，国民党反动派出动两个连的军队，直扑第三区霖田村。霖田村是连接大南山、大北山的交通枢纽，是全县最先成立农会的乡村，有一定的革命力量和群众基础。国民党"四一五反革命政变"后，县、区一部分革命干部撤退至此。该村有一富裕户叫林近城，雇工剥削，四处经商，农运高潮时混入农会，暗中却与豪富、封建势力勾搭在一起。此次国民党军队直扑霖田村，正是林近城通敌引来的。这天正值桐坑圩日，大部分村民上圩赶集，农民自卫军则在村中构筑工事，防敌进攻。国民党军一到，先控制进出村子的交通要道，布兵准备进攻。这时村民阿御嫂正准备去村外池塘洗衣服，走到村口，发现来了国民党军队，便脱下木屐敲响铜面盆，一边向村里跑去，一边大呼："国民党军来围村了！"农军正在吃早饭，听到呼唤声，立即拿起武器，跑向村口，进入工事，对敌射击。留在村里的革命同志一面指挥抗敌，一面组织群众向卅岭山方向撤退。农军抵抗一阵之后，也向卅岭山方向退去，农军队员林阿乌在掩护队伍撤退时中弹牺牲。

国民党军进村后，见物就抢，见屋就烧，共烧毁民房57间、公厅4座、学校1所，抢劫物资无数。

面对敌人的猖狂进攻、残酷镇压，卢笃茂与何石一起组织揭阳县第三区及普宁县第八区赤卫队队员共千余人，于4月23日向新国民社老巢太史第进攻。敌垒坚固，虽未能得手，但对于刹住敌人的嚣张气焰、鼓舞大众的斗志产生了积极影响。

4月30日晨，老德围村农会执委洪徐贵、洪学元接到上级送来的紧急情报：敌人出动一个营的军队，配合地方民团共五六百人，准备向第三区各村农会进犯。原来，"四一五反革命政变"之后，潮梅警备旅驻揭阳两个连的军队要开往普宁镇压农军，在普宁县第八区为农军所消灭，于是潮梅警备司令部派团长陈泰运率兵再到普宁镇压农军。军队路过揭阳城，揭阳县县长丘君博送上"售命金"，要求军队转道白塔镇压农军，并制订了阴险计划：先打击外围的革命势力，再集中兵力荡平老德围村革命力量，以杀鸡儆猴。

形势恶化，风声日紧。老德围村全村男女老少投入备战活动，加强工事，闭紧寨门。农会还发出通知：到田间劳动的即回，走亲戚的速归，准备全力抗击敌军"进剿"，并发动邻近的新竹围村联合战斗，扩大战斗阵地。

上午10时许，农会执委、自卫军、农会会员，以及其他男女村民都聚集于老德围村"老书斋"厅讨论抗敌策略。"出征胜于守城"，年逾花甲的洪必举竭力主张把队伍开出寨外，以寨前二尺高的路基为掩护体，与敌对抗，这样做，"胜可追、败可退"。然而，在敌我力量悬殊的情况下，这是不足取的策略。曾参加过"关爷宫"前战斗的自卫军洪阿斗、洪瑞泉等人不同意"兵出寨门"，认为大敌压境，应当坚守，这叫"孤寨难打"。最后，农会执委集中大多数人的意见：以守为主，保存实力，等待外援，伺机反击。农会执委还要求各人坚守岗位，听从指挥，战术要灵活，洋枪要轮换位置，迷惑敌人，正所谓"兵不厌诈"，要求沉着战斗，弹不虚发。

会议结束后，老德围村和新竹围村进入紧张的备战态势。村子正面十几间"反照厝"和寨门小角楼的小窗门变成了枪眼，一支支枪膛瞄准西南来犯之敌。寨门灰埕上安装着一门大炮，两旁还站立着自卫军战士，他们手执大刀、长矛、尖串，斗志昂扬，准备肉搏。妇孺老幼集中于两处，互为照顾，体力强者还协助烧水煮饭。全村男女同仇敌忾，都抱着与村庄共存亡的决心。

在新竹围村，农运积极分子洪木卿、洪明新、洪朝好、洪深坑等也积极备战。洪朝好到各户做动员，发动村民坚守村庄；洪木卿将事先购置的枪支、火药分配到各个火力点；洪深坑负责镇守寨门小角楼；其他村民负责各个射击口。

国民党军队对革命乡村逐个抢烧一阵之后，开始包围老德围村和新竹围村，并发起冲锋。农军沉着应战，火枪齐发，杀伤了一些敌兵。国民党军遭到迎头痛击，惊愕之后纷纷后退，有的跳进水沟里或低洼处，有的藏到蔗林里、果树后。这时老德围村一门平时作为迎神过节礼炮的土炮"轰"的一声向敌阵发射一枚火炮，浓烟滚滚，吓得敌军头也不敢抬。两军进入对峙状态。天黑时，国民党军队放了一阵枪之后，便向县城方向退去。

5月2日凌晨，国民党军又倾巢出动。各村农军及革命群众已接到通知，先行撤走，国民党军队未遇抵抗便进入各村，进行烧杀抢掠。老德围、新竹围、大寨内、白塔圩、新寨、西门口等20多个革命乡村相继燃起大火，被烧去房屋无数。国民党军队见村中无人，假装撤走，等村民回村救火时又返回村庄。老德围、新竹围多名老人惨遭杀害，被杀的老人有洪纳叔、三加姆、凤眼姆、大敦母、清远母、明弦母等。

"四一五反革命政变"后，国民党反动派对全县各区革命乡村采用烧杀抢政策，据田东、西洋、大坑、下坡、五房等15个村统计，有129人被杀害、80人受重刑而导致残疾，被捕赎钱的有2 007户；被缚花红交款，光霖田、五房、秦厝头3个村庄就达11.35万元。国民党反动派所犯下的血腥罪行，激起了广大人民群众的无比愤怒与反抗。

"四一五反革命政变"后，揭阳县各区农军先后举行武装暴动，反抗国民党反动派的大屠杀，场面英勇壮烈。但由于敌强我弱，农军又缺乏统一指挥，在强大敌人的围攻下，轰轰烈烈的农军暴动失败了，农民运动转入低潮。

在对农会、工会组织进行镇压的同时，国民党反动派还大肆抓捕揭阳籍共产党人。之前，江明衿调任汕头市工会，揭阳的国民党反动派一时抓不到他，便贴出布告通缉。亲戚劝江明衿远走他乡，江明衿无所畏惧地说："怕杀头，我就不参加革命。"1927年6月，江明衿被捕。国民党反动派对他软硬兼施，要他在"悔过书"上签名，只要声明脱离共产党，就可以释放他。江明衿拒绝签名，并坚定表示："我信仰的事业不变，共产主义信念不变。"其亲人到处奔走营救，在南洋的父亲闻讯专程赶来劝说他改变立场，但他毫不动摇。敌人见威逼利诱无效，遂于9月5日将他押赴刑场枪杀。他沿途不断高呼革命口号，就义时年仅23岁。

4

第四章

土地革命战争时期

第一节 **揭阳县工农革命委员会成立**

"四一五反革命政变"后，中共揭阳县部委员会书记颜汉章于当年5月上旬奉命带领一部分揭阳农军到陆丰县新田集中，后随惠潮梅农工救党军北上；组织委员卢笃茂被派遣到暹罗安置"流亡"的革命同志；只留下宣传委员张秉刚就地坚持斗争。各区骨干，除第二区外，坚持下来的只有少数。县农会、工会解体，基层农会和工会多数停止活动。

大风暴过后，揭阳县基层党组织及革命基础较好的有第三区的瑞来村、霖田村，第四区的五房村，以及第一、二区部分村庄。各基层党组织秘密联系流散在外地的革命同志，逐步恢复农会组织，并开展革命活动，进入土地革命战争的新时期。

1927年8月1日，以周恩来为书记的中共中央前敌委员会和贺龙、叶挺、朱德、刘伯承等领导的北伐部队2万多人，在南昌举行武装起义，反抗国民党反动派的屠杀政策。起义军随后一路挥师南下。消息传至揭阳，揭阳县地方党组织为迎接起义军，组织革命团体统一行动，并准备借起义军进军揭阳的声威，营救此前被捕的革命同志，将革命骨干聚集起来，从而使革命力量和组织得到恢复和发展，促进揭阳地区革命斗争的开展。

9月26日上午9时许，南昌起义部队前卫营在曲溪一带渡过北河，进入榕城。东江工农自卫军总指挥彭湃率总指挥部随军同行。前卫营和自卫军在与国民党驻榕城部队展开一场小接触战斗过后，国民党武装从西门过东仓桥向新亨溃退。揭阳县地方党组织立即组织城关及城郊群众划来民船，在马牙渡架设浮桥，迎接起义军入城。

起义军6 000余人抵达榕城后，将起义军总指挥部设于揭阳县商民协会，政治部进驻榕城的学宫崇圣祠。彭湃率领东江工农自卫军总指挥部进驻学宫东廊，负责建立地方政权和战勤工作。部队进城后，政治工作人员及东江工农自卫军总指挥部人员，在揭阳县党组织的配合下，上街张贴布告和开展宣传活动；打开监狱，放出被关押的革命同志；在学宫大成殿设办公地址，派出人员四处联系，招集坚持在各地的革命骨干进城，商议建立政权与支援起义军事宜。近午，周恩来、贺龙等到达学宫崇圣祠，召集各部汇报工作。午后，在周恩来的直接指导下，成立揭阳县工农革命委员会，主任为林光耀。9月26日下午，周恩来、贺龙、叶挺、彭湃、刘伯承、聂荣臻等在揭阳县商民协会楼上召开军事会议。中共揭阳县委书记张秉刚等列席会议，接受支前任务后，离开会场。会后，周恩来乘轮船回汕头，彭湃到学宫检查布置战勤工作。晚上，部队和揭阳县工农革命委员会在东校场举行6 000多人参加的军民联欢会。会议由张秉刚主持，叶挺代表部队在会上讲话，揭露国民党叛变革命后的形势和重建广东革命根据地的意义，号召各界人民动员起来，投入战斗。揭阳县各界代表也在会上发言，表示斗争到底的决心。

第二节 汾水战役在揭阳打响

1927年9月27日，南昌起义军接到情报，汤坑仅有敌军1 000余人。南昌起义军总指挥部决定让驻扎在揭阳的贺龙、叶挺部队向汤坑进击歼敌。事实上情报有误。原来国民党第八路军东路军代指挥陈济棠率3个师和潮梅警备部队共1.5万人，打算由丰顺县的丰良经汤坑进击揭阳，寻求与起义军主力决战。

9月28日凌晨，起义军兵分两路，一路出西门过东仓桥，一路由北门马牙过浮桥，向山湖、汤坑挺进。

在揭阳地方党组织的领导下，成百上千的工农群众协助运输粮弹，肩挑船载，水陆并进。揭阳第一、三、四区的2 000多名农会会员和赤卫队队员，分路奔赴战场，协助后勤和外围警戒。华清村赤卫队队员林德奎、双山村赤卫队队员吴让教等为起义军当向导。时驻新亨的守敌王俊部一个营未经接触即慌忙逃跑。当日中午，起义军前卫部队进至山湖地区浮山村之西丘陵乌柳湾前坡，与守在该地的敌人激战。此时敌4个团已开赴山湖，并摆开阵势。王俊部位于揭（阳）丰（顺）大路右侧的乌柳湾、蜘蛛结网（地名），大路左侧的竹竿山及对面的丘陵地带为第二线，师部设于丰顺汤坑。这一带山峦起伏，是通往丰顺汤坑的要隘，敌在此投入1.5万兵力，以阻止起义军向汤坑进发。起义军则只有6 000多兵力，指挥部设于白石山后坡。彭湃率领的东江工农自卫军总指挥部设于白石村祠堂内。贺龙、叶挺等军事领导人登上白石山观察地形。敌军依仗人多势众与有利地形，掘壕据守，且闻援兵将至，故有恃无恐，以猛烈的炮火实施阻击。起义军一鼓作气冲上山坡，敌军在火力掩护下进行反扑。双方后续部队为争夺山坡阵地，反复冲杀，战斗惨烈，大路及两侧坡地，尸横遍野，鲜血染红了地面。后来当地农民将此地称为"红路头"。战斗持续两个钟头，起义军正面占领山前阵地，与敌军周旋。新参战的部队在当地农民的带引下，迂回到山北敌阵地侧背，奋力冲杀登上山顶。守敌两个营伤亡枕藉，散乱奔逃。起义军一个下午的连续冲杀，占领了蜘蛛结网后，于傍晚又两面夹攻潭岭山之敌。但接近敌人处都是开阔地，且敌后续部队不断来援，激战通宵，至黎明，潭岭山始为起义军占领。

9月29日上午，敌在炮火支援下，进行反扑。双方激战时，贺龙、叶挺等部队领导人亲上潭岭山了解战况，并登峰观察。炮弹在四周炸响，他们泰然自若。在警卫员的催促下，他们刚离开，原地即落弹数发。参加战勤的农民回去后说出了当时的情形，一时之间都在传颂贺总指挥不怕炮弹的故事。

经过血战，竹竿山、老鼠山皆为起义军占领。起义军冲入汾水村，经过巷战，将敌军赶出村去。与此同时，起义军另一部分进攻汾水村之东侧高山瞭望岽。敌军退至北面山最高点152米的四排岭据险顽守。此时，敌东路军各部陆续投入战斗，敌我力量悬殊，战斗更为激烈。在汾水村山后高地，两军进行十分残酷的血战，争夺高地为胜败之所系。从中午至晚上9时，两军各冲锋数十次，硝烟弥漫，尸骨成堆。敌三十一团参谋长吴子泰率该团直属部队和第一营进行反扑，吴子泰被起义军击毙，其余官兵所剩无几。敌又增援军，由师部参谋黄涛顶替吴子泰，率其师部教导营和三十一团教导队及该团余部投入战斗。起义军虽然兵员有限，后援缺乏，但人人奋勇杀敌，不怕战死沙场。起义军第二十四师营长廖快虎，部队拼光了，仍坐在阵地上宁死不退。直到此时，起义军才知道敌人兵力甚众，武器也十分精良，强攻不下，决定夜袭。9月30日凌晨，起义军偷袭敌阵，但敌有所防备，夜袭失败。此刻起义军能集合再前进的兵力只有贺龙部第二师一个团，加上全军弹药将尽，且闻潮安战情吃紧，于是总指挥部下令退却，由第一师掩护，向原路撤退。起义军掩护部队趁黑夜猛烈向敌军冲击，给予敌人重创后，立刻撤离战场。敌军明知起义军正在撤退，但因伤亡惨重，建制打乱，士兵离散，无力追击。

汾水战役苦战三天三夜，炮声连天，枪声不断，尸横遍野，血流成河，敌我双方伤亡很大，敌军伤亡3 000多人，我军伤亡2 000多人。起义军撤出阵地后，当天下午2时，除少数乘汽轮赴汕头外，主力分三路向普宁县方向退去。

9月30日，东江工农自卫军总指挥彭湃留在新寮村，指挥地方赤卫队清理战场起义军伤兵，直至下午2时许，将贺龙、叶挺送给揭阳县委的30多支步枪及一批弹药，交给县工农革命委员会派出的战场联络员林希明后，才率工农自卫军总指挥部离去。下午3时许，起义军战勤人员全部撤离战场。起义军有伤员300多人停留在新亨，准备乘船转移到他处。负责指挥护送伤员的佘德明、陈剑雄、卢位美等决定，将伤员临时转移到第三、四区分散隐蔽、治疗。转移伤员未至一半时，国民党军一营追兵骤至，未及转移的伤员全部遇难。

10月3日，起义军退守到普宁。在起义军撤离后，新寮村番仔楼为临时战地医院。彭湃仍留在当地组织赤卫队队员收容伤病员、转移武器，处理善后事宜。

南昌起义军在汾水与三倍于己的国民党军力浴血奋战，虽遭失败，但对揭阳地区的革命影响仍然巨大而且深远。

第一，鼓舞革命者斗志，震慑反动派统治。揭阳"四一五反革命政变"后一段时间，由于到处笼罩着反革命白色恐怖，革命斗争形势处于"万马齐喑"的局面。9月中旬，南昌起义军入粤的消息传至揭阳后，地方党组织迅速得到恢复和发展，同时地方上的反动派纷纷逃离县城，县城反动势力处于"空白"状态，反动政权受到震慑。

第二，鼓舞广大工农群众为建立革命政权而斗争。南昌起义军抵达揭阳当天就建立了揭阳县工农革命委员会。革命政权存在的时间虽然只有几天，但却产生了深远的影响，使革命人民看到了革命斗争胜利的曙光，鼓舞他们去为建立自己的革命政权而斗争。在同年11月召开的揭阳县党代会上就做出建立苏维埃政权的决定，不久，在揭阳县第四区、第二区就建立了苏维埃政府。

第三，一批地方工农骨干经受了考验。他们为起义大军那种不怕牺牲、前仆后继、浴血沙场的英勇战斗精神所感染，受到了教育，激发出革命斗志。为起义军当向导的农民卢位美、徐合秋，后来成为第四区苏维埃政府的正副区长。参加支援后勤的赤卫队队员林德奎、林合清等，后来也成为区一级革命武装骨干，带领赤卫队员开展游击战争。

第四，促进揭阳地区的革命武装斗争活动。从1927年冬至翌年春，在地方党组织的领导下，揭阳地区先后开展两次武装斗争，给反动统治以打击和震慑。

第五，增进了军民情谊。起义大军军纪严明，买卖公平，不扰民宅，保护人民群众的利益，给揭阳人民留下了深刻而美好的印象。起义军留下的132名伤员正是由地方革命群众冒着生命危险进行掩护、治疗的。他们伤愈后，有的归队，有的参加东江工农红军，有的与当地烈士遗孀结婚。

第三节 开展武装暴动 建立革命根据地

一、建立第四区苏维埃政权

1927年8月7日，中共中央在汉口召开八七会议，总结大革命失败教训，通过了土地革命和武装反抗国民党反动统治的总方针。是年11月13日，中共揭阳县委在渔湖江夏村友梅轩召开县党代会议，有20多名代表出席。会议由县委书记张秉刚主持，由前县部委员会书记、从香港归来的潮梅特委代表颜汉章传达八七会议的精神。会议做出决定：深入发动群众，恢复农会组织，开展武装暴动，建立苏维埃政权，进行土地革命。为加强党组织对革命运动的领导，在这次会议上重建4个区委的领导机构，张怀天任揭阳县第四区委书记。同月中旬，颜汉章、陈剑雄、梁良蕚、卢笃茂等来到第四区顶坝村召开地方干部会议，传达县党代会议精神，介绍彭湃在海丰分田分地和建立苏维埃政权的情况。与会者听后情绪很高，经磋商，决定建立揭阳县第四区苏维埃政府，区长为卢位美，副区长为徐合秋，卢笃茂任农民自卫军大队长。

1927年11月9日至10日，中共临时中央政治局在瞿秋白的领导下，在上海召开扩大会议。这次会议错误判断了形势，执行组织党员和群众到城市搞武装暴动的"左"倾错误路线。随后，中共广东省委和东江特委传达了中央指示精神，指令包括揭阳在内的各县开展"年关暴动"，"完成东江的割据"。是年12月下旬，揭阳县第一、二区举行了由革命群众组织的农军"年关暴动"，但遭到了国民党的疯狂镇压。农军人员伤亡甚多。第四区地方党组织以"杀死盐商""烧尽盐厂"的口号去号召农军起来暴动，并发生"抢盐事件"，但很快也被国民党军队镇压下去。

1928年春，揭阳县革命斗争处于极其艰难时期，县委几位主要领导人张秉刚、陈卓然、林运盛相继牺牲，基层干部和革命群众在敌人的"围剿"下损失很大，领导机关几乎陷于瘫痪，各级党组织遭受严重破坏，全县形势与整个潮梅地区一样，民众革命活动"差不多销声匿迹"。

由颜汉章带领的工农游击队，原活动于梅冈北部山区的居西溜，以及揭阳县第四区的大坪埔和观音山。这支队伍于1928年春转战桑浦山，坚持斗争，最后被国民党"围剿"而失败。

二、开辟五房山革命根据地

由揭阳县第四区党组织领导的农军，借助五房山山高地广的天然优势和当地革命群众的深厚革命信仰，在五房山驻扎下来，坚持斗争。

1928年5月间，五华县的古大存带领几十位革命骨干从丰顺的八乡山来到揭阳第四区的观音山活动，随之与在五房山坚持武装斗争的揭阳县委巡视员卢笃茂取得联系。接着，参加广州起义的红四师第十一团在广州起义失败后，撤退至东江，编成红四师，其中田诗雁带领一连武装基干团97人进攻普宁县的果陇和阳美，卢笃茂率领工农自卫军前往参战。战斗结束后，基干团进驻五房山。第四区的工农自卫军与基干团合编为自卫军游击总队。游击总队全力搞武装，开展军事训练，建立革命根据地，恢复农会组织。

五房山革命根据地日益巩固发展。但是在"日日有枪声，无处不暴动"的日子里，自卫军游击总队在上级指令下，四处袭击敌人，杀土豪、打民团，攻打新亨镇，暴露了武装队伍的行踪。

1928年夏，国民党派重兵前来五房山"围剿"。在激战数小时中，自卫军游击总队毙敌100多人，游击队员也牺牲几十人。在敌我力量悬殊的情况下，游击总队被迫撤退至桑浦山、莲花山、过海山。敌军紧紧追赶，游击总队被迫再回桑浦山，与敌苦战七昼夜，终因不敌强敌而被击败。

对揭阳农军暴动，以及革命武装在桑浦山、五房山等地坚持斗争活动，当时国民党的报纸《广州民国日报》曾有所披露，虽做了歪曲报道，但从中反映出揭阳农军坚持革命斗争，开展暴动的一些状况，如报道称农军"纷纷窜匿桑浦山"，"不分昼夜，四出掳杀"，"新亨猴牯溜等处，仍有余匪千数百人"。1928年10月，在国民党揭阳县第五次代表会议上，他们不得不承认："自贺、叶逆军犯揭后，'共匪'潜伏各地活动"，"潜伏猴牯溜者忽去忽来，而官军之剿除没有根本的肃清"。

三、大坑村建立红色游击区

早在大革命时期，在揭阳县农运高潮的影响下，第四区的大坑村也建立起农会组织。1927年"四一五反革命政变"后，大坑村的农运被迫中止了一段时间。1928年以后，大坑村的革命活动逐渐得到恢复。先是黄汉强、张家骥、刘亚尔等来到邻近的下坡村。他们在如麻书斋以开馆教拳为名，秘密启发、组织群众，开展革命活动。时值大坑村教师王慢兴在下坡村任教，有机会和张家骥、黄汉强、刘亚尔等接触，受到进步思想影响。每次回家，王慢兴便将听到的革命道理向乡亲们传播，扩大影响。张家骥、黄汉强等也趁此将革命火种燃到大坑村。不久，大坑村已有王活水、王春兴、王润意等一批积极分子先后参加赤卫队。赤卫队以村后"狗仔山"王回银的荔枝园作为开展革命活动据点。白天，张家骥等隐藏在荔枝园中的草寮内。晚上，大家一起商讨大事。

大坑村有了革命武装队伍以后，对敌斗争更加活跃。他们经常活动于新亨、白石、大头岭一带，贴标语、散传单、剪断电话线。这些斗争既骚扰了敌人，又宣传教育了群众。大坑村赤卫队的一系列活动，国民党揭阳县县长毛琦听闻后，曾先后两次派人前往侦探，都被大坑村革命群众识破并捕捉。为此，毛琦更将大坑村视为眼中钉。

1930年3月29日，毛琦调集了近500人的军队，分三路"围剿"大坑村：一路由汤坑南下，一路由揭阳县城北上，一路由埔寨地主武装张源泉抄小路向东合围。是日凌晨，由揭阳县城北上的敌军首先逼近大坑村。时值村民王素贤早起要往外地挑木炭，在离村不远处发现敌军，当即回村向赤卫队报告。这时赤卫队有部分队员外出执行任务未回，村中只有黄生、黄忠等10多人。得到消息后，黄生、黄忠等人认为不能硬拼，只能智斗，于是一面派人带领群众转移，一面组织力量设迷魂阵。他们将所有武装人员分成若干战斗小组，埋伏在村外围各个角落。只听见一声令下，各个战斗小组一齐向来敌开火。这下子敌人可乱了套，他们原以为趁大坑村的赤卫队队员在酣睡之际，来个"连锅端"，没想到大坑村竟有准备，而且在村外围就设立了火力点，因而以为村里可能驻扎了红军武装部队，从而胆怯了几分；加上长途行军，人困马乏，又不知道其余两路人马的情况，故不敢贸然进攻。他们胡乱射击了一阵之后，便原路退兵。

1933年，上级派李三（女）、卢曾文等到大坑继续开展革命活动。此时，古大存也经常到大坑村来。

在李三、卢曾文的领导、发动下，大坑村的革命组织得到进一步发展。游击队、青年团、妇女会、民兵队、担架队等组织先后成立。一批血气方刚、具有爱国热情的青年加入到革命的行列中。

1933年夏的一天，大坑村游击队获悉丰顺县的县长陈树木要视察新修筑的揭丰公路，便马上召开干部会议研究，决定找机会送他"上西天"。是日午，陈树木在几名警兵的护卫下来到揭丰公路上。等到他进入伏击圈，卢曾文一声令下，几声枪响，陈树木应声倒下。几个护卫看见县长被击中，连滚带爬仓皇而逃。这次击毙陈树木，在政治上影响很大。

1934年底，大坑村游击队配合东江工农红军，袭击大头岭（今桂岭）守敌，并彻底摧毁其炮楼，破开粮仓，救济穷人。

按二连三的军事行动，使国民党当局受到不小的震慑。时任潮、普、揭联防指挥何宝书，以军事镇压为主要手段，调集大批国民党军队，准备血洗大坑村。

1934年元月，何宝书疯狂"围剿"大南山，卢笃茂领导的红二团被迫转移到八乡山一带。由于何宝书实施一系列反革命措施，革命斗争进入了艰苦岁月。

1935年初，大坑村游击队事务长詹何存，在一次执行任务时被捕，经不起敌人的威逼利诱，竟供出了大坑村的全部情况。敌人即派出大批军队，在叛徒詹何存的带引下，再次"进剿"大坑村。

敌人人数多，又来得突然，制高点和各主要路口都被控制，游击队组织几次突围都没有成功，损失甚大。卢曾文被围在一间瓦房内，坚持抵抗至最后一颗子弹射向自己的脑袋。游击队和地下党的主要负责人李三、如信、陈凤等都因受伤而被捕。紧接着，游击队队员王草鱼、王中讯、王阿丰、王瑞拱、王瑞香、王秀泉、王贤存等40多人也先后被捕。

敌人为了达到彻底消灭革命力量的目的，威吓群众，把王草鱼、王中讯、王阿丰押至草埔岗（今大坑小学）当众枪毙。其余人员被押解至县城监狱。

被捕的同志虽然身陷囹圄，受尽酷刑，但都表现了坚贞不屈的革命气节。1935年，除王瑞拱被判14年徒刑外，王秀泉、李三、如信、陈凤等，均先后在榕城被国民党反动派杀害。

四、"牛栏屋"惨案

1927年11月，中共揭阳县委宣传部部长陈卓然到第三区帮助珠坑村重建农民协会。珠坑村以吴自建为首的一批进步群众成立了珠坑村农民协会，与石坑、龙尾、水流埔等村农会继续开展土地革命斗争。1928年4月，龙尾恢复一部分乡村基层党组织。县委机关经常流动于珠坑、龙岭、河坑等山区村庄。1929年夏秋至1930年之间，珠坑村组建赤卫队，并成为革命据点，农会和赤卫队积极协助地下党员在偏僻乡村发动群众闹革命。1931年，在"肃反"以后的艰苦岁月中，第三区委建立了苏维埃政权，继续组织龙尾各老区村开展武装革命斗争。

1934年2月，国民党推行保甲制度，大力组织地方反动武装进行"清乡""剿匪"。这期间，珠坑村发生了一件鲜为人知的惨案。由于赤卫队里意志薄弱的叛徒告密，造成当时正在村中溪畔寨牛栏屋秘密开会，以吴自建为首的10多名农会骨干人员被敌人清乡团残酷屠杀在牛栏屋里，血流成河。事件发生后，珠坑村剩余的革命力量连夜从上坑小路撤离到河坑村，此后珠坑村土地革命斗争形势进入低潮。

五、土地革命战争时期的客洞村

1926年3月，第三区桂岭客洞村农会成立，成员有吴自足、王俊恭、王百万、吴丙五、王和朝、王卢发等6人。同年夏，在龙岭村南畲后山坡地召开第四区农民协会成立大会。

1931年冬，古大存带领东江工农红军第十一军第二团200余人在客洞村驻扎了三天三夜，然后开赴普宁大南山。客洞村随部队同去的有王良顺、王卢发、王和朝、王加丰、王月林、吴自足、吴丙午等7人。在大南山战斗中，王良顺、王卢发、王和朝、吴丙午4人光荣牺牲。王加丰在战斗中因队伍冲散而逃往丰顺埔寨姑婆案石洞里躲避，后被国民党何宝书部队捕获。国民党军队又几次到客洞村抓了接济红军的群众21人，到火树坑给王加丰辨认。当时革命群众互相保守秘密，结果敌人问不出任何情报，只好全部释放。

1933年1月25日，卢笃茂带领红军攻打桂岭圩，捣毁炮楼，并在大良岗埔尾发表演说，号召农民自发组织起来，清算地主、土豪、劣绅家产，并当场枪决2名恶霸，把没收的财产分给贫苦农民。6月，古大存派彭俊到客洞村活动，以客洞村的后坑尾王阿恭的荔枝园草寮作为落脚点，深入发动群众参加革命。王阿恭第一个参加游击队，以后队伍扩大到16人，活动更加频繁。同年冬，东江红军游击总队政委古大存来客洞、健豪二村，要求民兵做好军需物品的供给。

1934年夏，中共东江特委派刘匹任中共揭阳县工委书记，恢复党组织活动，在第三区瑞来、河坑、客洞、大坑等山村开展工作。1935年3月29日，国民党何宝书部队来客洞村"清乡""扫荡",王潮顺、王宝泉叛变投敌,向何宝书告密。何宝书即派廖营长带队到客洞村"清剿"。他们不分青红皂白,放火烧掉王仕奇的房屋2间,抓捕村民60多人,其中24人被押到县府监禁。王良顺之父王老猴因接济红军而惨遭敌人杀害。王阿恭、吴自足则在榕城被何宝书杀害。后来,王阿涛写信给其胞兄、十九路军军长蔡廷锴的秘书王献建,才把其他被捕村民营救出来。同年5月25日夜,古大存带领红军和客洞等村赤卫队共200多人包围桂岭玉白村,敌人闻风逃走。包围玉安楼的红军,共缴获长枪40支,并火烧玉安楼。

六、揭阳农军暴动的意义及其教训

揭阳农军暴动,在揭阳革命史上产生了深远的意义:

1. 打击了国民党的反动气焰。从1927年"四一五反革命政变"至1928年夏的一年时间里,揭阳农军进行了三次暴动,极大地震慑了国民党的反动统治。揭阳县第四区农军一度围攻县城,给揭阳国民党的反动统治造成极大的压力。

2. 在暴动中建立工农政权。揭阳农军在三次暴动中先后建立的工农政权有:揭阳县工农革命委员会、第四区苏维埃政权、第二区苏维埃政权、揭阳县苏维埃政权。建立起来的工农政权,虽然存在时间都不长,却反映了武装暴动的成果,在工农群众中产生了深远的影响,鼓舞人民为夺取政权而奋斗。

3. 促进土地革命的开展。揭阳农军在武装暴动中建立苏维埃政权,同时开展土地革命,得到了广大贫苦农民群众的热烈响应。

4. 锻炼和造就了一批领导骨干和军事人才。在几次武装暴动中,有一批党的领导干部和军事人才牺牲了,但在斗争中也涌现和锻炼出一批新的领导骨干和军事人才。这些人才后来成长为革命斗争的中坚。如卢笃茂，原是教书先生，在三次暴动中带领农军与敌人英勇作战，经历了严峻的考验，后来成长为东江地区工农红军的著名指挥员。还有颜汉章，后来担任红十一军政委，等等。

揭阳农军暴动失败也留下了值得吸取的教训：

1．执行"左"倾错误路线，盲目开展暴动，必然会导致革命的失败。"左"倾错误路线不顾客观形势，错误估量敌我力量，盲目举行暴动，终究是要碰壁的。揭阳农军的三次暴动，特别是后两次，是在敌强我弱，干部人才缺乏，反革命白色恐怖严重，群众仍带着害怕心理的情况下，硬要少数共产党员去组织毫无胜利希望的武装暴动，因而革命斗争的失败是必然的。

2．没有充分发动群众，革命断难取得成功。从揭阳地区三次武装暴动来看，群众发动充分与否，效果很不一样。第一次暴动，面对敌人的屠刀，有成千上万的群众投入战斗，声势浩大，给敌人造成很大的威胁，有力地震慑了敌人的反动统治。第二、三次暴动，参加的群众越来越少，革命力量薄弱，终于为敌人所击溃。

3．党组织必须加强对革命武装的领导，革命才能取得胜利。揭阳地区农运高潮时期，凡有农会的地方大都组织了农民自卫军，全县有几千人马。可是在"四一五反革命政变"之后，在数百名反动武装的进击下，大部分农军被击溃以至瓦解。这说明农军的政治素质和军事技术较差。究其原因，是党组织没有加强对农军的领导，农军在政治素质和军事知识等方面不能适应斗争形势。

第
四
节

揭阳党组织的重建

一、揭阳党组织遭受重创

1928年春，在国民党军警的"围剿"和大肆屠杀下，中共潮梅特委遭到严重破坏，特委机关及各县领导包括揭阳县委书记张秉刚共28人被捕，随后在汕头被杀害。

中共潮梅特委遭受严重破坏之后，中共广东省委派巡视员沈青到汕头重建中共潮梅特委，并任沈青为特委书记。沈青深入各县传达广东省委关于重建中共潮梅特委的指示。4月7日，沈青与潮梅特委秘书长徐克家、共青团潮梅巡视员庞子谦及交通员等一行来到揭阳，与揭阳县委宣传部部长陈卓然、组织部部长林运盛及地方干部杨日耀等，准备到第四区猴牯溜山召开地方干部会，传达广东省委的指示，布置揭阳革命武装支援彭湃在惠来带领农军暴动、攻打惠来县城之事。

沈青一行一早从桑浦山出发，途经渔湖、锡场、华清等村落，傍晚到达顶坝村，离猴牯溜山尚有十几里路。走了一天路，一行人已感到疲乏，认为顶坝村群众基础好，又靠近小北山革命根据地，是"安全"地带，且已入夜，估计敌人不敢来犯，便决定留宿。当晚派人到店铺买肉买菜，杀鸡打蛋，直到下半夜才入睡。此时是白色恐怖的严重时期，国民党反动派的密探、特务到处游动，侦察、监视革命活动和共产党人。沈青一行未加遮掩，讲的又是外地话，被敌暗探一下就发觉。敌探逐级上报。国民党揭阳县县长王仲早就想"围剿"猴牯溜山上的共产党武装队伍，在获悉一行外地人往那个方向去的报告后，猜测是共产党的重要人物，随即连夜派遣揭阳"剿共"民团队长林德付带40多名警察，会同石洋、新亨等地民团几十人，以及华清乡30多名守林人员，匆匆向猴牯溜山进发。林德付部在风吹丫（地名）碰到下坝村民钟寸进，当场抓捕他并要他带路往猴牯溜山"剿匪"。钟寸进知道昨夜有革命同志到顶坝村店铺买菜买肉、寄宿顶坝村守菁寮的情况，便报告此事。国民党军队大喜，便改道顶坝村。敌军来到守菁寮，发现门口有蛋壳鸡毛，立即包围起来，一边开枪射击，一边高喊："寮里的共产党被包围了，快快投降！"寮里住着沈青等14人，其中一部分是当地守菁人员。敌人来得突然，寮里一片混乱，3个守菁人员在惊慌中有的冲出门口，有的爬越天窗准备逃走，都中弹身亡。沈青靠近墙边，冷静观察地形，准备抗击，但在敌人枪弹密集四射下，不幸中弹牺牲。林运盛也不幸牺牲。陈卓然、杨日耀及其他守菁人员均被捕。陈卓然坦然对敌军说："他们是守菁农民，别伤害他们。"

为营救被捕的革命同志，4月11日，卢笃茂带领300多名农军攻打敌军驻地新亨，但敌军已将革命同志押解至揭阳县城。见抢救不成，农军放火烧毁了敌军营地永顺楼和茂通街。

数天后，陈卓然、杨日耀在县城被敌人押送至刑场枪杀，他们沿途高呼"中国共产党万岁""苏维埃政府万岁"等口号。

二、在困境中逐步重建县委、区委机构

中共揭阳县委遭受严重破坏之后，县委机构陷于瘫痪状

态。中共东江特委多次派人帮助组建新的县委领导机构。

1928年4月，东江特委派毛光同到揭阳组建县委领导班子，恢复一部分区、乡村基层党组织。规定新组建的县委书记不能由知识分子担任，在没有合适人选的情况下空缺，暂由常委兼秘书长颜汉章处理党内事务。第四区委负责人为林德奎、林运天。

同年7月，中共广东省委派喻奇辉到揭阳改组县委。改组后，县委书记为喻奇辉，委员有张静民、张家骥、卢笃茂等。

同年6月，党的六大召开，11月中旬，中共广东省委召开了第二次扩大会议，传达六大会议的精神，提出党目前的总任务是争取广大群众，积聚革命力量，以准备在新的革命高潮到来时夺取武装暴动的胜利。是年冬，东江特委常委方汝楫来到揭阳第三区石坑村传达中共六大和广东省委二次扩大会议的精神。鉴于揭阳地区遭受国民党反动派残酷迫害的实际情况，东江特委派揭阳县委巡视员卢笃茂到石坑村向揭阳县委负责人传达东江特委的决定：为避免或减少敌人的破坏及革命事业的损失，暂停揭阳党组织的活动，革命同志分散隐蔽，一部分上八乡山苏区，一部分上大南山苏区。

1929年春，揭阳、丰顺、五华交界的八乡山革命根据地进入大发展时期。为配合这一地区的革命斗争，中共东江特委派黄汉强等到揭阳恢复党组织的活动，组建县委，黄汉强任书记。是年4月，丰顺县举行大暴动，将丰顺与邻近的揭阳、五华交界的八乡山地区革命武装活动推向高潮。在八乡山革命形势的影响下，揭阳地区的革命斗争得到了恢复和发展。

同年春，中共揭阳县委改组后，革命活动有所发展，特别是靠近小北山一带的边缘山村，革命活动恢复更快。3月间，东江特委第四号文件对此做了肯定："揭阳县委在改组后，党之精神之提高及工作之进步，现在城市工作已经建立，三、四区工作进展甚快，尤其是最近三区的工作，现在亦已改变局面矣。"

中共揭阳县委根据中共六大的精神，深入到西北边沿的偏僻乡村，开展扎扎实实的发动和组织群众的工作。1929年夏秋之间，县委张静民、叶静山等革命同志到山湖下坡村、大坑村，设立拳馆，以教拳为名，秘密开展革命活动，组织赤卫队。后来赤卫队发展到60多人，其中8人还参加了共产党组织。赤卫队的任务是巡逻、放哨、传递信件、散发传单、打土豪劣绅、向地主借粮借枪、配合红军破坏敌人的交通设施等。接着，河坑、瑞来、霖田、月眉、双山、东畔寨、石牌（今玉牌）、大良岗、西山、高明、龙尾、大围、大坑、下坡、顶坝、五房、坪上、尖石等乡村的农会、赤卫队和其他革命组织也很快恢复和发展起来，并成为革命活动的据点。此时揭阳县委在下坡村设立地下交通站，主任为周阿祥（绰号"矮周"），交通员由其子周德群担任。该站下辖几个交通点，并指定专人负责：顶坝村钟刘鼎，龙岭村李玄圣，下坡村卢其妙，大良岗村徐廷来婶，五房村廖泉，西山村广福。还有霖田村、双山村、月眉村、东畔寨、石牌村等也设交通点，石牌村还设印刷厂。

是年10月，在第四区新亨楼下乡尖石村飞蛾地召开几千人的群众大会，宣布成立小北山区苏维埃政府，县委委员叶静山、妇女代表张剑英及区苏维埃政府主席卢位美在会上讲话。到会群众斗志昂扬，不断高呼"打倒地主恶霸""拥护苏维埃政府"等口号。附近各乡村豪绅、地主连夜逃进城里，驻守新亨的国民党军队也惶恐不安。

揭阳第三、四区的革命斗争得到了东江特委的肯定，东江特委在1929年11月7日的《斗争形势报告》中曾提到："数月来，揭阳党的工作在艰苦的环境下能积极活动，群众组织有相当的发展。朱毛红军占梅城，党能发动一部分群众做骚动和杀戮反动分子的工作，但还不能运用正确的群众斗争策略，发动广大群众斗争，致陷于单纯的骚动工作，故目前揭阳群众，虽已有些许活动，但不能给敌人以重大的打击。"又指出："揭阳目前工作发展的形势值得注意，在三个月的艰苦奋斗中，工作大有起色。除揭阳城和新亨的工作有进步外，农运发展也很快，现在活动范围已由十余乡扩大到百余乡，而且重要乡村已有一部分我们的人在开展工作。最近在新亨围攻警察的行动，是由党组织领导的群众行动，就是一年来寂然无闻的揭阳工作发展的表现，对最近秋收斗争工作揭阳党组织也有坚决的执行，可惜力量太弱，抗租或没收、分配土地与建立苏维埃政权，还有很大困难。按目前的斗争形势看来，揭阳与各县关系最主要的是丰顺、潮安两县，东江特委准备争取揭丰潮三县斗争工作上的联系。"

第五节 土地革命的开展

一、东江红军在揭阳第三、四区宣传土地革命

1927年冬至1928年，武装暴动的发展已遍及广东省各地，土地革命和苏维埃政权的建立已经成为广大群众的普遍要求。在揭阳第三、四区也如此，一方面多次开展武装暴动，一方面开展土地革命，从减租减息到号召农民群众起来抗租、抗捐、抗税和抗债，初步取得了胜利，从而鼓舞了农民群众的革命斗志。

在第四区，地处偏僻的揭阳、潮安、丰顺三县交界的五房地山地区，驻扎着农军及古大存带领的东江工农红军，革命基础较好。开展土地革命以后，村里组织的农军曾多次参加红军攻打新亨镇的战斗，同时开展向地主借枪借粮活动；提出烧掉田契、厝契；登记人口，准备分田。1929年7月2日，五房村召开群众大会，宣布分配土地计划。后来由于国民党反动派军队的加紧"围剿"，最多一日三次，一驻就是月余，农民被迫上山，不敢回家，分田活动停止下来。河坑村也提出减租减息、分田分地的口号。

1931年春，国民党军队加紧"围剿"革命乡村，给革命活动造成很大的困难，但在第三区的偏僻山村，仍有一批地下党员在发动群众开展土地革命，介绍俄国十月革命后，土地收

归国有，田地分给农民。翌年4月，东江红军100多人由刘华带领，开至第三区河坑村驻扎，开展土地革命宣传，提出打倒贪官污吏、土豪劣绅，减租减息，分田分地等口号；并带领当地赤卫队到桃围、大白等比较富有的乡村向地主要粮要钱，镇压反动头子。

在土地革命战争期间，揭东地域的乡村分田活动大多未能真正开展，其主要原因，一方面是敌情严重，敌强我弱，反动派疯狂"围剿"革命乡村，没有一个稳定的环境可以开展分田活动；另一方面，分田口号提出后，一些乡村虽有行动，如掘田基、丈量土地、登记人口等，但由于政权仍掌握在豪绅富农手里，他们拖延、阻挠分田活动开展，有的甚至提出不烧掉田契，借口是以后可以考查田地的多寡，造成分田分地进行不下去。

二、八乡山革命斗争持续发展

八乡山位于丰顺、五华、揭阳三县交界之处。1928年春，古大存带领一支60多人的革命队伍来到八乡山，其中有30多名党员。在敌情严重、密探四布的白色恐怖环境中，队伍采取化整为零，分散到五华、丰顺、揭阳的边界地区，以打石、烧炭等职业做掩护，开展革命活动；逐步恢复党组织，组织"贫农自救会"，发展革命武装力量，以八乡山为中心，开辟革命根据地。经过三个多月的艰苦工作，在八乡山周围的揭阳、潮安、丰顺边境开辟了新的革命据点。此前，经过"四一五反革命政变"，揭阳党组织的行动遭到破坏，党员人数锐减，从近千人减至100多人。1928年6月间，古大存与在五房山坚持革命斗争的揭阳县委负责人卢笃茂取得了联系，两人共商在这一地区开展革命斗争的问题。经过几个月的工作，揭阳县党组织逐步得到恢复,群众组织也同时得到发展。

同年7月,在丰顺县的九龙嶂成立五华、丰顺、梅县、兴宁、大埔五县暴动委员会,推选古大存为主席。8月,举行畲坑暴动,同时广发革命传单,扩大影响,公开宣告共产党在八乡山、九龙嶂又高举革命红旗,号召尚未找到党组织的共产党员集合起来,继续战斗。中共广东省委领导人闻讯后,即派人与古大存联系。同时,隐蔽在东江各地活动的党组织也不断派人前往联系。

畲坑暴动后不久,揭阳县委负责人卢笃茂、潮安县委负责人张义廉也来到九龙嶂。经过兴宁、五华、丰顺、梅县、大埔、揭阳、潮安7个中共县委负责人的协商,决定在五县暴动委员会的基础上,成立中国共产党七县联合委员会(简称"七县联委"),古大存被推选为七县联委书记。卢笃茂是七县联委委员之一。在七县联委的领导下,仅三个多月的时间,八乡山地区的革命力量迅速壮大,革命根据地进一步扩大,至1928年底,八乡山、九龙嶂、铜鼓嶂的苏维埃区域基本连成一片。1929年2月中旬,中共东江特委机关移到丰顺县释迦崇下,以加强对八乡山地区革命斗争活动的领导。

八乡山地区革命斗争的发展,给东江革命运动带来了新的希望,也使国民党反动派惶恐不安,频频派遣军队进行"围剿"。1929年2月,丰顺、五华、揭阳三县国民党驻军毛维寿部集结2 500人的反动武装分五路"围剿"八乡山。古大存带领八乡山军民分头进行抗击,粉碎了国民党的"围剿",取得了八乡山第一仗的胜利,大大鼓舞了八乡山革命人民的斗志。八乡山的武装队伍也日益壮大,赤卫队已发展到4 000多人,拥有900支枪。根据广东省委的指示和形势的迅速发展,东江军委于1929年10月1日在八乡山召开了丰顺、五华、揭阳等11个县的武装干部会议，决定在秋收斗争中发展工农武装，增强东江红军的力量。此后，东江几个红军团相继建立，革命武装斗争日益蓬勃。是年冬，东江革命斗争开始进入高潮。12月中旬，东江特委向所属各县委、市委发出31号通告，指出："一年多来，整个东江斗争的形势，已由零碎的部分而形成普遍的以至于总的动员起来的形势。特别是革命政权的建立，已在各地的乡、区、县范围内，成为东江的普遍现象，在这种形势下，必须有一个坚强的统一全东江的群众斗争的指导机关。"1930年5月1日，在八乡山召开东江第一次工农兵代表大会，有17个县184名代表出席，揭阳县也派代表参加。在这次大会上建立了东江苏维埃政府，成立了中国工农红军第十一军。这标志着东江地区的革命斗争进入了鼎盛时期。

在东江地区大好的革命形势影响下，从1928年夏以后就寂然无声的揭阳地区，困难的局面有所转变，革命斗争活动逐步恢复起来，特别是靠近八乡山的西北部边缘山区，党组织、农会及赤卫队等革命群众组织恢复得较快，革命活动更为活跃。第四区下陂等乡村的赤卫队组织起来之后，还配合东江红军第十一军第四十七团多次攻打新亨镇，参与抬担架、剪电线、插旗帜、贴标语等军事斗争活动。

1930年10月中下旬，由朱德军长率领的红四军3个纵队共6 000多人进军东江，极大地鼓舞了东江军民的斗志。揭阳党组织根据东江特委的布置，发动群众配合红四军的行动，开展骚扰及反击反动派的活动。对此，东江特委给予了充分肯定。

三、揭阳县第四区苏区划入中共苏区中央局区域

第四区革命斗争的持续高涨，以及小北山区苏维埃政府的成立，极大地鼓舞了周边地区军民的斗争热情，得到东江特委

的充分肯定，也受到中央苏区的关注。

1931年1月15日，中国共产党苏维埃区域中央局（简称"中共苏区中央局"）在江西宁都宣告成立。同日，发布中共苏区中央局第一号通告《苏维埃区域中央局的成立及其任务》，指出：中央为加强对苏区的领导和工作起见，在中央之下设立全国苏维埃区党的中央局（在政治上、组织上同南方局、长江局一样受中央政治局的指导），管理全国苏维埃区域内各级党部，指导全国苏维埃区党的工作，将来苏维埃区扩大的区域，仍归中央局管理。

中共苏区中央局成员由周恩来、项英、毛泽东、朱德、任弼时、余飞、曾山，以及湘赣边特委1人、青年团1人组成。周恩来任书记，因周恩来在上海党中央任组织部部长、军委书记兼中央特别委员会负责人，苏区中央局书记暂由项英代理。

通告中，提出了建立苏维埃区域的三个条件：一是土地革命的发展，加上已有广大的群众基础，或是已有这个条件能很快发展起来的区域；二是这个地方有强大的红军组织；三是这个地域便于向一个或几个中心城市发展。根据这些条件，通告将全国苏维埃区域划分为6个，分别是：（一）赣西南特区和湘鄂赣边区为苏维埃中心区，中央临时政府建在此区；（二）湘鄂边苏维埃特区；（三）鄂豫皖边特区；（四）赣闽皖边特区；（五）闽粤赣特区；（六）广西左右江苏维埃特区。这6个苏区都归中共苏区中央局领导。

闽粤赣特区原有28个县被划入中央苏区范围，加上原东江地区10个县，合计38个县市一并划入新成立的中共苏区中央局管辖范围内。

在组织管理上，中共揭阳县委的上级党组织是东江特委，因而揭阳县第四区也是东江地区苏区之一。

中共苏区中央局的成立和中央苏区范围的扩大，大大促进了各地革命斗争的发展。消息传到揭阳特别是第四区，苏区革命群众和红军战士都欢欣鼓舞。

四、龙尾第一个党支部成立

1927年春，汪精卫叛变革命后，中共揭阳县第三区委书记黄贻嘉经常返回龙尾石坑村宣传革命思想，发展进步青年入党。7月，国民党反动派对第三区农会进行血腥镇压，有不少农会干部惨遭杀害，一些农会干部在黄贻嘉、林声望等的帮助下，秘密转移到石坑寮村黄贻嘉家中，继续坚持武装斗争，并以此为地下联络点和交通站，传送革命情报，掩护革命同志。

9月26日，南昌起义军到达揭阳，黄贻嘉主动担任翻译和记录，并组织群众参战支前。12月23日，在黄贻嘉家中，黄亚真、黄有利、黄阿元、黄泽益、黄孟心等人加入中国共产党，并成立党小组，黄贻嘉担任党小组组长，这是龙尾第一个党组织。党组织成立后，黄亚真任地下交通站、联络站站长。为扩大影响力，黄贻嘉等秘密组织印刷出版《红旗报》《政治消息》等革命刊物，极大地鼓舞了当地民众的斗志，为党的革命事业播下一批又一批革命种子。

1928年，第三区的白色恐怖十分严峻，石坑村的地下交通站和联络站不得不转入更加隐蔽的斗争。其后，随着革命形势的发展和地下交通工作的特殊需要，黄贻嘉等人又发展了黄比、黄叶比、黄如侯、黄细镇、黄亚意等一批"红小鬼"加入革命队伍，这既壮大了地下交通站的联络网点，又能把情报及时送达上级组织。

石坑村地理位置十分重要，在这里先后开辟了北往八乡山、汤坑、大罗、埔子寨，南达大北山、水流埔、大南山、河坑、卅岭、东江革命根据地等地交通联络站，为各地开展革命工作提供坚强的保障。

五、林声望在尖石遇险

1928年，林声望到陈祖虞的家乡秋江山尖石村教书。因尖石村距下坡县委交通站较近，县委同志常来尖石村暂住。1930年，林声望在尖石村与反动派斗争得十分激烈。5月18日下午1时，反动派便衣队到学校去抓林声望，全村老姆老婶都来掩护林声望。林声望躲避中不小心跌在天井安放花盆的石条上，头皮跌破，血流如注。他勉强逃到小门外又跌倒，不知被何人扶起，藏到一位老姆的屋中。反动派十余人即从外面冲进来，质问那位老姆屋中是否藏人。老姆说："没有！"反动派又问那位老姆："你的屋外有两个门楼，你有看见一人由这门进入，由那门出去吗？"老姆说："有！"她说这话也很镇定。反动派听后信以为真，离开了，林声望这才脱这险。

1930年5月21日，女代表陈快香要到香港开会，途经县委交通站下坡村。县委书记佘德明介绍她到尖石村，请林声望安置，林声望即带她到尖石村陈巧莲的家里住。陈快香在晚间即向该村的妇女宣传革命道理。5月22日，反动派武装200余人进攻县委交通站并焚烧下坡村，在尖石村的陈快香立即转移并躲避起来。林声望因先前受伤，只能在附近的地方躲藏。这样，他是不能再待在尖石村教书了，立即请求县委允他回家找寻安全的地方医治。

5月30日，反动派即到尖石烧毁学校，救过林声望的老姆被反动派鞭打。林声望回家后，即逃往鹿仔洋村一位亲戚的家里暂住。鹿仔洋村也是红军的交通站，古大存也曾隐居在这里将近一年。

经揭阳县委批准，7月7日晚，林声望在岳父资助40银圆，赤步村卢李份提供赴新加坡船期信息的情况下，告别了父母，离开家乡前往新加坡……

六、红军三攻新亨镇

揭阳县第四区的新亨镇是兴梅地区前往潮汕地区的必经之道。国民党当局也深知新亨镇是一重镇，常派重兵把守。为了向潮汕地区发展，打开这一地区的革命斗争局面，从1929年4月至1930年夏，东江红军多次攻打新亨镇，第四区的革命武装力量协同作战。

（一）红军第一次攻打新亨镇

1929年春，驻守揭阳的国民党反动军队甚为猖獗，经常下乡"围剿"革命乡村，揭阳地区的革命斗争局面仍未打开。4月2日，古大存率红军第四十六团400多名战士从丰顺县开至揭阳县第四区五房村休整。为了打击反动派的嚣张气焰，鼓舞人民群众的革命斗志，红军决定攻打新亨镇国民党警察署。红军侦悉驻守新亨镇的国民党军陆开梅营开回县城，便部署围攻计划。地方赤卫队配合参战。

4月3日，红军从五房山出发，途经狗肚、下坝、大坪埔等村，后在新亨镇北郊倪厝村、陈厝村潜伏下来，然后兵分三路行动：派出20多名地方赤卫队队员各持短枪，化装潜入镇内，到时配合行动；派出部分红军，绕道上罗山，阻击可能从县城来援之敌；其余大部红军准备进攻新亨警察署。

当天下午4时，红军主力发起攻击，潜伏在镇内的赤卫队队员闻声后立即行动，先剪断电线，左臂缚上红布，亮出驳壳枪，向警察署冲去。国民党驻军已有准备，紧闭大门顽抗，火力不弱。原来，国民党揭阳水上警察署署长兼潮安、揭阳、潮阳、普宁四县联防总队队长黄贵守恰巧在这天早上率水上警察队来到新亨镇，驻在许家祠，下午正在召开区、乡联防会议，布置全区联防、镇压革命活动之事。会议中间，侦探密报发现共产党军队，黄贵守吓出一身冷汗，连忙宣布散会后急忙向新亨警察署奔去，与陈姓署长一起策划防御。他一面打电话上报县府，请求援兵，打不通后即派当地人骑单车上城报讯；一面集合警察，荷枪实弹，准备抵抗。外面红军的进攻枪声响了，黄贵守及陈姓署长督令警兵关上大门死守。在许家祠等待吃晚饭的30多名水警，被强令冲向警察署救援。黄贵守几次组织突围，都被红军猛烈的火力打回。他见形势危急，改换装扮准备溜掉。正在这时，从许家祠冲来了援兵，于是他带着警兵一齐杀出，急忙逃走。从许家祠杀来的这一路水上警兵，红军事先没有发现，导致被突然袭击，牺牲了几名战士。警兵向山尾寮村逃去。由地主组织的山尾寮村联防队击鼓开枪，准备出援，被罗山顶上红军的机枪火力所慑住，不敢妄动。警兵便转向石部洋村逃去。黄贵守只顾自己活命，不知逃到哪里去。

这一仗红军毙伤敌兵5名，俘敌8名，缴枪10余支、子弹4担、马1匹，同时还没收一些反动地主、资本家的财产。红军没有留宿，乘夜向白石、山湖、观音坐莲山方向转移。红军撤出后，国民党陆开梅营、县警卫第四中队、枫口警察署警兵共四五百人才赶往新亨镇。国民党揭阳县县长毛琦也于隔天赶到现场"勘验"。

红军首次攻打新亨镇国民党驻军，影响不小，促进了揭东的革命斗争活动。1929年10月，在新亨楼下乡尖石村飞蛾地召开成立小北山区苏维埃政府大会，有数千名群众参加，卢位美、徐合秋当选为区苏维埃政府正、副主席。邻近乡村许多地主、豪绅十分惊慌，纷纷逃往城里。11月，中共东江特委在一份报告中指出："最近在新亨围攻警察署的行动，就是一年寂然无声的揭东工作发展的表现。"

（二）红军第二次攻打新亨镇

1929年11月，东江红军第四十七团进攻五华坪上村反动堡垒失利后，移师揭阳，揭阳县委要求红军攻打新亨镇敌军，以鼓舞人民群众的斗志。

红军先派本地人卢林然到新亨镇内侦察敌情，探明敌军吃晚饭时只有40多名军警，其余外出。于是红军决定在夜间出发，天亮进攻，并事先派地方干部卢位美带卢阿撮等人监视城方向敌军动态。如无情况，卢位美在鸡啼前赶回来给红军当向导。

第二天黎明，红军开始进攻，先打死两个守门兵。敌军发觉后，闭门紧守，伏在屋顶开枪顽抗。敌军枪弹如雨，红军冲锋六次未果。原来陆开梅带领一个营人马日间到西北部山区农村"清剿"，晚上8点后才回到新亨镇驻地。卢位美等人只监视东南榕城方向，没发现从西北方向返回新亨镇的敌军。红军第四十七团进攻时只有200人，而敌军则有三四百人，幸而他们弄不清攻城红军有多少兵力，不敢出来，只在屋顶开火顽抗。红军围攻三个小时后，见攻打不下，便唱着工农革命歌撤回大北山去了。见红军退去，敌军立即打开大门，急急忙忙向榕城方向逃去。此仗红军牺牲5人，国民党军死伤几十人。

此次红军虽然没有攻下新亨镇，却震慑了敌人，鼓舞了群众，使处在反革命白色恐怖下的当地群众知道红军力量不小，敢围攻敌军一个营，相信国民党军队总有一天会被打垮的。

（三）红军第三次攻打新亨镇

1930年5月初，在八乡山召开东江第一次工农兵代表大会，建立东江苏维埃政府和成立中国工农红军第十一军，揭阳也派代表参加会议。这次会议是在李立三"左"倾错误思想指导下召开的。中共东江特委不切实际地提出按夺取数省政权以至全国革命胜利的总任务来布置东江的地方暴动，提出集中攻坚，向惠州、广州发展。红十一军军长古大存等曾提出"攻坚"改为"攻要"，这一正确意见没被接受，仍被强令去攻打强敌驻守的潮安、揭阳。虽然有些城镇被攻下过，但红军遭到不小的损失。

1930年6月8日，古大存和卢笃茂带领红军第四十六团及地方赤卫队共900多人驻扎在五房村，于6月9日第三次攻打新亨镇。红军分兵三路向占据罗山的国民党军进攻。经红军猛烈冲杀，国民党军立即溃退，有的落河泅水逃命，有的跪地求饶。驻在镇内的国民党军则脱掉军衣逃跑。前后不到两小时，红军便打下新亨镇，缴获枪械和军用品一批。红军在镇内驻守两天后，分成两路撤离：一路由卢笃茂带领一都分红军及地方赤卫队上五房山；一路由古大存带领500多名红军开往梅北，在新岭村和老岭村宿营。

为了扩大影响，鼓舞当地群众的革命斗志，1930年6月12日上午，红军宣传队扛着红旗到揭阳县第六区埔田圩开展革命宣传。下午，红军开至军田、居西溜、田东圩等山村，开展组织农会、建立苏维埃政权、扩充红军队伍等工作，伺机攻打潮安县城。

6月22日，红军28人突袭埔田，将当地涂南容等20多名豪绅、地主抓捕起来，将其中民愤较大的4人枪决，其余的准用钱赎回，当地群众拍手叫好。

对于红军的行动，国民党当局又怕又恨，急忙调动军队"围剿"红军。8月25日至27日，国民党邓龙光师部二四五团的第一、三营及直属队、驻丰顺教导团一个营，会同潮澄揭三县的警卫队共2 000多人，分三路包围居西溜：一路由潮安、白水、枫树湾进军；一路由新亨向梅北方向出兵；一路由曲溪向梅北方向进击。红军在居西溜的飞鹅岭、大平岭与国民党军队激战几日，古大存亲临前线指挥。红军终因孤军无援，伤亡100多人，加上子弹缺乏，主动撤离，于入夜时分撤至潮安县属葫芦田一带。是役国民党军被毙伤200多人。

9月下旬，邓龙光部又纠集潮安、揭阳反动武装1 000多人再次"围剿"驻扎在潮揭边的红军。此次"围剿"采取逐步推进，深入山村驻扎的策略，妄图彻底消灭红军。敌军所到之处，大肆烧杀抢掠，切断红军后援。红军在古大存的带领下转战于闽西南。卢笃茂带领的红军则化整为零，仍坚持在潮揭丰边打游击。至10月，由于敌军占绝对优势，红军活动更加困难，卢笃茂于是率队来到潮阳小北山。小北山的官母坑、罗案座、徐厝寮也是革命根据地之一。卢部与小北山的革命队伍会师，共300多人。敌兵又追至小北山，红军突围，损失严重，队伍只剩100多人。夜间，红军开至梅冈陇埔村，吃完点心，又移师梅北埔田。天刚亮敌军又至，只得又上居西溜。红军日夜奔渡，打仗不停，没有时间休息，加上粮弹缺乏，处境十分艰难。古大存、卢笃茂带领的红军兵力受挫，是"左"倾错误路线硬要"攻坚"的结果。

<table>
<tr><td>第六节</td><td>东江红军在第三、四区开展游击战</td></tr>
</table>

一、东江红军到第四区开展游击活动

1932年以后，东江红军不时开至揭阳，有两个原因：一是国民党军队加紧对大南山苏区的"围剿"，实行"三光"政策、"移民"政策；为减轻大南山的压力，一部分红军打到外线去。二是东江特委7月间制订的工作计划，提出要在揭阳组织游击队，进行游击战，后来又提出将揭（阳）普（宁）惠（来）、潮（安）澄（海）揭（阳）之游击区转为新苏区，向丰（顺）梅（县）发展，打通中央线。因而，此后红军经常到揭阳开展活动。

1933年初，卢笃茂带领的红军开至沟髻崇休整训练一段时间后，一部分红军来到第四区山湖大坑、下坡一带山村活动，并夜袭桂岭圩，捣毁敌炮楼。卢笃茂在大良岗村向群众演说，号召农民群众组织起来，清算地主豪绅的家产。红军还枪毙了平时与革命作对的土豪劣绅，没收地主财产分给贫苦农民。

此段时间，东江红军第一路军总指挥古大存也曾带领红军驻在揭阳县第四区大坑村，恢复革命组织，组织民兵、青年团、妇女会、担架队，袭击国民党军队，捣毁敌设在田螺坑联防驻地。

　　1933年冬，东江游击总队建立，卢笃茂任参谋长，带领游击总队第一大队到揭阳第三、四区一带开展游击活动。

　　1934年6月，为解大南山之围，卢笃茂带领游击总队190多名红军战士突围后，转战于潮阳、普宁、揭阳县等外线。在普宁铁山打了一仗后，游击总队移师揭阳桑浦山，又与敌交锋。敌强我弱，红军队伍撤至五房山。随后，这支转战多时只剩90多人的队伍，带着饥饿与疲劳来到揭阳西部南山乡之大背崀，准备利用这里熟悉的地形与敌周旋。6月9日，红军遭受揭阳县、五华县国民党军队1 500多人的合围追击。红军英勇抗击，血战一整天。12日，红军被包围在一个狭小的山间密林地带，伤亡过半。在战斗中扭伤右脚的卢笃茂被敌逮捕，囚禁于广州。在狱中他坚贞不屈，于1935年春英勇就义。

二、东江红军在瑞来开展革命活动

　　1932年，东江红军第一路军总指挥古大存在大南山活动期间，多次来到第三区瑞来村。他看到瑞来群众基础好，革命热情高涨，便派刘匹、李圆在此加强活动。当时，大南山的军用药品、文具等物品非常缺乏。经过一番筹划后，便派外寨的黄亚薯在瑞来的一个小圩水德市开了一间小店。小店表面上卖些杂货，实际上是作为红军的物资转运站——由黄梅杰到兴宁、梅县等地采购药品、文具等交到小店，再由刘匹、李圆转运到大南山苏区。

　　1934年6月，刘匹担任中共揭阳县工委书记，经常到瑞来、美联、龙珠、东湖、新丰、河坑等地，开展恢复党组织、农会及赤卫队的工作。瑞来成为中共揭阳县工委开展革命工作的一个主要活动场地。同年秋，国民党反动派在潮汕进行大屠杀。敌师长邓龙光部团长何宝书是个杀人魔王，声称"宁可错杀一千，决不漏杀一个共产党人"。他整编保甲制度，强迫实行五家连保，强令各乡训练后备队。到各处"围剿"时，后备队全部出动，用拉大网的办法进行。他的军队经常到瑞来、马坑、河坑一带，采用围村、调查户口等手段到处抓人、杀人，弄得人心惶惶。但是，瑞来人民有个共同的信念，就是不向敌人屈服，一定要保护共产党员，保护红军战士。

有一次，有20多名红军战士驻在"会英轩"时，恰巧国民党部队从外寨前面的大路经过，距离红军驻地200米左右。情况紧急，红军战士来不及撤退上山，便隐蔽在原驻地，等敌人走后才全部撤走。瑞来群众镇定自若，脸上没有表现出一点慌张。事后，红军战士赞扬瑞来群众胆大心细，富有革命精神。

三、东江红军的秘密联络站——维德居

1932年4月18日，刘亚叶带领东江红军100多人进驻第三区河坑村，宣传革命道理，提出打倒贪官污吏、打倒土豪劣绅、减租减息、分田分地等口号。同年6月，卢笃茂率领东江红军300多人，再次到河坑村开展革命工作，红军离开时留下干部王亚情建立革命联络站。随后，党组织又派刘匹同志把联络站扩大成中心联络站，直接与五房、大北山、大南山联络并开展革命活动。这时村中有赖亚美、赖自华、赖十一、赖晒日、赖亚姓等青年首先参加了革命活动。

1932年8月，为了加强中心联络站工作，东江红军又增派了曾桂、许连胜两位同志前来加强领导。这时，村中又有赖一祥等14位同志加入游击队。游击队经常到桃围、京溪园、山湖、狗肚、大白、三洲等地的大地主家要钱、要粮、要枪，为东江红军筹集供养，散发革命传单，剪断敌人电线，打击了封建势力的嚣张气焰，使许多地主不敢轻举妄动。

有一次，游击队配合红军到大白去攻打一姓卢的大地主。这个大地主横行乡里，无恶不作，他家养了一批爪牙打手，残酷压榨农民，谁家的狗对他吠几声，他不但要把狗当场打死，还要狗的主人赔礼道歉。这个大地主还修筑了炮楼，对抗红军。当时，河坑游击队20多人配合红军连夜赶到大白村。革命武装在红军的统一指挥下兵分三路：一路包围炮楼；一路冲进地主住房，准备活捉大地主；一路做接应支援。开火后，敌人还负隅顽抗，当场被红军击毙3人，其余慌忙逃窜，革命武装缴了地主3支枪和大批衣物等物资。

1933年4月，中国工农红军第十一军军长古大存曾先后3次带领红军小分队到河坑村维德居休整，并亲自指导革命工作。古大存对贫苦农民说："敌人挨家逐户要来钉门牌，查户口，血洗河坑村，我们绝对不能让敌人的阴谋得逞。"

国民党刽子手何宝书带领国民党兵先后4次洗劫河坑村。1934年8月10日，国民党便衣及桐坑后备队又窜进河坑村，抓走曾参加革命的赖自华、赖亚美、赖添分、赖亚石、赖亚姓5人，随即对他们进行严刑拷打。在这时期，全村遭到残酷迫害的有14户，军人受害的有13人，赖奈藤、赖晒日、赖十一、赖力古、赖爱敬、赖一祥6位烈士光荣牺牲。时国民党派一个营的兵力在河坑村驻守几个月，致全村村民不敢回家，造成田园荒置。全村在第一次国内革命战争期间，非正常死亡100余人。

四、红军血战五房

1935年，东江工农红军第二团（简称"红二团"）2个中队140多人从普宁到达第四区五房山。国民党独九师师长邓龙光接获消息，除严令潮安、揭阳、丰顺三县的国民党军队加强对五房山的包围戒备外，还下令国民党军队何宝书团联合地方反动武装2 000人直接驻守于五房村周围村庄，将五房山团团围住。7月7日，何宝书下令一个主力营300多人带电台直插五房村，驻扎于五房村的龟头崇、书斋、老祠堂和满房公厅四处，并对五房村的头人和群众实行严厉的控制，到处布下明岗暗哨。7月9日，五房村赤卫队队员廖再安假装上山砍柴，秘密会见驻于密林中的红军领导人。但由于敌人严密的控制，加之廖再安作为一个青年农民对军队情况不熟悉，误将敌主力营当作一般的伪警，人员装备也未能侦察清楚，红军却据此做出消灭来犯之敌的决定。第二天，红军转移到距五房村只有三里路的石角山腰，认为更近敌人，有利于对敌作战。

红军在转移时，被敌人布下的暗哨发现。敌人连夜调集军队和地方反动武装，兵分四路，气势汹汹地向五房村石角山扑来。双方在石角山展开战斗。激战两小时，双方伤亡严重，国民党军被打死300多人；红军牺牲120多人，其中包括大队长张木葵、中队长张水祥，其余20多名红军突围。敌人为了报功，残忍地砍下了张木葵、卢金华的头颅，拿到新亨"示众"。红军女战士金英等两人被俘。金英坚贞不屈，在受尽严刑拷打后，在揭阳县东里寨前莲花埔英勇就义。

五房石角山战役之后，在揭阳第四区的革命活动及武装斗争基本上停止下来。

五、县、区党组织遭破坏 革命活动暂停

土地革命战争后期，揭阳地区革命机关先后遭到破坏，剩下的革命组织为数不多，此时进行革命活动极其困难。

一直坚持革命斗争的第三区，在1931年以后的革命低潮时期，仍有区委和区苏维埃政府的存在。进入1933年春，中共东江特委派何元同等到揭阳，准备以第三区为基础，建立县委一

级的党组织。5月13日，第三区委书记陈子山、区长张阿最及东江特委工作组黄微官等正在珠坑村顶溪墩牛栏屋开会，国民党警察中队包围珠坑村，在枪战中，开会人员均牺牲。接着，反动军警又包围设在蛟龙乡的第三区委领导机关，被搜去红旗一面、第三区农民协会方印一枚、革命刊物90多册、信件几封、县及各区重要文件30多份。部分革命干部因此暴露而被捕。

1934年，东江特委派刘匹担任中共揭阳县工委书记，同时在第三区瑞来、河坑、客洞、大坑等山村恢复党组织活动。这时第三区还有一支60多人的游击队。该队原属东江工农红军编制，由李桂带领，于1933年奉命袭击棉湖，撤退时山洪暴发，河堤溃决，退却困难，又被敌军乘船追击，损失很大，剩下的队员便开至卅岭休整，后归中共揭阳县工委领导。

至1935年，敌军压境，革命活动处境艰难，游击队只好分散活动。是年6月以后，中共东江特委解体，革命者有的被杀，有的被捕，有的不知去向。中共揭阳县工委书记刘匹也离开揭阳。至此，揭阳县第三、四区革命活动停止下来。

第五章

全面抗日战争时期

第一节 开展抗日救亡运动

1937年7月7日，卢沟桥事变，抗日战争全面爆发，日军大举进攻中国，中华民族处在危亡之秋，民族矛盾已上升为主要矛盾。中国共产党以民族大局为重，向全国发出抗战宣言，指出："只有全民族团结起来，才是我们的出路。"中国共产党这些符合民族利益的积极主张，促成了抗日救亡运动的兴起。

一、县、区党组织重新建立

1938年4月，中共韩江工委潮汕分委批准重建中共揭阳县工作委员会，下辖第一区委、第三区委和第五区委。第三区委书记先后由邱秉经、曾木泉担任，区委设在瑞来学校。当年10月成立中共揭阳县第四区委员会，县工作委员会组织部部长曾广兼任第四区委书记。12月，中共揭阳县工作委员会转为中共揭阳县委员会。

1938年8月，在县城举办揭阳县社训总队妇女干部训练班（简称"妇干班"），揭东地域的党组织利用妇干班这个合法机构，派出共产党员郑玲、陈曙光、余天选和陈德智参加培训工作，并组成党支部，发展党组织。经过三个月的培训，第一期妇干班学员毕业。党组织为了更广泛地动员妇女大众参加抗日，把妇干班的党员编成若干个党小组分赴第四区的15个乡村，开展抗日救亡宣传工作和训练女壮丁。这批女党员分别担任各乡村女壮丁队队长。她们到职后，就深入到妇女中，宣传抗日救亡的道理，使妇女们深刻地认识到自己的命运和国家的命运是密切相关的，"国家兴亡，匹妇有责"，从而投身抗日救国运动。第二期妇干班于1939年3月开办，为期三个月，共有学员66人，培训地址在进贤门外救济院。连同上一期共发展党员20多人，这些学员结业后分别被分配到第一、四区和第三、五区，共训练女壮丁3 000多人。

从1938年春到1940年冬，全县共成立了云路小宗祠、五房坪上、南侨二校等9个妇女党支部，党员共130人。

在农村、学校的党组织也得到迅速发展，其中发展较多的是五房村、坪上村等地，各发展党员60人以上，并建立党支部，下设农民支部、妇女支部。

随着党组织活动的恢复和发展，许多进步群众的家成为党组织的地下交通站，第四、六区的地下交通站和秘密活动点有：梅北牌边村老寨内陈秋婵、吴粉莲家，蓝康潭王村王期坚家，东仓苏子键家，梅东北洋杨云家，云路江明理家，瑞来黄一清家，桂林刘夷白家。

抗日战争期间，有一条从梅北到经卅岭直通大北山的地下交通线，沿途的交通站主要有：潭王村蓝康小学、桂林刘夷白家、瑞来黄一清家、高明王裕金家等。交通人员的主要任务是传递情报、运送资料和护送过往的同志。

二、成立揭阳青年抗敌同志会

1938年春，揭阳党组织在县城成立"揭阳青年抗敌同志会"（简称"揭青抗"），积极开展抗日群众运动。随着抗日形势的发展，揭阳县党组织派遣揭青抗会员于1937年底至1938年初深入全县一些重要乡村学校任教，在广大乡村群众中宣传抗日救国思想。郑筠、谢芳馥、方思远被派到蓝康小学，刘百泉、余为豹到石湖小学，王质如到新民小学，姚木天、杨世瑞到瑞来小学，吴凯到果育小学，吴龙光到双山小学，倪捷阳到蓝田小学，邢凤杰到北洋小学。他们以学校为阵地，发动师生投向抗日运动，向农民宣传抗日救亡的道理，发动群众建立抗日救亡组织，使许多地方的抗日运动搞得轰轰烈烈，抗日救亡的群众组织也纷纷建立。

在城求学的第三、四、六区的进步青年学生，也积极参加揭青抗，参加抗日救亡运动。1938年4月22日，揭阳几所中学的学生联合成立了揭阳学生抗敌联合会（简称"学抗会"），蔡耿达、李腾驹、吴明光、郭惠和等一中学生被选为干事。在学抗会的组织领导下，揭阳学生的抗日救亡爱国运动步调一致，团结互助。

三、党组织委派党员到蓝康中心学校任教

1938年春，揭青抗会员郑筠、谢芳馥、方思远等到第四区潭王村的蓝康小学任校长或教师。他们到学校后，一方面认真办好学校，提高教学质量；一方面向学生及校外群众进行抗日救亡宣传。他们以教书为掩护，在校内外发展党组织，为揭阳县的革命斗争培养了一批革命骨干。在抗日战争中，蓝康学校的学生以及潭王村的许多青年，热烈响应党的召唤，先后入伍参加武装斗争或其他工作的有近百人。潭王村也成为遐迩闻名的抗日据点。

1939年下半年，国民政府规定每个行政乡要办一所中心小学、每个保要办一所国民小学，王液（时任揭青抗区执委）借此机会积极参加筹办。在过去两年统战工作的基础上，他首先取得王隆珠及其子王期苑的支持，进而说服广美片的一些士

绅，让出广美王氏谦受公祠作为校址，并组建蓝康中心学校校董会，筹措办学经费。1939年秋，蓝康中心学校开始招生，学生来自蓝康乡各村及附近村庄。为了掌握学校的领导权，把学校办成一所抗日革命学校，王液毛遂自荐，负责推荐和聘请教师的工作。他随即向中共揭阳县委领导人林美南、吴灵光（吴刚）汇报，请调派教师。中共揭阳县委很快答应了他的要求，于1940年1月调派中共党员郑筠任蓝康中心学校第一届校长、谢芳馥任教务主任、方思远任训导主任，接着在学校建立党支部，由郑筠兼任党支部书记。

随后，一批共产党员如陈恕、吴拉茵、吴志坚、陈彬、李其展、张瑯瑜等，由中共揭阳县委先后委派到蓝康中心学校任教。上级党组织给学校党组织的任务是：办好学校，进而把潭王村建设成党在农村的革命据点。

学校党组织在校内外开展活动，主要做三方面的工作：

首先，做好上层人物的统战工作，使党在校内外所组织的各项活动能公开、合法地开展。同时做好非党员教师的工作，团结进步力量，提防个别顽固分子。学校除了由党组织委派来的共产党员外，还有一些是由地方乡长、校董会安排来的老师，政治素质参差不齐，对此，学校党组织特别注意团结进步力量，并防止敌对势力的渗透。

其次，集中精力把学校办好，以赢得校董、家长们和社会群众的信任与支持。首先从改革课堂教学内容和教学方法入手，以全面提高学生素质。教学内容注重联系实际，对学生灌输革命和爱国的进步思想，如通过教唱富有革命思想的歌曲《义勇军进行曲》《大刀进行曲》《黄河大合唱》《吕梁大合唱》，歌颂陕北的歌曲《延水谣》《游击队员之歌》，还有当时揭青抗会员王亚夫所编写的《潮汕抗日歌谣》等，并组织校内歌咏比赛，既提高学生的思想情操，又活跃了校园气氛，使学校增添了生机和活力。

最后，带领学生走出校外，大力开展群众抗日救国宣传活动。利用晚上和节假日组织各种表演队伍，增强宣传的气氛。在多才多艺的教师带领下，学生歌咏队、演剧队在各村搭台公开演出，有话剧、潮剧、街头剧、独脚剧等，形式多样，内容充满革命激情，具有浓烈的时代气息。周围各村群众闻讯都来观看。同时还开辟宣传栏和出版墙报，以及组织抗日游行示威活动等，激发广大村民的爱国热情，也教育、锻炼了学生，博得广大群众的赞扬。

学校还组织部分思想积极的大龄学生到邻近各村办夜校或妇女识字班。为了动员群众入学，谢芳馥还挨家挨户宣传男女平等的思想，宣传识字读书的好处。王师禹、王秀依同学在广美、巷口开办两个有50多人参加的夜校识字班。他们通过讲故事宣传抗日救国道理，教写信、算术，提高群众的文化水平和爱国主义觉悟。

通过教育和实践锻炼，蓝康学校发展了一批学生党员，培养了一大批革命学生和革命群众积极分子。这些革命种子又将革命思想传播到潭王以外的坤洋、松山王、江边、蓝和市等地，传播到县城各中学，他们自身也成为那里的领导骨干，为革命斗争输送了大批党员和革命积极分子。

开展抗日民族统一战线工作

一、争取团结当地国民党驻军

1939年，日军侵占汕头市、澄海县及潮安县之后，揭阳县处于日军威胁之中。揭阳县委一方面组织抗日武装队伍，准备抵抗来犯的日军；另一方面积极争取、团结当地国民党驻军共同抗日。是年端午节后，国民党广东省保安二团从韶关调来揭阳驻防，该团团长黄光炎和二营营长蓝举初是主张抗日的爱国军官，他们得知本地有揭青抗组织，便派人联系，要求揭青抗组织随军工作队，协助部队解决因士兵不会讲本地方言等造成的困难。

是时揭阳党组织正准备派人打进国民党军队中做统战工作，便立即答应下来，并于7月派出以云路人杨世瑞为队长的随军工作队到该团。党组织指示随军工作队的任务是：开展前线地区的群众工作，发展党组织；宣传党的抗日民族统一战线政策，做好士兵工作，争取长官抗日。

随军工作队每到一地，就通过唱歌、画漫画、演戏剧、举办晚会等活动与部队官兵促膝谈心，晓以抗日救国的道理。该团团长黄光炎和营长蓝举初也经常来到随军工作队驻地交谈形势，还借阅毛泽东的《论持久战》等书籍。当随军队员有意提及此书在国民党中被视为"禁书"时，蓝举初愤愤不平地说：

"禁书就是好书，好书就会被禁。"

在中国共产党的抗日民族统一战线政策感召下，保安二团官兵的抗日意识增强了，对随军工作队提出的意见也非常支持。1939年8月，杨世瑞代表工作队向蓝举初提出：潮汕沦陷后，由于前线驻军的刁难、封锁，税务人员的层层敲诈勒索，潮汕抽纱品出口受到严重打击，影响了民众的生活，请求在二营的防区内给予保护和放行，让百姓得以换取生活必需品。蓝举初将这个意见转报团部，很快得到了批准。随军工作队除做部队官兵的统战工作外，还协助地方党组织做群众工作，组织群众为抗日军队服务，协助各乡村建立军民合作站，负责供应柴、米、油、盐等生活必需品；还通过乡公所保长、甲长动员群众慰劳军队，搞好军民关系。

二、争取国民党地方当权人物

当时担任广东省第九区民众抗日自卫团统率委员会委员兼军事组组长林先立，经地下党员徐扬等人的争取团结，于1938年8月同党所领导的岭东青抗会联合举办第九区民众抗日自卫团分队长教导队训练班，一批青抗会会员到该班任教官或参加训练，培养了一批抗日武装骨干。林先立在与党的合作过程中，对共产党的抗日救亡主张逐步加深认识，他认为要抗日必须与共产党紧密配合，因为共产党是坚决抗日的。1939年冬，林先立举办了有各乡、镇保长女政工参加的抗日训练班。林先立是主张坚决抗日的，1940年冬，当日军前哨部队进犯砲台镇时，刚到揭阳任县长才两天的林先立即亲率县自卫中队和政警中队共200多人兼程前往抗击。

林先立的妻子受其影响带动，也参加抗日活动，并在女党员郑玲的帮助下，组织起揭阳县新生活促进会妇女工作委员会

（简称"新妇委会"），并担任新妇委会的主任委员。该会的工作人员大部分受过共产党的教育，是积极投身抗日救亡运动的活跃分子，后来大都成为妇女抗日群众运动的骨干。

三、争取开明士绅

潮揭丰边特派员钟声（刘诚）非常重视做梅北乡乡长陈君伟的工作，在其弟陈君霸（共产党员）的协助下，他和林美南对陈君伟晓以民族大义，在取得共识中建立起革命感情。后来，刘诚就住在陈君伟家，筹建抗日武装队伍。队伍初建，缺乏经费，陈君伟就以乡长的身份向各村征收粮食，解决队伍的吃饭问题。党组织还通过陈君伟组建起第四区永益抗日自卫队，由地下党员谢晖、江文仕带领。不久，在谢晖等人的劝说下，陈君伟带领牌边乡自卫队参加了梅北抗日游击队。陈君伟在党的统一战线的感召下，走上一条从同情革命、支持革命到投身革命的道路。

四、准备开展抗日武装斗争

1937年抗日战争全面爆发后，第四区蓝康乡潭王村的青年王液于当年参加了揭青抗，任区执委，并于1938年初加入中国共产党。同年，王液与妻子林文斐执行党组织的指示，争取本村上层人士的支持，组织几位爱国青年知识分子，创办抗日民众夜校和抗日社训班，宣传抗日主张，培养抗日骨干，使潭王村较早汇入全国抗战洪流中。

1937年9月，揭青抗设立军事部，由陈德智任主任，开始组织会员进行军事训练。1938年5月，揭阳县党组织通过揭青抗发起建立了以青抗会会员为主体的人民抗敌先锋队，并在一些村庄建立起青抗工作队。这些武装队伍的组建有力地推动了全县抗日武装自卫运动的开展。

1938年10月第四区委成立后，王质如带领第一批工作队20多人开赴五房、坪上山区，建立抗日战争时期揭东地域的第一个农村抗日据点。年底，杨世瑞带领第二批工作队20多人开赴五房、坪上，工作队以教书、洗锡、办夜校和识字班为掩护，开展抗日救亡宣传，团结教育群众，武装群众，发展党组织。五房、坪上一带的革命力量很快发展起来，成为揭东一个坚固的抗日据点。

中共潮揭丰边县委开展抗日运动

一、建立中共潮揭丰边县委

1939年6月21日（农历五月初五），日军攻陷汕头市。6月27日潮安沦陷，29日澄海沦陷。

为适应抗战形势，7月下旬，中共潮汕中心县委决定建立中共潮（安）揭（阳）丰（顺）边县委员会，林美南任书记；下辖汕青游击队、随军工作队及揭阳第四区、潮安县的登白区（二区）和鹤巢区的党组织（1939年10月以后，潮安县的登白、鹤巢一带党组织划归潮澄饶中心县委领导）。

潮汕中心县委还决定，为解决汕青游击队的给养和在潮汕地区活动的合法地位，在保证党的领导和独立性原则下，在保证队伍组织的完整、不调离潮汕战场和发给给养条件下，立即着手与国民党驻防部队谈判。国民党驻防部队第四路军独九旅旅长华振中早就有指挥汕青游击队的想法，遂接受条件，给予游击队"中国国民革命军独立第九旅游击队"番号，并委任罗林为队长，冯志坚、黄玉屏为副队长，王珉灿为秘书（队内称指导员）。游击队还曾用过"中国国民革命军陆军独立第九旅搜索大队第一中队"番号。这样，汕青游击队不仅解决了给养和合法地位问题，而且还从独九旅得到子弹、手榴弹等装备。在潮揭丰边县委的领导下，汕青游击队积极开展抗日游击活动：云步圩突击战活捉日军特务长加藤始助；乌羊山突围战与800多名日军激战三个多小时胜利突围；阁州歼灭战用半个小时彻底捣毁敌伪据点；青麻山反"扫荡"牵制日军兵力，策援青麻山国民党守军；参与反粮食走私斗争；等等。

同年9月中旬，潮揭丰边县委领导人林美南、陈勉之、卢叨等移往梅东洪厝寮，同时不定期出版刊物《前卫报》，报道抗战前线的情况。10月，潮揭丰边县委指示揭阳县第四区委组织梅冈各界抗日联合会，主要成员是各村的小学教师及知识分子，谢晖被推举为联合会主席，联合会出版《梅联》通讯。

二、创办南侨中学二校，宣传抗日

1938年夏，潮汕中心县委在揭阳县第五区石牛埔创办了西山公学。这是仿效共产党人在延安创办的抗日军政大学和陕北公学的模式，旨在将学校办成潮汕地方党培养抗日军政干部和乡村骨干的阵地。西山公学一方面利用国共合作抗日的形势，借鉴抗日军政大学和陕北公学的经验，发扬优良校风，传播马列主义；一方面根据当时中共闽粤赣边省委和潮汕中心县委的战略部署，适应地方的建设、发展和培养骨干的要求，在学校建制、课堂设置、教材教法等方面进行大胆的改革创新。

当年秋，地方党组织为了巩固和发展这个干部教育基地并使它能合法存在，将西山公学改名为南侨中学。随着抗日救亡的呼声日益高涨，南侨中学的声誉更高，吸引了广大爱国青年入学。经过训练，他们一批批投入抗战的行列，走上革命的道路。

在潮汕党组织的努力下，南侨中学的声誉不断提高，大批爱国热血青年涌向石牛埔求学。在这种形势下，潮汕中心县委选取了与石牛埔相距不远且具有优良的革命传统的瑞来村，决定在此创办南侨中学二校。

1939年1月，在潮汕中心县委和揭阳县工作委员会的指导下，瑞来中学改办为南侨中学二校。邱秉经任校务主任，冯剑南（留日学生、诗人）任训育主任，杨世瑞任教务主任，杨德昭任小学部校长兼中学教师。增聘郭湘萍、吴国璋、许瑞华、徐思舜为教师。学校办得很出色，既有优良的校风，又有浓厚的政治气氛。学校设有图书室，购置了许多马列、毛泽东著作及进步书刊，师生都争着借阅。全校师生一起参加军事训练，唱抗日歌曲，开文艺晚会，一片朝气蓬勃、团结友爱，革命的新气象正在形成。

5月，南侨中学二校师生组织三个宣传队到普宁、丰顺、揭阳等县开展抗日救国宣传。一校和后来增设于潮阳县的三校也同样组织宣传队下乡。南侨中学誉满潮汕。

南侨中学二校的开办和活动引起了日本侵略者的仇视，侵华日军派出专机多次飞抵揭阳县西部进行低空侦察。6月21日，日军飞机轰炸南侨中学二校，炸弹抛落于学校后边的空地上，幸逢节日放假，师生未有伤亡。但用作学校的祠堂墙壁和屋顶都被炸弹震裂，神龛里的神牌被震倒。22日，黄佚农带领青光学习社全部社员，砍树枝、打草胚给学校披上伪装，并填好弹坑。

鉴于形势恶化，国民党又开始破坏国共合作，潮汕中心县委决定将南侨中学二校、三校并入一校。

同年夏，为了提高党员的思想认识，党组织在瑞来学校举办女党员训练班，参加的有10多人。会议主持人为方东平、曾冰、曾畅基；曾冰讲党的知识，曾畅基讲经济学。

同年8月，党仍坚持占领瑞来学校这个阵地，从南侨中学一校文专毕业班的党员学生中，选派品学兼优的学生在瑞来小学任教。许继任校长，李学礼等任教师。同时，在办小学的基础上加办专修班。专修班的学生都是从南侨附小毕业的，政治素质好。许多进步的社会青年也参加专修班学习。

1939年，学校党组织除了吸收黄佚农、黄正吾、黄诗明等学生党员外，又通过黄佚农等吸收了黄连敬、黄文营、黄何为、黄平、黄亲爱、黄联兴、黄金明、黄林放、黄书往等10多个农民入党，并成立了党总支部。

8月，瑞来老寨外成立青光学习社，学习内容主要是马列主义小册子、抗日书籍及其他进步报纸杂志。该社经常出墙报，唱革命歌曲，排练节目，参加学校的戏剧演出等，搞得很活跃。

第四节

开展回击反共逆流斗争

一、汕青游击队转入隐蔽斗争

1940年2月，在全国第一次反共逆流中，国民党第四路军独九旅中的反共顽固派暗中判定汕青游击队就是共产党领导的游击队后，妄图把汕青游击队诱至某地武装包围消灭。中共潮揭丰边县委获得情报后，于3月上旬将游击队秘密调到揭阳梅北，并散发传单，揭露国民党顽固派的阴谋，公开宣布游击队被迫解散。中旬，潮揭丰边县委组织部部长陈勉之代表县委在揭阳县第六区埔田秘密召开游击队中的党员会议，做形势分析报告及传达上级关于游击队化整为零的决定，并布置队伍"转化"及重要武器的转移工作。下旬，游击队便从埔田转移到群众基础较好、党的力量较强的北洋村。30日，游击队将绝大部分长枪及一挺机枪等埋藏起来，并将几条枪及一些杂物托北洋村保长转交独九旅后，按党组织批准的"转化"方案，留下两个游击小组继续在韩江西溪两岸坚持地下武装活动，其余队员均分散到各地继续进行隐蔽斗争。4月，林美南撰写《陆军独立第九旅搜索大队第一中队被迫解散组织宣言》，阐明游击队始终坚持抗战救国的立场和宗旨，揭露和抨击国民党顽固派迫害游击队的阴谋，指出游击队是被迫解散的，声明抗战到底的决心。

二、在第二次反共逆流中的应变措施

（一）改变斗争方式

1940年冬，国民党掀起了第二次反共高潮。1941年1月，国民党反动派制造了震惊中外的皖南事变。形势越来越严峻，揭阳青抗会、南侨中学及汕青游击队等被迫解散。揭东地域的党组织为保存党的有生力量，改变了斗争方式。

首先安排比较隐蔽的党员原地隐蔽下来，继续开展活动；接着组织一些较为暴露的党员转移到较为安全的地方去，以社会职业为掩护，以各种各样的公开身份开展工作，并利用一切关系和机会，打入国民党"管、教、养、卫"部门及日伪基层组织中。隐蔽在各地的女党员，以各种各样的合法身份，日夜战斗在联络站和交通线上。全县设在女同志家里的交通联络站约有10个，做好交通接待工作的有10多位女同志。云路的江滨、新亨的李宋和洪书英、华清的杨昭玲、龙尾镇珠坑村吴凯的妻子林佩芳、牌边的吴杏和吴粉莲等女同志都是地下交通员。

云路北洋的小宗祠小学从1940年就成为党的秘密联络点。1940年1月，党组织派区妇委钟素华（化名刘烈辉）以教师为掩护，秘密开展革命工作，并公开与该校校董江明理（地下党员，以保长身份为掩护）的妹妹江淑华结拜为姐妹，借此设宴，与乡里士绅打好关系，为掩护地下党的活动创造条件。她们还组织"放番花"，为联络站筹集经费，为过往同志提供食宿，一直坚持到1942年。

在云路北洋，杨世秀、江明理、杨百发、杨兆民、杨元等地下党员分别打入国民党政府、军队中隐蔽下来。党组织还派谢晖打入梅北永益乡公所自卫队，配合陈君伟掌握这支武装队伍。杨兆民、江明理秘密做日伪军大队长杨武松的统战工作，用党的政策去感召他，使之逐渐转向抗日，并通过他搜集到当地各村地主的武器弹药，迅速强化联防队的武器装备。这个大队所属三个中队中，有两个为中共地下组织所掌握。1945年5月15日，杨兆明、江明理所掌握的两个中队200多人，谢晖所掌握的永益乡自卫队60多人，全副武装，同时起义。

（二）改变党组织领导体制

1940年4月，汕青游击队被迫解散后，中共潮揭丰边县委随之撤销，其领导成员与揭阳县委合并，仍称中共揭阳县委员会。书记为林美南，组织部部长为陈勉之，宣传部部长为曾冰、副部长为钟声，青年部部长为庄明瑞，妇女部部长为蔡瑜。县委直属中共闽西南潮梅特委领导，下辖揭阳县全境及丰顺县汤坑等地党组织。7月，揭阳县委转为潮（安）揭（阳）丰（顺）中心县委，县委领导职务及职能不变。

1941年7月，为便于组织领导，按照揭阳地域特点，分别在第一、二、四区和第三、五区设立两个县委机构，都称揭阳县委，辖第一、二、四区的县委书记为方朗，辖第三、五区的县委书记为张鸿飞。当年9月，鉴于政治形势的恶化，中共南方工作委员会（简称"南委"）为进一步贯彻"隐蔽精干，长期埋伏，积蓄力量，以待时机"的方针，决定把集体领导的党委制改为个人负责的特派员制，实行单线联系。

三、"南委事件"后党组织暂停活动

1942年5月间，国民党反共顽固派展开了对中共南方工作委员会和粤北省委领导机关的破坏活动，逮捕了一批中共领导干部，史称"南委事件"。

事件发生后，周恩来发出指示：南委、闽西南潮梅特委应继续坚决执行"隐蔽精干，长期埋伏，积蓄力量，以待时机"的方针，一切以安全为第一，防止事件的继续扩大；南委所辖组织暂停活动，上下级和党员之间不发生组织关系，不发指示，不开会，不收党费，坚决撤退和转移已暴露的党员干部。

揭阳县第三、四、六区党组织接到上级指示之后，立即着手安排党员隐蔽和转移。当时，转移到福建、广西、云南、重庆、延安及省内各地的干部有20余人。留下来的共产党员，通过各种社会关系，利用合法身份隐蔽起来。其中绝大部分隐蔽在乡村学校，通过开办识字班、夜校等形式，团结和教育了一大批农民和青年学生，有的学校后来成为党领导机关的所在地或党的活动据点。陈焕新在东仓学校以教书为掩护，以学校为阵地，寓宣传革命道理于教学和文体活动中，并发展了苏子键等一批积极分子入党。方思远、郑筠、谢芳馥在潭王村蓝康学校认真开展勤学、勤业、勤交友的"三勤"活动，团结教育了一批青年，使他们自觉投身革命。进步青年王彻虽出身富家子弟，但在蓝康学校接受教育之后，热心革命事业，不仅自己投身革命，还把父亲王致文在县城开办的健生药房作为揭阳县委机关的秘密活动点，把他的家作为武工队的宿营地。江明理任教的云路小学成为中共地下组织的重要联络点。陈君霸、杨昭玲任教的牌边村寨内小学，还掩护过南委书记方方。

1943年春，揭阳发生大旱灾，早稻歉收，官商趁机勾结在一起，囤积居奇，操纵粮价，饥民多以野菜、树根、芭蕉头充饥。部分饥民扶老携幼往兴梅、江西、福建等地逃荒。路上，饿殍遍野，惨不忍睹。据统计，此次饥荒，全县饿死6.8万人，逃荒2.4万人，少女幼婴被拐卖2.2万人。至夏天，霍乱又流行全县，患者10万余人，死者甚多。面对极其严重的灾情，许多党员遵照上级党的指示，宣传群众，关心群众，团结群众，互相帮助，渡过难关。隐蔽在东仓学校教书的陈焕新，组织积极分子发动贫苦农民起来开展反饥饿斗争，向村里的地主、富农借粮度荒，既解决了贫苦群众的生活困难，又使他们认识到团结起来、组织起来的力量。一些穷困群众染上霍乱，无钱医治，陈焕新就自制药丸，免费送给患者服用，用土办法救治了不少患病的群众，死里逃生的群众把他视为救命恩人。隐蔽在云路乡的江妆等党员克勤克俭，把平常一点一滴积蓄下来的钱物拿出来，无私帮助有困难的同志。环境虽然艰难，但她们坚定革命信念，一心等待党组织活动的恢复。

陈焕新到东仓传播革命火种

　　1942年5月，"南委事件"后，潮揭丰边区的地下党员陈焕新、周逸民来到东仓三壁联下祠堂创办的义顺乡中心国民学校教小学，陈焕新以教书为掩护，把农村学校作为阵地，积极开展秘密革命活动，宣传救国救民的道理，发展革命积极分子。

　　1944年底，在地下党员陈焕新、方思远及倪宏毅的领导下，成立东仓抗日游击小组，组长为苏子键，组员有苏炎标、苏勇、苏介、苏胜、苏立、苏汉、苏愈、苏炎、苏烈、苏命等人。1945年4月5日，由方思远、倪宏毅领导的东仓抗日游击小组，和义顺乡群众围攻锡场的成玉楼及溪头的梅哥楼日伪军营地。后从汤坑赶来的日军与民众激战。终因敌强我弱，"火烧成玉楼"宣告失败。

　　1945年，陈焕新发展积极分子苏子键、苏炎标加入中国共产党；6月，巫志远、苏子键又介绍苏愈、苏勇、苏命三人入党，入党的宣誓仪式在苏子键的家里秘密举行，当晚正式成立东仓党支部。1946年后，苏子键加入武工队，1948年春成立西南武工区委，书记为方思远，组委为苏子键。

　　东仓党支部主动与村保长、甲长接触谈心，向他们表明我党的政策、态度。通过开展党的统战工作，全村保甲长基本都保持中立，对革命活动不管不问，有的还采取保护合作的态度，并支持亲属参加革命活动。

陈焕新的另一位统战对象是苏景桐。苏景桐家住在东仓祠堂南侧，家里有8间厝（前后有18个门），全部借给东仓中共地下组织，用作开会和武工队员过往住宿、伤病员疗养地，以及运往北山武工队的子弹、药品、枪支的存放地。

由于有上述这样的"两面政权"做掩护，东仓的革命活动对村内可以公开，对外完全能够保密，县委许多领导及邻村的地下党员都说："踏入东仓的土地就有安全感。"高度评价了这个地方是解放战争时期白区的"解放区"。

1946年3月，中共潮揭丰边县委在东仓苏景桐家召开区一级联络员以上骨干会议，会议持续了10多个夜晚，参加会议的有县委书记杨英伟，县委领导吴扬、马千、吴坚及其他区级领导方思远、郭奕祥、赖基长、张桐萱、廖志华、苏子键、郑辉等人。会议确立了以后的主要任务：分析抗战胜利后的形势，解决队伍内部的一些错误认识，总结和推广陈焕新在东仓的工作经验，充分肯定东仓中共地下组织的领导作用和所取得的成绩，确立"交好朋友，为村民办好事，改善群众生活"作为党今后一段时间开展工作的指导思想。东仓村的革命活动从此进入新的战斗历程。

1946年6月，潮揭丰边县委在东仓建立地下交通情报站。中共地下组织还在东仓设立物资转运站，负责人为苏瑞，成员有苏章、苏往、苏炎城、苏如等10多人，在党支部的领导下，转运站从潭王、江滨等邻近村搜集或购买药品、食品等物资，再运送到五房、坪上、北山革命根据地。1949年，东仓民兵配合潭王民兵，组织村民近200人，往五房北山革命根据地运送子弹、药品、大米等物资一大批。为了迎接大部队解放潮汕，东仓带头和友村一起，动员群众捐款、捐粮，并以百姓行船运输为掩护，经常为梅北武工队五房游击队运送军需品。在解放战争期间，东仓村民兵共为武工队运送将近50吨物资。在中共地下组织的领导下，东仓的农会、民兵还建立了一个工作组，负责人为苏愈，组员有苏炎、苏烈、苏仰、苏杰等。工作组协助周围的村落，如肇沟、尚里、渡头、东围、浦边、溪头、三担等村，将农会民兵组织起来。参军参战也形成高潮，出现母送子、妻送夫入伍的动人事迹，入伍参军人数在90人以上。蔡绵姆得知儿子苏子键在干革命，满怀喜悦，大力支持革命，对革命同志特别热情，亲如子女。东仓在解放战争中牺牲的烈士有：苏立排长，在后山阻击战中英勇牺牲；连队战士苏汉；武工队队长苏勇，在执行任务时，由于叛徒告密，在赤岸村不幸被捕，几天后在西门外英勇牺牲……他们为革命事业献出了年轻又宝贵的生命。

1948年秋，成立揭阳村级妇女委员会——东仓妇委会。西南武工队女干部王丽、区负责人吴克也到会讲话，并即席选举陈素娟为东仓妇委会主任，林婵梅为副主任，徐妙银、苏瑞香为委员。妇委会有组织地开展各项革命活动。她们首先通过办识字班，组织各村庄妇女学习文化，学唱革命歌曲。每到夜晚，村外几里路远都能听到东仓妇女、儿童嘹亮的歌声。通过学习，培养出一批优秀的妇女干部，让许多妇女走上革命道路。例如，当陈焕新被国民党囚禁在潮安狱中时，陈素娟、林婵梅接受党组织的派遣，多次前往潮安探监，了解情况。在敌人的监视中，两人智勇瞒过敌人，巧妙地把党的指示传给陈焕新，使营救工作顺利完成。

大脊岭军民抗击日军

　　大脊岭位于揭阳县与潮安县交界处，为小北山脉的支系，因地势高耸，主峰海拔273米，有如屋脊，故得出名。日军占领汕头、潮安之后，大脊岭成为阻击日军西侵揭阳的前沿阵地，1940年10月，国民党中央军独立二十旅于此设防。其时，揭阳党组织带领群众到前线慰劳官兵，鼓舞当地群众抗敌救亡的斗志。

　　国民党中央军独立二十旅驻扎在大脊岭上，并沿大脊岭下的三利江布下了长达20多千米的防线。三利江即枫江支流，流经深坑、东洋，汇入枫江后流经东边、溪头埠、大窖市、池厝渡、枫口等地。独立二十旅驻大脊岭阵地，凭借有利地势与日军展开了整整三年的阵地争夺战。

　　日军为打通西向通道，多次向大脊岭发起进攻，均被守军拦截。在1941年5月到1942年5月一年间，独立二十旅击退日军上百次猛烈的进攻。仅1941年5月一役，就消灭日军200多人，给日军迎头痛击。然而，正当敌我双方酣战不休，相持不下之际，不幸的事情发生了。独立二十旅二团一营营长陈光辉叛变投敌。

　　揭阳县第六区玉滘境内的梅冈山有锡、钨等金属矿产，长期有不法之徒偷采盗卖。陈光辉负责布防，他从缉拿盗采者慢慢变为保护盗采者，甚而与其同流合污，将矿产卖给日军。事情后来败露，独立二十旅旅长张寿十分恼怒，急召其回旅部做检查。谁知陈光辉为逃避军法罪责，竟连夜带着属下亲信投靠了日本人，并将军事布防地图拱手送交日本人，使大脊岭309高地的防御工事全部暴露。

1942年9月20日，日军出动6架飞机，连续五天轮番轰炸大脊岭中国军队阵地和驻扎在周围的部队。大脊岭北面的龟目山二团三营营部被夷为平地，守军被炸死六七十人，旅部派出的援军从大脊岭北面赶至大坪山坳时遭到飞机轰炸，伤亡惨重，使大脊岭阵地的支援供给生命线遭到严重破坏。9月25日（农历八月十六），中秋节刚过，日军便出动几千步兵分成三路，在重型机枪的掩护下，从东、南、北三面向大脊岭阵地发动全面进攻。独立二十旅三团三营九连据险与敌人展开了殊死搏斗。日军被消灭不下千人，尸横遍野。九连在后援断绝的情况下，与日军连续恶战了两日一夜。在弹药耗尽之后，守军用石头继续抵挡，最后与蜂拥而上的敌军展开肉搏战，全连150名守军，除4人从西北面滚下山沟得以存活之外，其余壮烈牺牲。大脊岭失守。

日军占领大脊岭10多天后，独立二十旅三团三营八连凭借熟悉地形，在一个月黑风高的夜晚展开了夜袭，一番智取，终于又夺回了大脊岭阵地。随后，驻军及时调整了布防策略。

1943年8月29日至9月1日，日军再次对大脊岭发动进攻。国民党驻军诱敌深入，全歼来敌，取得潮汕抗战以来守军首场无人伤亡的大捷，日军210人除10人逃脱外，余者皆亡。

日军不甘失败，又调来山本中队和伪和平军四十四师3 000多人，对大脊岭发动进攻。1943年10月8日凌晨，在飞机和大炮的掩护下，日伪军再次对大脊岭发动毁灭式进攻。在大炮轰炸和枪林弹雨袭击之下，守军伤亡过半，余下的200多人虽然据守天险英勇作战，在数倍于己方的强敌面前，他们血战到底，最后壮烈殉国。大脊岭再次落入敌手。

大脊岭失陷之后，坚持抗敌援军的300余户官硕群众遭灭门杀戮。日军的血腥屠杀激起了人民群众心中的怒火。

日军进犯揭阳　军民奋起抗击

一、日军三犯揭阳

1944年12月4日，驻潮安、澄海的日军田中部队及伪军共3 000多人，在两架飞机的掩护下，分两路向揭阳县城进犯：一路由夏塘经大窖占梅冈山；一路经北洋、云路、曲溪攻县城。7日晚，日伪军抵达赵厝埔；8日下午，迂回入锡场，抵揭阳城之背；9日，日军主力直逼揭阳县城。国民党军队及在县城的党政机关闻风撤退。日军未遇抵抗从容渡过北河玉浦渡入城。日军占领县政府后，插上日本旗，揭阳城遂告陷落。城中居民十分痛恨日本侵略军。南门爱国少年黄绍海登上县府城楼扯下日本旗，以示反抗。黄绍海的英勇行为得到县城民众的赞扬。日军见日本旗被扯下，深知民众反抗情绪高涨，加上后援不济，三天后便撤离县城，驻扎在梅冈，并加紧修筑潮安县浮洋至揭阳县梅冈地段的公路。

1945年1月24日晨，日军步骑千余人，从潮阳溪内乡进至揭阳县第三区南河、下尾。时国民党军队已退守东仓桥，驻县城自卫大队部及所属第二中队也退至新亨。是日晚，日军分左右两翼包抄东仓桥和新亨，企图一举歼灭国民党军。国民党军队已先行转移，自卫大队为日军所钳制，冒险突围，退至顶坝村，自卫大队第二中队退走梅北。25日，锡场、棉树等村落入敌手。26日凌晨4时，日军再次占领揭阳县城。此次日军进犯，沿途遭到当地军民的抗击，不敢久留，于29日午夜撤出县城，守白水、梅冈、砲台。

1945年3月8日，日军驻汕头宪兵福建军曹占水田通泽带领日军一队，以及密侦队队长郭海带领的密侦队等，由汕头直扑揭阳县城。此次日军占领揭阳县城后，作久驻之计，扶植地方反动会道门首领洪修仁、恶霸黄广真、奸商陈龙溪、反动军官谢壮士等，成立与伪维持会同一性质的"群善堂"。由日军扶植的伪揭阳县政府（张允荃任伪县长）也从地都南陇乡移至县城。揭阳第三次沦陷，直至日本宣布投降才光复。

二、侵揭日军暴行累累　各地群众开展抗日斗争

日本侵略军所到之处，实行烧光、杀光、抢光的"三光"政策，罪恶滔天，罄竹难书。

1943年底，官硕民众为保家卫国，反抗日本侵略军，以李培均为首的60多人组成自卫队，开展抗日活动。1944年12月15日，揭阳各界民众集合于县立第二中学，组织揭阳抗日自卫队（又称"集结队"），由爱国人士王振民带领。自卫队下设3个中队：砲台、地都为第一中队，官硕、云路、枫口等地为第二中队，仙桥篮兜、古溪等地为第三中队，3个中队共200余人。

1945年1月25日，伪和平军陈光辉的马副官，特务队队长陈锡勋、小队长丘松带领"乌青队"（因每到一处必抢夺财物装入布袋，群众又称"布袋队"）一部人入驻揭阳县第六区牌边村，欺凌乡民，劫掠财物。当地群众在中共地下组织的领导下，群起围歼"乌青队"，全歼敌人25名，缴获步枪、手枪19支。

三、锡场群众"火烧成玉楼"

1944年12月4日，日军田中部分两路向揭阳进攻。8日由梅北进到第四区锡场时，以成玉楼为营地，在楼上架设重机枪，控制锡场、义属、新亨、乔林等地。进村当天，日军奸淫掳掠，致村民死伤60多人。日寇的暴行激起了锡场、义属、华清人民的无比愤慨。1945年4月5日，在区委书记陈焕新的领导下，抗日游击小组擂起战鼓，在当地自卫队和几百名村民的配合下向成玉楼进攻。楼上日军慌成一团，闭门死守……

"火烧成玉楼"之时，村民林为团、林尖抬出英灵古庙的大鼓，擂鼓助威，振奋民心，号召大家抗击敌人。村民们听到鼓声后，有的手执竹槌，有的提着大刀，有的高举点燃的柴草、火把，凭着满腔的怒火，直攻成玉楼。这就是锡场历史上抗击日寇的伟大壮举——"火烧成玉楼"。在进攻的时候，林为团腹部中弹牺牲，林尖也身负重伤。后来从丰顺汤坑败退的日军到此，群众才主动撤退。

大批日军进入锡场寨后疯狂报复，抓捕100余名村民。这些村民受尽酷刑，其中14名村民被杀，遭连砍13刀的村民林清泉侥幸逃脱……

这场轰轰烈烈的战斗，还与一位抗日勇士有关，正是因为他的义勇激起了人们的抗日决心，他就是该村的村民林厚皮。

林厚皮1914年出生于锡西村，其父林开并，世代务农，为人忠厚老实。1944年，他新婚不久，日军便入侵锡场寨。眼看日军毫无人性的暴行，他咬牙切齿，加上成玉楼一战，村民死伤60余人，血气方刚的他强抑怒火，伺机而动。是年12月12日，林厚皮在茶亭（锡西与华清交界处）田里干农活时，忽然见到3名日本兵从新亨方向走来，只有最后一名日本兵背一支步枪。林厚皮抱起一块大石头，藏放在甘蔗园内，等到鬼子走近时，他猛然跳出，以迅雷不及掩耳之势向那个背枪的日本兵猛砸去。鬼子一声惨叫，顿时呜呼哀哉！他又转身抓住另一个鬼子，只用几个拳头便把他打死。随后，他将日本兵的尸体抛到路边水井里，并用几块石头堵住井口，接着端起步枪逃往毗邻的东围村。

那个逃逸的日本兵，迅速向其据点成玉楼跑去。日寇头目得知此事后，暴跳如雷，于是派出大队人马将东围村团团围住，并挨家挨户搜寻，林厚皮不幸落入敌手。他被押往毗邻的浦边村。12月14日，日寇用铁钉把他双手钉在墙上，用开水将其活活烫死……

四、桂林民众三角渡抗击日寇

1945年1月14日中午，在第三区霖磐桂林村三角渡发生了一场地方抗日队伍与桂林群众共同抗击日寇的激烈战斗。

这天，留守在三角渡船厂的日军有部分外出，只留下10多人守三角渡圩。村民及抗日队员获悉此情况后，聚集在桂林"三山国王庙"召开会议，决定于午饭后进攻三角渡船厂。村民刘忠工、刘湖渊、刘顺、刘安武、刘田池、刘三聘、刘瑞能、刘瑞禄等人自发承担劫船任务；又通知驻德南老圩的便衣队，伺机出击助阵。

晌午，日军在船厂吃饭，西南、东南两个门有日本兵放哨。大家来到离船厂不远的红坟沟隐蔽。为防日军有诈，先派出4名队员分散潜行到圩外的猪仔街，准备向4个寨门潜入，除掉哨兵，再紧闭寨门，来个关起门打狗。不料此时枪声突响，原来是老圩便衣队已向三角渡开枪，受惊的日军马上关上东、西两门，并架起重机枪向外扫射。慌乱中，一名队员不幸中弹牺牲。另一名高个子队员则马上跃上矮墙，一口气攀爬上大树，顺着树权跃入窗口，闪电般进入楼上。此时，躲在船厂的日本哨兵向楼上开火。高个子队员也摸出手枪，向一个日本兵瞄准开枪，日本兵应声倒下。不久，有几个日本兵赶来增援。高个子队员连续扣动扳机，利用炮楼和厕所做掩蔽，准备撤退，不幸被鬼子乱弹击中，壮烈牺牲。

只听到一声令下，抗日队伍开始向三角渡船厂发动进攻！劫船载稻草的队员被日军发现后，不能靠岸。这时，船厂对岸的寮东村又来了一伙增援的日本兵，冲进船厂的队员立即堆草烧楼。来援之敌架起三门重机枪向三角渡又是一阵疯狂扫射。驻守在船厂的日本兵怕军火汽油爆炸，忙于救火。而河对岸的日本兵虽集中火力扫射，但因厂房阻隔，失去作用。这时，火势正旺，整个船厂陷在一片火海之中，抗日队伍趁机撤离现场……

这场激战，共击毙日本兵5人。当晚，日本兵开船逃走。

第
八
节

党组织恢复活动　开展抗日游击战争

一、党组织恢复活动

1944年秋，日本侵略军向潮汕腹地进攻。潮阳、揭阳、普宁等县一些地方群众自发拿起武器抗击日军。林美南、周礼平、林川等加紧恢复党组织的活动和开展公开的、大规模的抗日游击战争的筹备工作。潮汕各地党组织首先自上而下，经过个别审查，逐步恢复活动；其次，将经过审查合格的党员秘密组织起来，建立各级领导机构；最后在此基础上筹建武装队伍。

1944年底，林美南派钟声任中共潮揭丰边特派员，并布置其任务及开展工作的步骤——根据党的组织原则、党员的标准条件，以及停止活动时"勤学、勤业、勤交友"的三勤精神进行审查恢复组织，然后按照可能与具体条件，建立抗日武装队伍。钟声到揭阳后，直往梅北牌边乡，通过党员陈君霸的关系，驻在他的哥哥、梅北乡乡长陈君伟家。牌边乡靠近小北山，有利于开展革命活动，原有的组织基础较好，上层关系也不坏。乡长陈君伟为人正直，疾恶如仇，可以争取。这是钟声驻在这里的有利条件。

揭阳党组织经过个别审查，自上而下，逐步恢复组织活动。此时，中共潮揭丰边特派员钟声、副特派员巫志远，原一区特派员陈彬委托方思远在田东、桂林、松山、潭王、东仓、棋盘、庵后等地先后恢复部分党员的组织关系。此后，潮揭丰边党组织的活动逐步恢复。

二、抗日游击小组的建立与活动

1944年底，在党组织的领导下，各地相继建立抗日游击小组。至1945年春，揭阳县第三、四、六区建立起桂林、瑞来、潭王、坤头洋、东仓、锡场、大寮、五房、车田、松山王、云路、北洋、南河等抗日游击小组。据不完全统计，游击小组成员共128人。这些游击小组经常活动于云路、梅北、锡场、新亨、桂林、瑞来至大北山、丰顺一带。

各地党组织都积极做好组建和领导抗日游击小组的工作。第四区由巫志远负责；桂林、东仓、潭王、坤头洋等村由方思远、王英负责；榕城、磐东、松山王、大寮等地由倪宏毅负责。林三协助组织成立锡场游击小组后，还到车田组织成立车田抗日游击小组。共产党员廖九、江任英、林野分别担任五房、云路、锡场的抗日游击小组组长。

抗日游击小组的主要活动是：

1．开展抗战宣传。游击小组把抗日救国的道理、共产党关于抗日民族统一战线的主张以及共产党在抗战中的地位和作用，向人民大众进行宣传，以唤醒民众一致起来抗战和增强抗战的决心。开展抗战宣传的形式是：①秘密组织青年学习进步刊物，学习毛泽东的《论持久战》《论联合政府》等文章，增强青年的爱国思想，使之认识到作为一个爱国青年，在国难当头的时刻应挺身而出，投身于抗战洪流；②秘密散发传单，张贴标语，鼓舞民众的抗战信心。县城的抗日游击小组，经常到倪厝村倪宏毅家（革命活动点）将宣传单带进城，秘密张贴于榕城西门、西马路、中山路、进贤门、南门、东门一带的街巷、厕所，还有的塞进商店。宣传单贴出后，有的群众看后兴奋地说："共产党的游击队活动到城里来了。"

2. 发动群众打击日伪军。锡场的抗日游击小组组织民众围攻日伪军在锡场的驻地成玉楼，打死打伤了不少日伪军。锡场民众还将两名日军打死，埋于田野中。

3. 了解敌情，递送情报。各游击小组根据当时的形势，把了解到的敌情及时送交党组织。

4. 做好后勤工作。各地抗日游击小组为党组织及抗日武装队伍筹集粮食、枪支弹药和经费。潭王村游击小组发动群众捐献枪支、弹药、钱物。有的妇女把自己的金首饰、银圆都捐了出来。王期坚献出其亲戚寄存的一批货物后，便离家参加游击队。云路游击小组的女同志经常为部队缝制衣服、枪弹袋和干粮袋。有的游击小组还没收不法资本家的财产，低价出售给农民，所得收入交给部队。坤头洋游击小组向公堂和私人"借枪"抗日，共"借出"长枪4支、子弹100余发、"曲尺"手枪1支。潭王村游击小组成员王彻主动向组织报告家里有"联珠"驳壳枪，并让党组织把自己"抓"起来，由游击小组通知其家里人用驳壳枪将他赎回。

5. 参加抗日武装队伍。潭王村游击小组组员王娟、王芸、王清，坤头洋游击小组组员吴克、吴茂、吴声，以及其他地方的游击小组组员，根据党组织的安排，都到梅北参加游击队。

三、小北山人民抗日游击队独立大队成立

小北山位于潮安、揭阳、丰顺三县交界地带，韩江的西侧，是联结韩江以西的大北山、大南山和韩江以东的凤凰山、莲花山的一个枢纽。1944年12月，原中共饶平县特派员钟声，

根据林美南的指示，任中共潮揭丰边特派员。

钟声先到梅北的牌边村，找到共产党员陈君霸及其任国民党梅北乡乡长的哥哥陈君伟，再到北洋村，同隐蔽在那里的党员骨干取得联系。在陈君伟的掩护下，钟声在附近乡村建立起抗日游击小组，并通过统战关系，派党员杨兆民、江明理分别任日伪四十四师一三一团所辖的揭阳梅都保安队杨武松大队的第一、二中队队长，派谢晖、江文仕掌握乡自卫队武装。同时，在牌边村秘密建立以党员为骨干的10多人的基干短枪班。1945年6月23日，杨兆民、江明理、谢晖、江文仕等根据钟声的布置，各自秘密带领所掌握的武装队伍，到潮揭丰边交界的居西溜村会合，与当地短枪班组成梅北抗日游击队；钟声任大队长兼政委，杨兆民任第一中队队长，方思远任指导员，江明理任第二中队队长兼指导员；机枪班长为陈金枪，侦察班长为许声华（后陈辉），联络参谋为谢任扬。

7月5日，国民党的挺进队和地方反动武装吴尉文部等数百人在埔田、半田、岭后等村，向梅北抗日游击队展开进攻。双方展开激战，在战斗中部分游击队员失散。为了保存力量，伺机打击敌人，钟声决定将队伍带回居西溜整训。7月19日，韩江纵队第二支队派往小北山增援的陈子诚中队约70人，从普宁二区赤水出发，经渔湖京冈，到达梅北溪南山与钟声带领的游击队会合，合编成立小北山人民抗日游击队独立大队（简称"独立大队"）。钟声任大队长兼政委，陈子诚任副大队长，陈君伟任参谋。原梅北抗日游击队为第一中队，杨兆民任中队长，江明理任副中队长，方思远任指导员；普宁方面的队伍编为第二中队，陈子诚兼任中队长，许守扬任副中队长，林秉先任指导员，陈辉任侦察班长。独立大队驻于梅北牌边祠堂。根据群众反映，埔田庵后村谢松荣等汉奸经常在鼠空洞一带抢劫耕牛。7月24日，陈子诚和谢晖等11人前往伏击，狠狠地教训了他们，自此，这一带的汉奸不敢胡作非为。

根据韩江纵队司令部命令，1945年8月13日，周礼平、李亮、陈维勤、许杰等率领潮澄饶敌后游击队100多人到居西溜与独立大队会合，成立广东人民抗日游击队韩江纵队第一支队。全队约260人，配备2挺轻机枪和200多支长短枪。周礼平任支队长兼政委，李亮任副支队长，钟声任政治处主任，陈维勤任政治处副主任。支队下辖1个大队，李亮兼任大队长，陈子诚任副大队长；大队下设4个中队。

第一支队成立后，国民党反共顽固派十分惊慌，恨不得一下子消灭革命武装队伍。8月15日，国民党便派出9名侦探，化装成上山割草的农民，到赤鼻岭侦察，被驻赤鼻岭的第二中队所俘。在押解途中，有5名侦探企图逃跑被击毙。第二天晚上，国民党一八六师五五七团的一个营，会同驻揭阳的第七战区挺进队第一纵队的吴尉文、吴铁峰便衣队和驻潮安的潮澄饶自卫总队吴大荣部600多人，兵分三路，从赤鼻岭、世田村、居西溜山背后向居西溜发动进攻。17日晨，敌军抢占居西溜山头，与一支在居西溜山上的班哨接火。支队政委周礼平让副支队长李亮带领队伍撤离居西溜，自己则和钟声赶到山上班哨处，指挥机枪手用火力掩护主力部队转移。这时，敌军以十倍于我方的兵力向主峰进攻。第一、二中队得知敌人进攻居西溜，便分别从赤鼻岭和枫树湾火速赶来增援；第四中队也抢占有利地形阻击敌军。战斗坚持至下午4时，第一支队才撤退至白水岩。在这次战斗中，第一支队队长兼政委周礼平和许守扬等10多名指战员壮烈牺牲，伤10多人，被俘3人。敌人也有不小的伤亡。

居西溜战斗结束后，第一支队留下钟声等做好居西溜村群众的善后工作，对被敌军烧毁房屋的10多户人家给予救济。随后，第一支队转移到潮安县英塘村，进行整编后暂时留在潮澄饶活动。

第一支队在居西溜战斗失败，主要原因是部队成立时间不长，缺乏协同作战和开展阵地战的经验，领导人存在轻敌麻痹思想；同时，选择的地形也不当，导致队伍成立后初战失利。

第九节

捣毁国民党祯祥坑税所

祯祥坑是梅北的一个半山村，背靠五房山，跨过五房山就是潮安的大小葫芦村，战略位置极其重要，国民党于是选择在这里设税所。税所设在祯祥坑一座新的老式"四点金"大厝内，有税务员五六人，国民党叶参谋担任所长，配有驳壳枪2支、"曲尺"手枪2支、木塞朗1支。

"祯祥坑税所是吃人不见血的税所，苛捐杂税多如牛毛。""税务所的人员坏透了，随便打人、抓人，若能教训他们一下该多好啊！"当地老百姓恨透了税所，怨声载道。潮揭丰边党组织为解救人民苦难，决定铲除这个税所。

1945年4月的一天，驻在牌边村的潮揭丰边特派员钟声派陈君伟到祯祥坑侦察地形，了解敌情，绘制地形图。陈君伟是国民党梅北乡乡长，经常接受党组织的主要负责人林美南等同志的宣传教育，对党有了认识，逐步从同情革命、支持革命到参加革命，他对梅北各乡村地形、情况了如指掌。"这容易，我一定能很好地完成党组织交给的任务。"陈君伟很有把握地说。不久，陈君伟便完成了任务。

从牌边村到祯祥坑有10多里路，沿途驻有国民党军队和便衣队。潮揭丰边党组织经过分析研究，认为在夜间行动比较有利。因此，党组织选定于5月31日夜晚进行袭击。同时，落实抗日游击队员陈金枪去制造10多颗土炸弹，以壮大声势，发挥威力。参加战斗的有10多人，由党员许声华负责带队。队伍分成两个战斗组：一个组主攻，许声华兼任组长；一个组打掩护，组长为陈金枪。当天晚上10点左右，分散在各农户家隐蔽的武装队员被通知到牌边村老寨内有庆公祠开会。这里是党组织的秘密指挥机关。

会后，参战的武装队员扮成农民，个个精神抖擞，不顾天黑路滑，快步在泥泞的小路上，像一支利箭一样，向国民党祯祥坑税所进发。

到达目的地后，负责打掩护的一部分人站岗放哨，其余人迅速闪到税所窗下。陈金枪屏住呼吸细听，只听到屋里一片呼噜声，个个睡得像死猪一样。

"死到临头，看你们还横行到几时！"陈金枪暗暗骂着。"掷炸弹！"陈金枪打手势指挥。队员陈色目立即领会，拿起自制土炸弹一个接一个地从窗口丢进去。顿时，爆炸声起，遍地开花，浓烟弥漫。陈金枪在另一窗口架起轻机枪对着屋里扫射起来。

被枪声惊醒的国民党兵感到情况不妙，战战兢兢地从被窝里爬出来。叶参谋正想摸枪，这时负责主攻的武装队员消灭值勤的岗哨之后已冲了进来，李朝道眼明手快，一手夺过叶参谋手中的枪，一手对他开枪。叶参谋跌倒在地上哇哇直叫，李朝道对准他的头部再加上一枪，当即脑袋开花。其他税务人员来不及反抗，全部束手就擒。同时，缴获长枪一支，驳壳、左轮、"曲尺"手枪各一支，伪币二三十万元。革命武装队伍无一损失。

天还未亮，武装队伍带上胜利果实绕道长埔龙村过五洲桥而归。第二天，他们又像农民一样进行正常的活动。

乡村革命斗争持续开展　抗战取得胜利

一、老岭村、长岭村开展革命斗争

老岭村地处潮安、揭阳、丰顺三县交界的山区，村后山岭重重，地势险要。1938年，共产党为巩固和发展抗日救国运动，在老岭村成立潮揭丰边游击队"揭青抗"。由地下党员陈曙光、余天选、吴杏、郭清等指导开展革命活动，发动群众，办女壮丁训练班，参加有徐婵味、徐婵珠、徐南梅、徐畏、徐专刘等10多人。

1938年，陈茸受党组织的委派，将情报藏在抽去蒜苗的蒜叶中送到目的地，逃避敌人的搜查。1939年3月，中共地下组织在该村后山石笼成立党支部，支部书记为杨昭玲，组织委员为陈茸，成员有徐婵味、徐婵珠、徐南梅、徐畏、徐秀专、徐秀贤、徐国珊、徐柔哲、徐专刘、刘岳贞、刘岳銮、徐映柔。

在党组织的领导下，革命群众、进步青年夜间四处张贴标语，宣传发动群众，壮大革命力量。1940年，中共地下组织在陈茸家设立秘密活动联络站，开展抗日救国宣传活动。1945年3月，地下党员王文波、杨尚礼、张文彩、赖基长、陈书成等到老岭村集成小学任教，同时在该村建立党的交通联络站，发动群众参军支援游击队。同年6月，杨英伟、陈君霸带领游击队来老岭村开展武装斗争，先后有村民徐之通、徐倭佬、徐代减等参加游击队。徐木殿、徐贤林、徐清烈等同志组织民兵配合武工队开展对敌斗争。在武工队的领导下，民兵、群众先后3次劫仓夺粮，支援武工队：第一次在新亨劫粮40余担，第二次在溪头埔劫粮50余担，第三次在月城劫粮70余担。村民徐学城、徐锡强、徐代怀等积极参加通讯工作，把交通站的信息尽快传递到五房山、八乡山根据地。

其时，由杨甦忠带领的青年抗敌同志会的10多人，驻在长岭村的祠堂和二房书斋。他们在祠堂开夜校识字班，在本村和东寮等邻村开展抗日救亡宣传活动，使附近的农民（尤其是青年人）多数受到革命教育，为长岭村在抗日战争时期和解放战争时期开展革命斗争打下了思想基础。

1942年，揭阳县第六区牌边村陈亚齐曾到长岭村发展中共党员，并建立了支部，入党的有吴专党（精宝）、吴暹龙、吴乙修、吴江为（乙纪）等人。同年，党支部以吴专党为核心，向国民党保长发起清理、公布账目的斗争。

同年6—7月，梅北地区设立了"筹给会"，"筹给会"按原梅北乡公所范围各村的摊派股数，按股摊认承担三方（游击队、挺进队、日伪）钱粮。承担游击队给养任务的村有湖下、南湖、牌边、庵后、中夏、赵埔、棋盘、军田和长岭等村，这些村的粮食都挑到长岭交吴道会后转运至居西溜。

7—8月，陈君伟几次同吴道会研究筹备建立村人民政府问题，由于8月中旬发生"居西溜战役"，接着日本投降，武工队化整为零转入秘密活动，"建政"问题停止。

1945年6月至9月，长岭村的革命斗争和拥军工作都是在游击队大队部的领导下，通过吴道会和村里的革命积极分子开展的。

二、大寮村、石部洋村、四联村的抗日斗争

揭阳县第四区锡场镇大寮村又名洋心乡。1944年，地下党员倪宏毅、杨英伟、郑辉、苏愈等相继来大寮村活动，宣传革命道理，发动群众闹革命，推翻压在人民头上的三座大山。在他们的引导、教育下，村人民群众提高了思想觉悟，纷纷投身于革命大熔炉。为使革命工作顺利进行，按上级领导杨英伟的指示，提出联保联校，成立"红色两面政权"（明是保长，暗干革命工作），指定柯同志任伪保长，柯彬为副保长，柯光、柯广为干事。进而，村相继成立了抗日领导小组、党支部、情报站（西南情报站）、粮站、农会、民兵队、青年团、读书会、妇女会、儿童团等组织，轰轰烈烈地开展革命斗争。

1944年底，地下党员倪宏毅，到大寮村联系柯帆，讲明现在抗击日军的需要，必须建立抗日领导小组；同时吸收柯帆、柯国、柯奎等为抗日领导小组成员，任命柯帆为组长，负责一切事务——开展宣传；侦察敌情；筹集粮食及其他各项物资，作为抗日活动之用。

1945年4月，抗日领导小组获悉驻扎在锡场成玉楼的大股日军出动"扫荡"汤坑，只留下少数日军留守成玉楼和浦边据点，兵力薄弱。抗日领导小组抓住这一有利时机，随即到各村宣传发动组织爱国群众，拿起武器，袭击日军，保家卫国；并与各村约定于4月5日上午击鼓为号，集中队伍，分别向溪头梅哥楼和浦边据点进攻。队伍一共60多人，他们拿起竹竿串、土枪、双刀、三叉等武器，绕小道到石部洋村花桥头集中，朝敌人据点挺进。村民柯杨乾在挺进过程中，被日军发现、击中大腿，鲜血淋漓。柯文发现柯杨乾受伤，不顾性命危险，将他背回村中治疗。这次战斗，更激发了广大人民群众抗日救国的

热忱。

日军侵占成玉楼后，石部洋村的村民在东仓、大寮等中共地下组织的领导下，成立了抗日联防队。村民杨锡钦、杨世辉、杨流、杨世渊、杨亚广、杨长海、杨贵钦、杨传德、杨亚婆、杨亚蟹等10多人组成的敢死队在村里日夜轮流放哨，维持治安，随时准备抗击日寇。

1945年4月5日，驻成玉楼日军因为调防而兵力大大减弱。石部洋联防队得知消息后，准备配合锡场乡村民"火烧成玉楼"。联防队队员以腰系稻绳为标志，迅速投入战斗，但是由于汉奸出卖，日军不久就派兵回来增援。当队伍潜至成玉楼附近的三洲桥时，敢死队队员遭到日军的伏击，战斗十分激烈。终因敌强我弱，"火烧成玉楼"宣告失败。石部洋村村民杨阿赐、杨阿婆、杨传德惨遭日军杀害。随后，日军进行疯狂的报复，他们开来大队人马进入石部洋村，到处烧杀抢掠，并放火烧毁该村大祠堂——声武祠以及村民房屋99间。

这之后，在东仓村以教书做掩护的共产党员陈焕新、苏市等经常到石部洋老寨内田螺湾召开秘密会议，开展革命工作。村民杨亚广、杨世辉、杨亮辉、杨明、杨流、杨世敬、杨书友等，就是在他们的影响下投身革命的。杨亮辉还带领杨耀光、杨世晏父子到小北山参加武工游击队。这些村民在抗日战争或解放战争中，为党和人民的革命事业做出了贡献。

龙尾镇四联村位于揭阳西北部，因下辖宏桥、大光、中宁、三丰4个自然村而得名。全村皆姓何，故又称赤叶何。在抗日战争时期，该村在夏屋地创立了一所映正学校，共产党员汪硕波、王质如等都在该校任教。他们以教师身份做掩护，在这里积极开展党的地下工作，发展革命群众，有时还为大北山游击队传递情报。卅岭区委和武工队领导黄一清、何绍宽等曾多次到学校指导工作。

在他们的教育和领导下，该村何生发、何如泛等进步青年踊跃参加游击队，从事革命活动，后来这些青年又参加闽粤赣抗征大队。何生发还到大北山军事基地参加军事培训并提拔为排长，转战丰顺、梅县一带。在丰顺县硫磺镇与国民党顽固派的战斗中，何生发作战英勇，把机枪枪管都打得通红，最后因负伤而潜回家乡治疗。揭阳解放后，何生发一直在家乡务农，2003年逝世。

是时，该村村民何如三、刘兰花夫妇也参加了大北山游击队，跟随古大存、何绍宽等领导的队伍开展游击战。他们经常转战在揭西河婆一带，劫富济贫，收缴大量的钱粮支援游击队，为潮汕地区抗日战争的全面胜利做出积极贡献。

三、三洲村村民勇斗侵揭日寇

1944年12月8日傍晚，两架日军战机在轰炸棉湖返航途中，经过榕江边三洲村上空，其中一架战机突然坠落在江边竹林中，飞行员当场死亡；另一架在坠落飞机的上空盘旋几圈后，迫降在三洲村边沙坝上，飞行员爬出机舱，携两把手枪窜进三洲村的一所私塾内。当时，一位姓王的老师正在灯下批改作业，看到日军飞行员，吓得惊慌失措，慌忙跑去报告村里的守菁队。接到消息的三洲村守菁队队长许嘉贵端着一把驳壳枪，率先赶到私塾。他用驳壳枪顶在日军的腰部，大喊一声："别动！"日军飞行员被突袭吓得不知所措，举手投降，两把手枪被许嘉贵缴获，其他守菁队队员赶来后立即把他捆绑起来，押送村公所。

第二天，三洲村保长林成林派人到霖磐沟顶报告消息。就在此时，附近村民闻讯，拿着铁锤、锄头等赶到日军飞机坠落处，拆卸飞机，其中有几名西龙村的村民卸下战斗机上装配的重机枪和子弹等。时任四乡（即东畔寨、蛟龙、桐联和桐和）乡长林春仕（桐坑人）收缴坠落战机上飞行员的一支派克笔、一把手枪、一副眼镜和一套飞行服；下三洲许厝保长许玉昌收缴飞机椅一把，并决定将被抓飞行员押往霖磐沟顶。当押到下三洲横河地界时，日军飞行员企图逃跑，被当场击毙，其尸体由许炳木等守菁人拖到下三洲与顶三洲交界的堤龙地掩埋。

不久，日军大队人马乘船从榕江来到三洲村寻找失踪的飞行员，把三洲村团团围住。日军把村民赶至村前大灰埕，并将20多名青壮年男子关在村前老屋内，逐一搜身讯问。村民许荣居被搜出子弹，连同守菁队队长许嘉贵、队员林木杨等被带至祠堂拷问，他们遭受日军"老虎背猪"等酷刑，但始终没有透露一点情况。

后来，由于汉奸的出卖，日军找到被埋于田野的飞行员尸体，暴跳如雷，准备向村民大开杀戒。这时，听到消息的西龙村村民拿着从日机上卸下来的重机枪在屋顶向天空扫射，威力强大的枪声令日军震惊，日军以为中国军队发动进攻，只好乘船仓皇逃离三洲村……

四、抗日战争取得胜利

1945年7月26日，中、美、英三国发表《波茨坦公告》，促令日本无条件投降。8月8日，苏联宣布对日作战。8月15日，日本天皇裕仁宣布无条件投降。同日，在汕头司令部的日军召开紧急会议，下令日伪军均撤回据点。是时，揭阳所有的日伪军皆集中于县城，听候命令。9月2日，日本天皇和政府代表以及日本大本营代表在投降书上签字。中国抗日战争胜利结束。9月13日，日军华南派遣军司令田中久一在广州中山纪念堂签署投降书。广东地区的抗日战争胜利结束。9月28日，日军华南派遣军司令田中久一的代表富田直亮在汕头签署投降书。潮汕地区的4 800余名日军同时缴械投降，并被送入岩石集中营；伪军也缴械投降。潮汕地区的抗日战争胜利结束。

　　抗日战争的胜利，是近百年来中国人民在反对外国侵略者的斗争中所取得的第一次完全的伟大胜利。揭阳人民群众沉浸在一片欢乐之中，集会游行，热烈庆祝抗日战争的胜利；县城到处张贴标语，张灯结彩，有的街道摆设戏台演戏，盛况空前。在揭阳县第三区到第六区，从玉滘桥头，到卅岭山野，从汾水关口，到曲溪圩市，人民群众无不欢欣鼓舞、扬眉吐气。

第六章

解放战争时期

第一节 中共潮揭丰边县委的建立与发展

经过多年的抗战，饱受战争苦难的揭阳人民同全国人民一样，渴望有一个安定的环境，重建家园，休养生息，实现国家的和平统一。然而，国民党政府为了准备内战，不断向人民征收名目繁多的苛捐杂税。加上连年天灾，农业失收，农村经济处于崩溃边缘，市场萧条，物价飞涨，广大人民处于饥寒交迫、水深火热之中。

1945年11月下旬，中共潮汕特委将揭阳县委分设为两个县委：一是中共揭阳县委（辖揭阳县第三、五区），二是中共潮揭丰边县委（辖揭阳县第一、二、四区和潮安、丰顺、潮阳边区临近揭阳的地区）。潮揭丰边区地处揭阳北面山区，山地狭长，分山前、山后两个区域。山后区山高林密，村小民穷；山前区则大乡密布，人口众多，较为富庶。潮揭丰边区距揭阳、潮安、丰顺的县城不远，极易受国民党军的进犯。但这里是大北山与凤凰山的枢纽，控制着揭丰、揭安、揭汕公路和韩江、榕江、枫江等水陆交通要道，对于沟通大北山与凤凰山革命据点，使革命根据地逐步连成一片，具有十分重要的战略地位。因此，潮汕特委决定在这里建立革命根据地，成立中共潮揭丰边县委。潮汕特委派杨英伟任潮揭丰边县委书记，黄佚农任组织部部长，巫志远任宣传部部长（1946年5月巫志远北撤，马千接任）。

中共潮揭丰边县委初建时，区一级未建立党的组织。为适应新情况，在县委的领导下，设联络员，实行单线联系。赖基长、张文彩、王瑛先后负责梅北片，包括车田、岭后、牌边、云路、北洋、锡场等乡村；刘夷白负责揭东西部的桂林、棉树等乡村；义顺乡所属的东仓、潭王、坤头洋以及新开辟的后围、大寮等村，先后由廖志华、郭奕祥、赖开山、郑辉、王剑、张桐萱等人负责。

1945年底，潮揭丰边县委根据上级党委的指示精神，结合分析抗战胜利后潮揭丰边形势，决定工作方针为：发动群众，开展民主运动，扩大民主统一战线；争取和平民主，反对独裁，反对内战；继续恢复党员的组织关系，健全党的基层组织，开展组织活动，加强思想教育，发展党员，扩大党的力量。

为了有利于在白区开展工作，潮揭丰边县委针对当时党内的思想状况，于1946年7月在东仓召开区一级联络员以上骨干会议（当时有区级干部，无区级建制），参加会议的有杨英伟、郭奕祥、廖志华、赖基长、张桐萱、苏子键、郑辉等人。会议开了10多个夜晚。会议首先分析抗战胜利后，革命队伍内部存在的错误思想：有些人认为中国已进入"和平时代"，天下太平了，因而存在享乐思想，不愿过艰苦生活；有个别人认为，美帝国主义支持的国民党反动派有军事优势，仗打起来怕打不赢。针对这些错误认识，县委组织党员学习党的七大文件，学习中共广东区党委和潮汕特委有关指示，并联系实际，揭露国民党顽固派假民主、真独裁，假和平、真内战的骗局；教育党员要敢于斗争，以革命的两手反对反革命的两手，使广大党员认清形势，提高警惕，投入反独裁、反内战，争取和平民主的斗争。其次，会议进一步研究如何在国民党统治区开展工作，保存和壮大自己的力量，争取团结广大群众开展斗争的策略问题；同时总结和扩大抗日战争时期陈焕新在东仓的工作经验。最后，会议确定了"交好朋友，为村民办好事，改善群众生活"作为今后一段时间开展工作的指导思想，并确定四个区（即今埔田、曲溪、云路、玉滘一带）为工作重点。

1946年春，潮揭丰边县委为贯彻上级"疏散隐蔽，积蓄力量"的方针，对暴露身份的党员组织转移隐蔽，一部分前往南洋，一部分安置到学校任教或读书，大部分就地疏散。这一年，潮揭丰边县委安置到农村学校任教的党员有许宏才、赖基长、张文彩、王瑛、郭奕祥、赖开山、廖志华、郑辉等，他们分别在北洋、云路、东仓、后围、坤头洋、大寮等群众基础较好的乡村学校，以教书做掩护，进行秘密的革命活动。1946年初，潮揭丰边区有党员63人，建立党支部10个，多为直线联系。

第二节

开辟革命新据点　建立武装经济工作队

一、县委转移到山区　开辟革命新据点

1946年6月，蒋介石撕毁停战协定，发动全面内战，揭阳县国民党反动派立即成立了"清剿委员会"，建立"清剿大队"，到处通缉共产党员和革命人士，残酷镇压人民革命斗争，革命形势十分严峻。根据斗争形势的需要，中共潮揭丰边县委活动点转移到山区的埔田岭后村徐贤林家里。

根据中共中央香港分局与潮汕特委的指示精神，中共潮揭丰边县委经分析认为：车田村北倚群峰层叠的小北山，与潮安县田东村交界；西面有藤吊岭，与锡场毗邻；南面接黄岐山；东邻云路，是一片半山区地带。且该村群众基础好，早在抗日战争时期，揭阳县委领导人林美南、钟声等先后在这里领导过武装斗争。五房村是潮揭丰边的一个小山村，五房山山高林密，地势险要，其山岭纵深20华里，北面与大北山相连；东面的山脉延伸至韩江边，过江不远处便是凤凰山；东南面是梅北浅山地带；西南是丘陵、平原。早在抗日战争时期，地下党员王质如、杨世瑞、姚木天等就到这里宣传抗日，发动群众，建立党组织。这两个山村的人民勤劳、勇敢，长期生活在水深火热之中，有着推翻三座大山，追求翻身解放的强烈愿望。潮揭丰边县委分析了这两个山村的有利条件后，决定以这两村作为

恢复和建立武装斗争的据点。此后，县委的活动点先后转移到车田的长埔龙罗知家和五房村。

为了沟通讯息，便于领导，潮揭丰边县委在长埔龙设立交通联络站，罗知为负责人，同时在埔田新岭村徐兰家成立情报站。以后又相继在牌边、新置寨、五房、陈厝、顶坝、硕联、东龙、官目洋、火树坑、东仓、锡东、棉树、下林、大寮、云路、古湖、月城、乔林潮香里、榕城和平里设立交通情报分站。为与大北山革命根据地密切联系，潮揭丰边县委后来又协同武工队与白塔红老坡、龙尾高明等地的交通情报站建立关系，形成交通线。这些交通情报站的建立，为革命武装队伍搜集情报、传递讯息、运送物资、接送过往革命同志等方面做出了重要贡献。

二、深入发动群众　坚持艰苦斗争

1946年上半年，在国民党反动派制造的白色恐怖下，中共潮揭丰边县委带领全体党员深入到群众基础较好的乡村，广泛发动群众开展斗争。锡场后围村的群众在当地党员的发动下，掀起了反对竹器批发商压低收购竹器价格的小范围群众运动，最终取得了胜利，提高了竹器价格，增加了群众的收入。大寮村群众通过斗争，使公偿得到合理管理，拖延或拒付乡公所的地税和其他负担。坤头洋村的贫苦农民群众组织起来向公户和富户借粮度荒。东仓村群众掌握了守菁队和公偿的管理。锡场村通过组织"闲间"，争取团结群众，培养一批积极分子，发展党的同情力量。特别是梅北车田村发动群众组织山会，开展斗争，搞得轰轰烈烈，有声有色。

1946年下半年，地下党员郭奕祥被派往车田村，以教书为掩护，开始与地下党员罗知单线联系，并通过罗知秘密组织洗锡互助组。他经常与组员谈心，讲革命道理，引导人们起来组织山会，管好山林，增加村民的经济收入。经过反复宣传发动，村民认识到成立山会的好处，情绪越来越高涨，参加的有五六十户。为了取得合法的地位，他们动员并吸收一个思想较开明的强房富户——罗立业入会，由他写报告、办手续向国民党县政府立案。接着在车田村的东门祠堂召开成立大会，到会者有几百人。山会成立后，提出发展山区生产的三大措施。会员们个个扬眉吐气，连腰都挺直了。山会还制定了规章制度，禁止任何人引水冲山，破坏山林。但该村村长罗文固之侄罗章镇，对山会制度拒不遵守，并上县城控告山会。会员们群情激愤，团结一致，与罗章镇进行了针锋相对的斗争。罗章镇看到势头不对，只得无可奈何地认输。

中共潮揭丰边县委对山会的发动及组织工作十分重视，杨英伟、郭奕祥等同志经常过问，并给予指导。党组织通过山会，发现和培养了一批积极分子，先后吸收罗求、罗辉、罗祥、罗能、罗二、罗长、罗朝光、罗胡强等人入党，并成立了车田村党支部，支部书记为罗求。许多党员和积极分子后来参加了武装队伍。

通过组织山会等形式，组织发动群众开展经济斗争，既改善了村民的生活，又发展了党组织，并在农村建立革命活动据点。

在短短的一年里，潮揭丰边区已有29个自然村成为中共地下组织的活动基地，如车田、牌边、东仓、坤头洋、大寮、石洋、潭王、五房、云路、北洋等村，有的后来还成为武装斗争的据点。

1946年6月，国民党军队"围剿"揭阳县第三区的瑞来村，进行搜刮劫掠，并通缉黄佚农、黄一清、黄梅杰等7人。因事前得到情报，被通缉人员全部安全转移，但村里被勒索稻谷75担，经地下党员与乡绅商量，全部由乡公偿出。8月，国民党林贤轸又派兵"围剿"瑞来村，搜刮抢掠，全村被勒索红糖3.5万千克。在国民党的摧残下，党的活动变得十分困难。

由于国民党反动派大搞"清乡""扫荡"，党组织安排部分党员留下来分散隐蔽。其中，少数人对局势缺乏正确认识，看不到坚持斗争的有利条件和光明前途；有的思想波动，不愿意留下；有的生活讲享受，革命意志消沉；有的纪律松弛，没有很好地完成党交给的任务；少数出身于小资产阶级家庭的人，虽然有一股革命热情，但是却把资产阶级个人主义和自由主义带到党内来，组织上入了党，思想上并未完全入党。上述情况表明，党内存在着无产阶级思想与非无产阶级思想的矛盾。因此，必须在党内进行一次整顿，对党员进行马列主义教育，使党员增强党性，坚持革命。

根据中共中央香港分局关于各地党组织进行整风、审干的部署，在中共广东区党委的直接领导下，中共潮汕特委派组织部部长吴坚到潮揭丰边领导整风学习。会议于1946年夏在梅北岭后山寮召开，参加会议的有杨英伟、黄佚农、廖志华、郑辉、张桐萱、张文彩、马千、郭奕祥、赖基长、江任英、陈佩娟等人。中共潮揭丰边县委组织到会者学习了延安整风文件，联系实际，查思想、查工作、查作风，运用批评和自我批评的武器，开展思想斗争。通过组织党员骨干整风学习，达到预定目的。取得经验后，就全面铺开，分期分点集中党员进行学习。

潮揭丰边县委坚持在艰苦的环境里对党员开展思想教育，取得良好的效果。通过整风学习，使党员统一了认识，改变了作风，努力克服个人主义思想，增强党性，加强纪律性，坚定了在白色恐怖下坚持斗争的信心和决心，为配合或参加武装斗争，打下了比较坚实的思想基础。

1947年3月，黄佚农调往丰顺工作，增加吴扬、陈君霸为县委委员，并由吴扬接任组织部部长。

三、建立武装经济工作队

1946年5月，中共潮汕特委接到广东区党委的电报，指派48名韩江纵队骨干随东江纵队北撤山东。中共潮揭丰边县委宣传部部长巫志远参加北撤。

韩江纵队北撤后，揭阳县国民党反动派加强对革命运动的镇压。是时，中共地下组织的活动经费十分紧缺。为解决经济困难、保存武装骨干，潮揭丰边县委贯彻执行上级党委指示，着手建立武装队伍，加紧恢复武装斗争工作。

1946年10月，潮揭丰边县委在梅北岭后村徐贤林家组建了一支武装经济工作队（简称"经工队"）。经工队由陈金、罗列记、赖基长、杨英伟、徐梅、廖平金、吴道坚、罗知、廖婵发、江伦生10人组成，后来还增加陈青、罗能。为了不暴露真实姓名，他们按年龄大小排列，以大兄、二兄……细弟为代号。由参加过东江纵队的陈金任队长，赖基长任指导员，罗知、徐梅负责交通联络。经工队的任务是：用斗争手段搞经济，为队伍解决经费上的困难。经工队建立后，活动于揭阳、丰顺一带。

1947年4月间，经工队获悉国民党梅北庆成乡有一笔农贷款要运往揭阳城。潮揭丰边县委决定"截劫"这笔款，作为购买枪支和粮食之用，并决定在锡场的马鞍山动手。

5月1日是埔田圩日，路上行人络绎不绝，国民党庆成乡乡长陈昌里、保长陈昌丰带着两个挑藤箱子（内装农贷款）的人，从马硕村出发。当他们来到马鞍山时，经工队队长陈金等人正准备动手"截劫"。陈昌里见状大声呼喊"抓贼"，过往行人和在这里劳动的人不明真相，一听到喊"抓贼"，便纷纷赶来。接着，锡场糖税站几个带枪的国民党警兵和一些自卫队、乡民也都出来追赶。经工队的几位同志虽带了枪，但为了不误伤群众，只一边朝天放枪，一边往山脚撤退。后因被不明真相的群众包围，赖基长、陈金、江伦生、陈青先后被捕，经工队其他同志脱险后撤回梅北车田村。

赖基长、陈金、江伦生、陈青被押解到揭阳城监禁，并被当作重要的政治犯分开囚禁，内外设置岗哨，戒备森严。在狱中，赖基长组织战友坚持斗争，秘密布置狱友对付敌人审讯，并组织狱友们学习，统一思想，坚定对敌斗争意志；对个别情绪消沉的狱友，则利用放风机会，进行个别教育，讲先烈英雄事迹，鼓舞斗志，勉励坚持斗争。

在狱外，中共潮揭丰边县委通过各种关系，设法营救被捕同志。1948年底，县委派地下党员通过余志惠与在县政府担任承审主任的余少波取得联系，由余少波暗中协助，不把此案当作政治案而作为经济案以拖延审理。县委还先后安排罗能之母和徐贤林之兄徐贤通等人前去探监，送钱送药到狱中，并利用监狱里的勤杂人员黄阿果、黄阿甜外出买菜之机，协助传递消息。后来，党组织通过各种关系把4人保释出狱。"马鞍山事件"后，经工队也停止了活动。

建立武装队伍　开展抗征斗争

一、成立潮汕人民抗征队

为加强党对武装队伍的领导，为发动公开武装斗争做准备，中共潮汕特委把直属武工队，普宁、潮阳武装小组，以及原韩江纵队军事骨干共70多人集中起来，于1947年6月7日在大北山天宝堂成立潮汕人民抗征队。司令员为刘向东，政委为曾广。随后，各地的军事、政治骨干接踵上山，队伍增至100多人。6月下旬，中共潮汕特委在大北山粗坑召开扩大会议，确定：地委和各县委工作中心转移到武装斗争上来；选择揭阳、丰顺、五华边界的大北山为武装斗争的中心战略据点，以大南山、凤凰山为战略支点，以南阳山、五房山为转移点，建成梅花形的游击根据地；派骨干到河婆、卅岭、汤坑等地组建武工队。会议还正式宣布中共潮汕特委改为中共潮汕地委，书记为曾广，副书记为刘向东。

同年11月，潮汕人民抗征队挺进潮揭丰边区，攻打汤坑和新亨警察所，破仓分粮，随后开进梅北一带活动。11月19日，国民党揭阳县县长张美淦急调政警第四中队吴尉文部，配合第五"清剿"区之保警第一、二中队和枫口警察所共170多人，向驻祯祥坑的潮汕人民抗征队第一大队"进剿"，遭到革命武装队伍的迎头痛击。这一胜利，极大地鼓舞了梅北广大人民群众。潮揭丰边县委决定以此为契机，组建武装队伍。

二、成立武工队 组织群众开展斗争

（一）成立梅北、小北山、山后、西南四支武工队

1947年11月22日，中共潮揭丰边县委宣布成立潮揭丰边武工队（也称"梅北武工队"）。初建时全队只有7人，队长为杨兆明，队员有林三、王瑛、徐梅、罗知、李华、罗能。1948年1月底，武工队扩编为武装中队。

1948年2月29日，潮揭丰边县委在大葫芦村召开会议，决定先后成立梅北、小北山、山后、西南四支武工队，并建立相应的武工区。梅北武工队代号"牛部"，队长先后由林三、孙波、罗知、杨元担任；小北山武工队先后由孙波、孙明担任队长；山后武工队代号"鼠部"，先后由张桐萱、赵世茂、孙尚、李小刘担任队长；西南武工队代号"蛇部"，先后由方思远、王彻、吴克担任队长。9月，县委分析了敌我形势后，决定重新划分武工区，在原四个武工区的基础上增设桑浦山、山前两个武工区。11月上旬，增设桑浦山武工队，代号"虎部"，队长先后为李涛、孙壁；山前武工队，又称城北武工队，代号"龙部"，队长为李木；从原西南武工队分出部分队员组建西山武工队，代号"马部"，队长为王捷生。1949年2月，组建渔湖武工队，队长为孙瑞；2月中旬成立大和武工队，代号"兔部"，队长为罗能。

武工队是在潮揭丰边县委的直接领导下开展活动的。自1948年4月起，根据上级部署，队伍进行整编，有条件的武工区成立区委会，没有条件的武工区成立区工作委员会，实行一元化领导，统管各区内的党、政、军、民等工作。1949年1月，各武工区均建立区委会，领导全区工作。武工区内的党员，按实

际情况成立支部或由区委直接联系。

武工队的主要任务是深入国民党统治区，发动、组织群众开展斗争，向地主豪绅和公户借枪、募粮，搜集情报，配合连队与兄弟武工队袭击敌人。潮揭丰边各武工队的活动范围几乎遍及揭阳县全境及丰顺、潮安、潮阳等县接近揭阳的乡村。县城周围的磐东、渔湖、东山、仙桥等地都有武工队的足迹。近城郊的新窖、营浦施、缶灶，以及有国民党联防队驻扎的月城等村也有武工队的秘密宿营地。凡武工队所到的村庄普遍建立农会、民兵等群众组织。据统计，至揭阳解放前夕，潮揭丰边区有近200个村庄建立了农会、民兵组织。武工队收缴或募借的枪支弹药、粮食衣被等物品，源源不断供给连队及后方机关；搜集的情报也及时送到县委、武装团队以及兄弟武工队。

（二）梅北、西南武工队的活动

梅北武工队初建时只有6人，潮揭丰边县委只发给2支驳壳枪和200元国币的活动经费。活动范围开始在车田、牌边、云路等群众基础较好的村庄。后来队伍逐步壮大，活动范围遍及当时的下四区（即今埔田、曲溪、云路、玉滘）。在短短三个月内，队伍增至14人，并在老洋村等地收缴长短枪150多支，征粮募粮1 000多担。1948年5月，梅北武工队协助组建车田第一支民兵队，队员约120人。此后，牌边、岭后、金东岭、长岭、月山、溪南山、祯祥坑等地也相继成立了民兵队和农会。至6月中旬，梅北各地的民兵共有600多人，农会会员有1 200人。10月，在顶八乡村林仔池的沙坝召开梅北民兵大会，参加的民兵近1 000人。

梅北武工队除在活动区域内组织群众开展减租减息，抗"三征"，惩治反动分子的斗争外，还不时袭击敌军。1949年7月，为配合部队攻打新亨的国民党驻军，梅北武工队出动

200多名民兵到藤吊岭、新置寨等地参战或布防。在梅北区的埔田、北洋、曲溪、云路、枫口等村镇均驻有敌人的自卫队或联防队，共400多人。武工队除经常向这些据点的敌军进行宣传及策反外，还于1948年4月23日突袭蓝和乡公所，收缴长短枪10支及子弹、电话机等一批物资。5月18日，梅北武工队协同潮澄饶六连突袭潮安大和乡公所和警察派出所，缴获长短枪12支及一批弹药、物品。同时，梅北武工队还带领民兵、群众破开梅东下巷粮仓，获得稻谷500多担。8月21日，梅北武工队与山前武工队智袭新河联防队，缴获长短枪14支、子弹300多发及物资10多担。梅北武工队还通过一些较进步的乡保长与开明士绅去做统战工作，促使国民党埔田联防中队队长张国光率队起义。

西南武工队于1948年4月9日成立，队员8人，配短枪6支，开始活动范围只限于山内的五房村及平原地带的义顺乡一带。8月，队伍扩大了三倍，并分为南、东、北三个武工组，活动范围扩大至锡场、磐东、月城、新亨、山湖、桂岭、霖磐、龙尾等地。其活动区域内驻有国民党自卫常备队、联防队及其他反动武装近1 000人。而西南武工队则在其间穿插、跳跃，开展活动，组织对敌斗争。至1949年7月，在西南武工队活动范围内的近百个村庄均建立了农会组织和民兵队伍。经武工队开展工作，许多乡村的群众革命活动更加活跃，潭王村是其中较为突出的一个。该村分为广美、寨内、门前、三厅、大沙等围，各围均有农会、民兵、妇女、青年等群众组织。该村的农会、民兵组织除在村中开展减租减息、收枪募粮等斗争活动外，还经常配合西南武工队到月城、磐东等新区去开展工作，通过亲戚朋友关系去串联月城的松山等村的农民群众组织农会、开展斗争，到磐东乔林兰香楼宣传并袭扰乔南里的联防队。

西南武工队的副官处设在潭王村，大批粮食、布匹、药品等物资存放于潭王村内。该村民兵、农会担负保护及搬运任务，经常组织人力（多则上百人），于夜间肩挑物资上五房山。武工队到潭王住宿时，就好像回到家一样，安心驻留。由于潭王村的革命斗争搞得热火朝天，国民党反动派十分憎恨，于1949年6月10日派军队"围剿"劫掠潭王村，杀害村民5人，抓走15人，抢走一大批财物。时驻宿在该村的20多名武工队队员在群众的掩护下全部安全突围，副官处的物资无一损失。西南武工队由于得到潭王村群众的支持、拥护，革命斗争活动开展顺利。1949年4月以后，其活动已扩展到国统区域，而且是半公开化。敌人无可奈何，不敢轻举妄动，联防队队员均龟缩于据点之内。在革命形势的震慑下，月城联防队被迫解体；乔南里联防中队则名存实亡，中队长还暗中给西南武工队送情报。

（三）卅岭武工队的活动

卅岭地区在大革命时期和抗日战争时期，都是革命据点，群众基础较好。但这里地处半山区和平原，离县城仅20多千米，封建势力强大，因此在解放战争时期，反"三征"和反"围剿"的斗争非常激烈。

1947年8月，卅岭武工队成立之初，群众反映桐坑商人林炎耀经常横行霸市，武工队即对其进行打击，没收其非法所得，群众一片叫好声。白塔圩有几个收猪厘的人，经常敲诈农民，武工队化装成上圩农民，把他们抓起来进行教育后释放，使他们不敢再横行霸道。瑞来村黄某，多次冒用共产党、游击队的名义进行勒索抢劫，武工队对其多次规劝、警告无效，经上级批准，将其押至桐坑圩枪决示众。桐坑乡的林某，一贯充当封建帮凶，欺压百姓，群众畏之如虎，武工队在圩日将其枪决，大快人心。

1948年2月1日，潮汕人民抗征队来到瑞来村，在瑞来村党员黄何为、黄自周的带领下，抗征队发动民兵、群众150多人破开东林乡谷仓，缴获稻谷150多担。民兵将稻谷的一半碾成大米送给抗征队，一部分给贫苦农民。同年初，武工队带领民兵、群众破开在洋稠岗的国民党政府谷仓，将稻谷50余担分给贫苦农民度荒。邻近的白塔、大头岭国民党联防队闻知，立即集结前来"围剿"。武工队和武装民兵分两路反击，在强大压力下，敌人被迫躲进白塔联防点，不敢出战。6月18日，敌人从潮安调来保警一队，配合揭阳县保警及白塔、大头岭、桐坑联防队共300多人，配轻机枪4挺，窜至瑞来村外寨。卅岭武工队配合抗征队数百人，迅速前往抗击。其时，敌人正在吃早饭，仓皇应战，武工队击毙敌人11名，伤6名，溃散三四十人。下午2时，敌人分两路狼狈溃逃。武工队和抗征队一路猛追，迫使敌人逃至白塔联防点。第二天，武工队突然出现在桐坑联防点附近山头，向联防队猛烈开火，同时展开宣传攻势。国民党军唐中强部80多人，配合其他联防队约200人，一同前来救援。抗征队、武工队和附近前来助战的民兵，向敌人发起猛烈冲锋，敌死伤多人后逃窜。

1948年6月中旬，中共卅岭区委员会成立，书记为黄一清，区委常驻高明池贝村。6月20日，按照中共潮汕地委、潮汕人民抗征队的决定，以活动于卅岭地区的武装队伍为基础，成立潮汕人民抗征队第六大队，大队长为李彤，副大队长为李范，教导员为黄一清，副教导员为李卓魁，下设两个中队。第六大队成立后，卅岭区委抽调当地基干民兵组建卅岭武装独立中队。

1948年11月，由于武工队人员大大增加，活动范围扩大，卅岭区委把武装独立中队分为三个分队：岭东分队，队长为黄比（后为林志明），活动于白塔、洋稠岗、福岗、南塘、东洲、桂林（下林）、竹桥一带；岭南分队，队长为袁明河（后黄书廉），主要活动于瑞来、河坑、马丘（宝联）、桐坑、卢清、月眉、古福、网地埔、半坑一带；岭北分队，队长为陈比，主要活动于红炉坡、谢屋寮、花树坑、古沟、伯旺、客洞、侯厝围、大头岭、马料堂一带。总队长为黄一清，副官为王双江，财粮负责人为孙书父，交通员为黄建强、袁木谦。

（四）潮揭丰边武工队的发展

从1947年11月潮揭丰边组建的武工队由初建时的7人，发展至1948年1月底，队伍已达70多人，配备轻机抢1挺、长枪30多支、短枪20多支。这时，边区的群众已初步发动起来，革命武装力量也开始形成，建军条件已经具备。经中共潮汕地委批准，潮揭丰边县委把潮揭丰边武工队改建为潮揭丰边武装中队（也称长枪队），杨甦忠任中队长，王瑛任指导员。2月下旬，武装中队改名潮汕人民抗征队潮揭丰边独立大队，配有轻机枪1挺、长短枪60多支，倪宏毅任大队长，吴扬任政委。大队下辖两个中队。不久，又组建两个短枪突击队，队伍发展至120多人。至此，以五房山为中心的潮揭丰边游击根据地初步形成。

1949年1月1日，中国人民解放军闽粤赣边纵队（简称"边纵"）宣布成立。潮汕人民抗征队改编为中国人民解放军闽粤赣边纵队第二支队。2月，潮揭丰边独立大队奉命改编为边纵第二支队第七团（简称"二支七团"），杨兆民任团长，杨英伟兼任政委（后王勃），郭奕祥任副政委，李涛任政治处主任，杨精任军需处主任，江孝任副官，陈仲（后王捷生）任军事参谋，张国光任教官。二支七团下辖第一、三、五连。一连连长陈松，指导员孙善；三连连长王剑，指导员王瑛（后江武）；五连连长廖顺，副指导员李林。不久又扩编了第二、四、六连，分别由林炎、罗长、江锐任连长，郭明、陈忠、刘英任指导员。

潮揭丰边区从组建武装队伍到揭阳全面解放的两年多时间，武装队伍从原来的几个人、几条枪发展成一支拥有600多人，配备轻机枪2挺，长短枪数百支，有一定战斗力的革命武装队伍。其间，进行大小战斗60多次，粉碎国民党军队的多次"围剿"，拔除敌人驻埔田、月城、新河、凤塘、曲溪、义顺、枫口等据点，共缴获敌轻机枪4挺、长枪450支、短枪165支、子弹和其他物资一大批，毙伤敌联防中队队长及以下官兵172人，俘敌乡长、联防中队队长及以下官兵400多人，配合接受起义官兵140多人。在战斗中，革命武装部队牺牲49人，受伤100多人，被捕5人。

揭阳解放前夕，二支七团第三、五连编入第三支队建制。揭阳解放后，二支七团第一、二连编入潮汕军分区警卫部和汕头市公安部队，第四、六连编入揭阳警备司令部武装大队。

三、开展抗"三征"斗争

1946年6月，全面内战爆发后，国民党揭阳县政府在各地加紧"三征"，对人民群众横征暴敛。中共潮揭丰边县委为了配合全国反饥饿、反内战的斗争，从恢复武装队伍一开始，就响亮地提出反"三征"的口号，立足于为广大人民群众的政治、经济谋利益。

1947年11月23日，潮揭丰边县委在梅北的坟背村召开会议，总结吸取过去武装斗争的经验教训，提出武工队的战斗任务是：亮出旗帜，领导人民开展反"三征"，镇压反动分子，破仓分粮，把武装斗争和群众利益结合起来，引导群众广泛开展斗争。会议明确提出：在政治上，通过镇压地方反动恶霸，使村民摆脱其压迫和剥削；在经济上，通过破仓分粮，开展"二五减租""清债退息"，使村民摆脱生活窘境。

坟背会议后，潮揭丰边县委从制造舆论、宣传发动群众入手，四处张贴标语，散发传单。12月17日，由郭奕祥组织有关人员在进贤门外简师学校党员学生江新的宿舍里印制反"三征"标语、传单、文告，并于当天晚上将标语、传单、文告张贴到榕城的街头巷尾。人民群众见到反"三征"标语、传单及文告后，无不暗中称快。同时，县委决定通过打击新亨大坪埔反动分子、恶霸钟振翼，杀一儆百，震慑地方反动势力。

钟振翼是新亨一带豪绅阶层的反动代表，任国民党揭阳县第四区粮仓主任，一贯横行霸道，充当国民党推行"三征"暴政的帮凶，民愤极大。1947年12月25日，在县委的部署下，武工队在当地地下党员的配合下，化装埋伏在龙目洲的蔗园里。队员杨兆民、徐梅和罗小五等三人负责警戒，准备打击可能出现的新亨国民党警察。廖六和廖正负责活捉钟振翼。下午4点多，钟振翼带着几个随从从大白村返回大坪埔，经过龙目洲。当他走近廖正时，廖正一个箭步跃上前，奋力将他搂住。廖六等人飞快上前，用枪口对准他，命令："不准动！"这个豪绅派头十足的反动家伙马上面如土色，只好乖乖被擒。钟振翼的几个随从见此情形，也吓得发抖求饶。人民群众纷纷揭露这个反动恶霸的罪恶，武工队将他镇压，并缴获其所藏的自动步枪（红毛十）10支，收缴国币6亿元。镇压钟振翼这一行动，既震慑了豪绅的反动气焰，又鼓舞了当地人民反抗"三征"的斗志。

1948年1月7日，潮揭丰边武工队在梅北埔田圩严惩一贯横行霸道的恶棍吴恭贺、吴有海。消息传开，梅北群众无不拍手叫好。

5月24日夜，西南武工队王彻等人，在潭王广美村召开群众大会，宣传"减租减息"。驻揭阳国民党保安队和黄思道联防队得知情报，集中200多人包围了潭王村。第二天凌晨，交通员许大到外面观察动静，被敌人发现。危急中，武工队向南边突围。敌人在后面紧紧追赶。武工队队员谢德仁因不熟悉地形，转向东北方向，隐蔽在一个神龛顶，被敌人乱枪击中肚子后被捕，在被解往揭阳城途中牺牲。隐蔽在家里的王期坚也被捕解往揭阳城，后被秘密活埋。其他武工队人员均安全脱险。当夜，黄思道部还包围了坤头洋村，盘查户口，企图搜捕武工队。党组织安排该村保长吴者（地下党员）出面与黄思道周旋，吴者一方面稳住国民党军队，一方面借口回家去拿户口册。回家后，吴者马上在户口册上做了手脚，对已参加革命队伍的同志都注明"往南洋、汕头等地谋生"，并立即与革命同志的家属统一口径。布置就绪后，吴者带着户口册去见黄思道，巧妙地应付敌人的盘查，丝毫没有露出一点破绽，保护了革命同志及其家属的安全。

8月，潮揭丰边县委决定捣毁盘踞在义顺乡的国民党联防中队。为配合行动，8月9日，由陈松带领突击队协同西南武工队，攻打山湖电话局，缴获电话总机1台、电话机3部，砍倒并搬走电线杆100多根，切断潮汕—兴梅的电信联络线路。

8月11日晚，根据县委的布置，潮揭丰边独立大队和潮汕人民抗征队第六大队、桑浦山武工队和西南武工队联合围攻义顺乡联防中队和山尾寮反动乡长的巢穴。义顺乡联防中队在革命武装队伍猛烈火力的攻击下，不敢对抗，联防中队长及其属下官兵44人开门投降，交出长短枪44支、子弹及其他物资一批。此战活捉乡长蔡纲修、田赋主任蔡汉声等4人，当场击毙负隅顽抗的蔡汉武，缴获长枪17支、短枪6支、冲锋枪1支、子弹及其他物资一批。第二天，县委在五房村召开军民祝捷大会，武工队士气昂扬，群众情绪振奋。

钟振翼、蔡纲修等反动分子被镇压后，乔林、锡场、潭王、棉树、硕榕等地10多个国民党乡长，都被吓得惶惶不可终日，先后逃到榕城或香港避难，没有逃走的地主恶霸、土豪劣绅的反动气焰也大为收敛。广大人民群众抗"三征"斗争则日益广泛深入。

在抗"三征"中，破仓分粮是一项发动群众的主要斗争形式。1948年1月18日，武工队和中共地下组织带领梅北各村贫苦农民群众300多人，破开梅东下巷的国民党粮仓，缴获稻谷200多担，分给贫苦农民。

破梅东下巷粮仓后第四天，潮揭丰边县委又决定深入敌人腹地，破月城粮仓。月城粮仓是揭阳县国民党的大粮仓之一，距揭阳县城较近，四边接壤的新亨、大头岭、白塔、乔林等都有敌人设立的据点，如行动计划不周，破仓夺粮就会造成不良的影响。县委经过分析，认为破月城粮仓的有利条件是：一方面，活捉钟振翼和破梅东粮仓之后，敌人惊魂未定，地方反动势力由于互有矛盾，钩心斗角，彼此采取观望态度；另一方面，在月城附近乡村已有较好的群众基础。梅北人民革命情绪高涨，只要布置周密，行动迅速，发动群众配合行动，一定能破开月城粮仓，给敌人以沉重的打击。1948年1月22日夜晚，县委派梅北武工队30多人，配备长短枪30支、轻机枪1挺，在中共地下组织的配合下，分头发动梅北的车田、岭后、牌边、长富岭、义顺、东仓、后围、坤头洋、潭干、大寮及月城等村的贫苦农民共1 000多人，带着运粮工具，一起行动。破开月城粮仓以后，国民党粮仓人员四散而逃，附近据点的敌人也不敢妄动。前后经过四小时，共缴获稻谷1 200多担、国币1 300多万元。

破仓分粮行动，既在政治上鼓舞了人民群众，又在经济上改善了贫苦农民的生活，使他们认识到，只有组织起来开展斗争，才能有效地反抗国民党的"三征"暴政。此后，车田、牌边、岭后、北洋、云路、顶坝、下坝、锡场、东仓、潭王、坤头洋、大寮、桂林等乡村都先后建立了公开或秘密的农会、民兵、妇女等组织。

四、开展减租减息斗争

随着反"三征"的深入开展，一些乡村农会还组织群众开展"二五减租""清债退息""调整耕地"等运动。对此，地方反动势力或明或暗地进行阻挠和破坏，但当地主顽抗时，武工队便出面支持农会的行动。五房村农会在武工队的支持下，对以廖长利为首的太平山公司剥削集团进行清算。这个集团成立于1942年，他们乘农民饥荒之际放高利贷，残酷剥削贫苦农民。通过这次减租减息活动，把不合理的债务减掉，把富户的多余土地调出，租给无地或少地的农民耕种，大大调动了农民的积极性。与此同时，民兵配合武工队向长利、源顺、信昌3家富户借粮280担、驳壳枪2支、长枪1支。此后，车田的顶八乡、月山、溪南、牌边、岭后等乡村的减租减息运动也相继开展起来。

减租减息运动不仅在山区、半山区的五房、梅北一带开展起来，在地处榕江北岸的平原地区义顺乡一带也开展得有声有色。1948年夏，西南武工队负责人方思远在东仓附近的一间草寮秘密召开会议，成立"义属二五减租委员会"。参加会议的有王彻、许炎丰、王树根、柯国、苏愈、吴者、许炎清、柯帆、苏炎标，为便于开展活动，会上以"彻底实现耕者有其田"这句口号作为到会9人的化名。会后分片串联发动，准备开展减租减息工作。早稻收割后，邻近各村贴满减租布告。武工队还给地主投寄减租公函，夜间又到各村动员群众起来开展减租减息斗争。坤头洋村党支部深入发动村民开展减租斗争，当地主收租时，佃户都以稻田歉收为由，要求减租。由于群情难抑，地主无可奈何，只好酌情减租一成半。

五、发动妇女参加斗争

在反"三征"斗争中，广大妇女也被发动起来，积极参加严酷的斗争活动，有的妇女甚至献出了自己的生命。曲溪缶灶村的虎姆（原名林瑶珍），把儿子吴虎送到武工队当红小鬼，后来她为掩护武工队突围而被捕。为了严守党的秘密，她受尽了酷刑，最后英勇就义。

为了进一步建立和发展妇女组织，培养妇女干部，提高她们的思想觉悟、工作能力与政治素质，潮揭丰边县委于1949年春在五房山召开全县妇女干部整风会议，为期10天，参加人数30多人，杨昭玲主持会议，组织部部长王勃、行委会主任陈君霸分别在会上讲话。会议结束后，一批妇女干部按照县委关于"组织农会、妇女会"的指示，积极主动奔赴各地筹建妇女组织。3月，梅北区、五房区、山后区相继成立区妇女组织。江妆任梅北区妇女委员，江滨任妇联会主任；谢如婵任五房区妇女委员（有一段时间吴杏接替），王珊任妇联会主任；徐兰任山后区妇女委员（后陈蜂接任），江伦艳任妇联会主任。6月，潮揭丰边民主妇女联合会筹委会正式成立，杨昭玲任主任。

在梅北区中，陈亚赛姆、吴笑嘴姆和黄玉兰姆3位妇女被群众称为革命妇女。

来往于亚赛姆家的革命同志络绎不绝，亚赛姆热情地接待革命同志，安排好吃饭、住宿等。有时人多了，她和媳妇徐婵把床位都让出来给革命同志休息。炎夏之夜，婆媳睡在饭桌上，屈着双脚；寒冬之夜，婆媳就蹲在火炉前过宿。住下来的同志多了，洗换的衣服也多了，放到外面晾晒又怕暴露目标，婆媳俩不分昼夜地一件一件用火烤干。革命同志不管征途多么劳累，只要一踏进亚赛姆家，就像回到自己家里一样，什么疲劳都忘了。亚赛姆对生病的同志体贴入微，还关注同志的安全问题。林三身患肺病，亚赛姆天天采药煮猪肺给他吃。杨英伟、吴扬、马千等县委领导驻村时，亚赛姆工作再忙也要跑到路口瞭望，以防万一。平时若有动静或狗吠声，她便拿着棍子悄悄地跑出去，看看有什么异常情况。亚赛姆为解决革命同志的吃饭问题，慷慨解囊，卖掉了一亩半旱地、四分水田。住过她家的罗知等深情地说："亚赛姆这个家就是我们的家。"亚赛姆听后乐得连嘴都合不拢，说："交通站设在我家，我家也就是交通站。"

1948年9月，叛徒吴兴带领国民党驻揭阳雷英部，配合潮安保警同地方自卫队共1 000多人"进剿"梅东和梅北地区。长埔龙是这次敌人"围剿"的重点村。这一天，敌人悄悄窜到长埔龙，正在亚赛姆家吃早饭的谢如婵等10多位同志得知情况马上往外撤。敌人抓不到人，恼羞成怒，抄了亚赛姆的家，还要放火烧房子，幸得左邻右舍多方说情，几家相连房屋才免遭焚毁。最后，敌人把亚赛姆两间房屋上锁并贴上封条。亚赛姆回来后，不为敌人的淫威所屈服，化悲愤为力量，控诉敌人的暴行以教育群众。然后，她在党组织的安排下，转移到瓮内村继续工作。

1949年5月的一天，部队在岭后山与敌人打仗，笑嘴姆和其他几位妇女准备从岭后往五房送粮。刚要出村，她们就听到一阵阵枪声。在这种情况下，如丢下粮食，粮食将会落到敌人手里，更重要的是革命同志正等着粮食吃。怎么办呢？笑嘴姆毫无惧色，和其他几位女同志，继续挑着粮食，避开敌人枪弹，机智地把粮食送到目的地。

玉兰姆的丈夫因洗锡被压死后，她便挑起家庭的重担。为早日翻身解放，她积极支持儿子罗四干革命，又送儿子罗五参加武工队。她不顾个人安危，掩护革命同志，严守党的机密。

玉兰姆视伤病员如亲人。1948年1月，武工队破月城粮仓后，队长杨兆民因支气管炎引起出血，住在玉兰姆家。玉兰姆除精心护理外，还以亲戚名义带他到玉浦的女婿家，请医生为他治病。潮澄饶六连陈续豪同志在一次战斗中脸部受伤，血流不止。玉兰姆又不顾个人安危，同样带他到玉浦的女婿家请医治病。1948年9月，叛徒吴兴带国民党反动派进攻长埔龙，一进村就破口大骂："上次你们包藏共产党（指王娟、林凤），这次走了和尚跑不了庙。"然后，直审到亚赛姆、笑嘴姆、玉兰姆家中搜查。敌人抓不到革命同志，便把全村群众集中起来，由叛徒吴兴认人。吴兴的贼眼瞄着玉兰姆，对敌头目说："这个老人就是罗四、罗五的母亲。"他还恬不知耻地说："我去过她家，她经常泡茶给我喝。"于是，敌人马上把玉兰姆从人群中拉出来，然后监禁在埔田圩。这次同时被捕的还有名标婶等7人。敌人逼迫玉兰姆说出罗四、罗五和其他同志的去向，但她坚贞不屈地回答："你们杀死我，我也不会说出来！"几天后，敌人在埔田石牛兜惨无人道地杀害了名标婶等7位革命群众。行刑前，敌人将玉兰姆抓到刑场观看，企图动摇她的革命意志。玉兰姆目睹凶神恶煞的刽子手血腥屠杀革命群众，不但毫不动摇，反而更加愤慨，更坚定了矢志革命的决心。几天后，敌人把玉兰姆押解到揭阳监狱，一次又一次地对她进行严刑拷打，但她始终没有泄露秘密。不久，敌人又把玉兰姆转到潮安监狱。1949年6月，党组织把玉兰婶从监狱营救出来。

六、建立青年团组织

青年是革命队伍的主力和后备军。中共潮揭丰边县委一向重视青年运动，不仅在学校做好青年学生的组织工作，而且在边区农村广泛发动青年参加各种斗争，吸收一批青年入伍，培养一批积极青年。1949年6月，潮揭丰边新民主主义青年团筹委会正式成立，由孙波任书记（后孙波调离，由王彻接替）。潮揭丰边新民主主义青年团筹委会成立后，按照潮揭丰边县委的部署，选择群众基础较好的梅北行政区作为建立新青年团和青联会的试点区，并指派杨旭负责。

新青年团筹委会积极响应党的号召，带领广大青年投入各种活动。特别是在迎军支前运动中，他们站在运动的前列，为党做了大量工作。在革命斗争实践中，又促进建团、建立妇女会与建立儿童团组织工作的开展。至1949年10月底，潮揭丰边区已有近10个乡村建立了团支部，发展团员近百人；建立区一级妇联会4个、乡村一级妇女会23个；在牌边、车田、东仓、坪上、九斗、下坝、潭王、北洋、大寮、刘厝寨等村还建立了儿童团组织。

揭阳县第四区锡场镇坤头山村人蔡杰，1949年2月参加梅北政工队。同月中旬，梅北理事会成立，他担任理事会组织委员。2月末，他受区政府委派，和蔡丽到赵埔村以教书做掩护开展革命工作。临行前，梅北区区长杨胜忠对他说："赵埔村已经是解放区，当地高木柔是地下党员，村政、民兵组织已经建立，农会在罗知、罗详、罗印的组织下，也已于1948年8月成立，当地革命基础极好，但是文化基础比较薄弱，你们要通过这个阵地，加强对群众的知识教育，通过宣传加强对革命的领导。"蔡杰和蔡丽进驻学校后，即着手办夜校学习班，共有100

余人参加。夜校通过自编教材，寓形势教育于识字教育之中，有效地提高了该村群众的文化知识和思想觉悟。

1949年，在地下党员高木柔的协助下，赵埔又成立了青联、妇联、儿童团等组织。同年5月，在杨旭、王娟的组织下，该村又成立了青年团。

第四节 开展反"清剿"斗争 建立民主政权

一、开展反"清剿"斗争

1947年12月27日，宋子文派喻英奇任第五"清剿"区（潮汕）司令官兼第五行政督察专员、保安司令，以实施其"清剿"计划。1948年1月，喻英奇到潮汕后，强化"剿共"机构，建立"剿匪"指挥所和联防处，加紧向大北山、大南山游击区进行"围剿"，驻扎在揭阳城及其周围的兵力（包括保安部队、政警、联防队等）增至2 000人左右。2月4日，喻英奇在揭阳县城监狱将所谓的"窝匪、通匪"犯共9名游街示众后枪决。一时间，血腥恐怖笼罩了整个揭阳城。

1948年2月29日，中共潮揭丰边县委在潮安县属大葫芦村召开区一级干部会议，贯彻中共潮汕地委关于粉碎喻英奇进攻的指示，确定了当前的斗争方针："依山地，向平原，分化打击（或消灭）梅北境内和周围乡一级反动武装。普遍建立农会、民兵组织，组织两面政权，为建立红色根据地创造条件。"同时决定巩固潮揭丰边独立大队，加强武工队的活动；采取机动灵活的方式，广泛发动群众开展斗争，分散敌人的注意力，使潮揭丰边独立大队主力能够更机动地活动或做短期休整。

3月14日，喻英奇组织大批兵力向大南山发动第一次"清剿"，驻揭阳的国民党军队700多人，同时向驻梅北的革命武装队伍进行"清剿"。驻梅北赵厝埔的潮揭丰边独立大队和梅北武工队，采取大迂回和小迂回相结合的战术，避开强敌锋芒，主动转移到潮安的枫树员。待敌人撤离后，3月16日，革命武装队伍又迂回至梅北的岭后村。18日夜，武装队伍突袭位于潮下村的梅北乡公所，缴敌长枪12支及其他物资一批。第二天，敌人闻讯后组织几百兵力再次进攻梅北。革命武装队伍得到情报后又主动撤至蔡肚内山岭。20日，武装队伍转移到五房山后又迂回到山外活动，威胁揭阳城，迫使敌人退出梅北。

4月6日，潮揭丰边独立大队主力配合梅北武工队越过揭安公路，奔袭位于潘厝洋村的梅南乡公所，缴敌长枪7支、子弹数百发。

由于敌人"清剿"频繁，潮揭丰边独立大队主力回旋活动比较困难。4月初，潮揭丰边县委决定：除留少数力量在梅北配合武工队与敌周旋外，大队主力70多人由倪宏毅、吴扬率领，向北挺进至丰顺汤坑周围山地，与中共丰顺县委领导的汤坑武工队互相配合，扩大影响。4月12日，潮揭丰边独立大队与汤坑武工队共150人左右，联合摧毁潘田乡公所后，驻扎于汤坑外围的高砂村。16日，国民党军队伍治平、王国权两股共400多个兵力，配备迫击炮4门、轻重机枪20多挺，突袭高砂村。经过浴血奋战，革命武装队伍突围撤退，伤亡15人。

高砂突围后，独立大队转回五房村宿营。由于行踪暴露，5月4日，国民党刘沉崖部300多人分两路从汤坑、新亨"进剿"五房村。独立大队闻报，由倪宏毅、吴扬等率领向五房村寨后山突围，途中又遭坪上方向的来敌猛烈阻击，队伍处于被前后夹击的不利形势，后经奋力拼杀，才突出重围，分散隐入附近山林。在战斗中，战士吴旋等4人牺牲。

敌人进入五房村后，大肆抢掠财物，滥杀无辜，村民廖世存等人惨遭杀害。中共潮揭丰边县委领导人杨英伟等来到五房山的顶牛棚，慰问受劫群众，并派人到各个山沟联络，收拢被打散的兵员。五房战役失利后，县委决定整编队伍，并另外成立一个突击队，由廖顺任连长，郭奕祥任指导员。突击队成立后开赴平原，同武工队一起组织民兵开展游击活动。

1948年5月31日夜，革命武装队伍协同民兵组织，分段破坏敌人的交通、通信设施。第一突击队与梅北武工队，以及梅北各村民兵100多人，负责揭安、揭丰公路的锡场至官硕沿线；第二突击队配合西南武工队，带领五房、坪上、顶下坝等村民兵100多人，负责揭丰公路的龙车溪桥至山湖沿线，分组分段破坏敌人的交通、通信设施，烧毁公路桥梁。革命武装队伍还袭击揭阳城北门外的蓝和乡公所、榕城水上警察所、玉浦、官硕汽车站和西门外敌碉楼等处。这次行动，破坏了敌人"清剿"梅北的计划。

经过高砂、五房的艰苦战斗，革命队伍中一些人情绪低落，针对这一情况，潮揭丰边县委于1948年6月下旬在小葫芦山村召开干部会议，学习中共潮汕地委相关指示，解决"在小搞的基础上进行大搞"的问题。会议还开展批评与自我批评，总结了之前斗争的经验教训。到会同志认为，武装队伍组建初期敌人兵力空虚，梅北武工队、潮揭丰边独立大队领导群众破仓分粮，开展反"三征"斗争，使武装队伍得到较快发展，为后来的武装斗争打下了基础。后来敌人增强兵力，普遍建立联防队，向潮揭丰边区实行重点"清剿"。梅北武工队仍继续开展活动，扩大活动范围，给敌人以有力回击；而潮揭丰边独立大队主力却未能及时、机动、灵活地分散活动，只是守住山地，于是不断遭敌袭击，造成被动挨打局面。会议经过反复讨论，决定以突击队形式分散活动。会后，针对敌人在埔田进驻一个联防中队，在新亨、锡场、砲台、渔湖等地设置联防队，企图控制武工队的活动，县委决定重新划分武工区，在原四个武工区的基础上，增建山前武工队、桑浦山武工队。县委号召战士们坚持艰苦的斗争，思想上要做好充分准备，预防敌人的再次"清剿"。

国民党反动派的反复"清剿"、抢掠，给边区人民群众造成很大的损失，也给坚持地下武装斗争的人员带来困难，斗争环境日趋恶化，个别意志薄弱者经不起考验，叛变投敌。原梅北武工队队员吴兴叛变投敌后，于1948年9月上旬带领驻揭阳的国民党军队雷英部、潮安保警共1 000多人"进剿"梅北。云路、牌边、车田等交通站均遭破坏，地下交通员名标婶、谢瑞吟与民兵队队长吴岳声被捕后惨遭杀害。同时，潮安方面之敌又突袭北洋、云路的地下交通站和堡垒户，云路堡垒户谢拱莲、武工队队员林镇、江荣的妻子同时被捕，后都遭杀害；驻揭阳之敌又突袭梅北牌边、车田等村，大肆进行"搜剿"，民兵吴锡谦等6人被捕。

为了更好地发动群众，唤起群众投入反"清剿"斗争的行列，1948年秋，潮揭丰边县委在五房山创办红星报社。报社由县委宣传部部长马千主抓，王浓担任社长兼编辑。报社除出版《红星报》外，还编印了大批革命传单、文告，大力宣传党的政策，揭露敌人的罪行。编印出来的宣传品由地下党员、交通员分头带到边区各地，分送各乡村，也散发、张贴至国统区。《红星报》在县城张贴、散发后，驻揭阳城敌人惶恐不安，出动大批兵力搜查办报人员、地点，但一无所获。

此时，正值青黄不接之际，人民群众都急着收割早熟的稻穗以度过艰难日子。为防止敌人抢粮和牵制敌人对大北山根据地的"进剿"，潮揭丰边县委根据中共潮汕地委"保卫秋收"

的指示，决定向平原主动进击敌人，采取出其不意、攻其不备、速战速决的战略战术。

1948年10月，吴扬、马千因工作需要调离潮揭丰边，增加方思远、林三为县委委员，方思远接任宣传部部长。同年底，调派王勃为县委副书记兼组织部部长。这时，随着革命形势的发展，各地党员人数增多，至1948年11月党员已达210人，建立党支部21个。

11月上旬，潮揭丰边县委在五房村山后的鸡屎寮（山名）召开各武工队骨干会议，参会人数50多人，为期7天。会议传达了中共潮汕地委反"清剿"斗争的经验，并联系本地区斗争实际进行总结。会议认为，近一年来，在县委的直接领导下，在群众的支援和潮汕人民抗征队的配合下，潮揭丰边区的武装活动采取地方部队与地方革命武装、民兵相结合的形式，灵活机动地展开对敌斗争。在斗争中，广大指战员表现了英勇无畏的精神，与敌作战50多次，摧毁敌乡公所18处，毙敌100多人，伤敌100多人，俘敌200多人，缴获长短枪170多支（包括借枪）。潮揭丰边区周围敌人力量遭到很大削弱，有的分化瓦解；有的联防队和封建阶层出现动摇，采取中立态度；有的还暗中与革命人员搭线拉关系，以便保护自己。会后，在埔田顶八乡林仔池的沙坝召开梅北民兵大会，总结反"清剿"战绩，进一步激励群众对敌斗争情绪，鼓舞士气，扩大和加强民兵组织。

11月29日凌晨，潮揭丰边独立大队主力和梅北武工队化装成一支50多人的国民党"清剿"大队，智袭距离县城只有3千米的国民党新河常备队和乡公所。此役不费一枪一弹，不到半个钟头，便解决国民党反动武装，俘敌中队长1人，缴获长短枪30多支。这次行动，有力打击了敌人的嚣张气焰。驻扎在城内的敌人以为是共产党的大部队，因而龟缩于县城不敢妄动。

在反"清剿"斗争中，由于武装斗争和群众斗争相结合，潮揭丰边革命武装力量不断发展壮大，山地游击根据地日渐巩固。

1948年11月14日，毛泽东在为新华社写的评论《中国军事形势的重大变化》中提出："再有一年左右的时间，就可能将国民党反动政府从根本上打倒了。"1949年1月下旬，中共潮汕地委组织学习毛泽东的文章，联系实际，分析潮汕斗争形势，然后向全区军民发出号召，争取用一年左右解放全潮汕。同年2月，潮揭丰边县委在笔架山召开县委扩大会议，潮汕地委领导人林美南亲临会议。会议贯彻潮汕地委上月会议精神，全面总结了一年多来军事政治斗争的成绩和经验教训。根据当时全中国和潮汕地区斗争形势的迅速发展，县委认为，潮揭丰边游击区的战略地位将由侧翼战场转为主要战场之一。因此，县委决定进一步建设完整的潮揭丰边根据地，在军事上加速壮大革命武装力量；在敌强我弱的情况下，紧密依靠广大人民群众，开展敌后小型游击战争，机智勇敢地发动局部进攻；加强部队的政治军事训练，提高部队的政治素质和战斗力。

在大好形势的推动下，1949年1月7日夜，潮揭丰边独立大队在武工队和民兵的配合下，袭击国民党驻月城的磐中常备队，毙敌中队长、队员各一人；同月下旬，袭击国民党驻曲溪的联防中队，毙伤敌十多人；3月23日，强攻枫口警察所和梅南常备队，缴敌长短枪63支，拔除敌枫口据点。至此，桑浦山武工区和梅北武工区连成一片。4月，闽粤赣边纵队主力横扫潮汕平原南线之敌时，边纵第二支队第七团与第三团担负的战斗任务是在揭阳至潮安之间开辟北线战场，以牵制敌人兵力。两个团共同制订了引蛇出洞的作战方案，主动出击围攻曲溪联防队；佯攻揭阳城，把潮安、揭阳之敌引出来，诱到群众基础较好和地形有利的梅北山区赤鼻岭，给予痛击，断绝了南线敌人的援兵，胜利完成牵制任务。7月，边纵第二支队第七团又与第三支队魏汉新部攻打新亨警察所，围攻三日三夜，虽未能攻下，但在打援中给敌人以重创，产生很大的政治影响。七团战士杨成、陈胜等3人在战斗中牺牲。

二、白区里的红色据点——棉树

1946年春，中共棉树地下小组组长李华受杨英伟的派遣，以教务主任身份做掩护，到棉树小学开展革命工作。教员林以、林连丰、李万涌等，都是由中共地下组织通过林连丰介绍来棉树小学教书的。

是时，棉树小学的学生思想很活跃。李华因兼任六年级语文教学工作，可以对高年级学生传播革命思想。她还在校内定期出版墙报，组织学习小组，有林昌邦、林子坡、林廷高等23人参与，还组织学生上街唱童谣、在校前广场公开演出《孔大爷》《绅士与农夫》等进步剧目，宣传革命思想。由于李华等人的工作开展得有声有色，乡长怀疑他们是共产党，怕学校被赤化，因此借口缺经费，下半年将学校停办，并辞退了全部教员。

此后，李华仍在棉树周边各村活动。林以到潮安彩塘翠华小学任教，由该校校长、共产党员孙波介绍入党。后来，李华也入了党，并在杨英伟的直接领导下从事地下工作。

1947年春，棉树小学复课，李华担任校长，仍聘林以、黄新光、林连丰等为教员。这时，学校已有共产党员3人。因国民党在后方加紧血腥镇压共产党员和进步群众，县委布置李华两项任务：一是发展党员，壮大革命力量；二是组织农民游击小组。

1947年下半年，为适应形势的需要，县委书记杨英伟派李华到揭阳西门外各村活动，县委宣传部部长马千从别处抽调一批党员到棉树小学任教。随后，共产党员许南榕、庄以行、王浩、江泽、江滨等在这里成立磐东区第一个党支部。是年10月，李华奉命调往梅北地区接受新的工作。翌年3月，西南武工区委书记兼队长方思远，派李华带一个武工组到揭阳西门外各村开展工作，李华又来到棉树，并住在林光礼家中。

三、解放战争时期的高明

1947年8月，何绍宽根据中共潮汕地委的决定，来卅岭地区开展工作。他首先与王裕金兄弟和王修青联系，以高明池贝村为立足点，组建卅岭武工队，成立以守菁队为名义的秘密民兵组织，开展借枪借粮、减租减息斗争，教育动员青年参加抗征队，团结各阶层人士，使革命力量迅速壮大。

1948年6月中旬，中共卅岭区委成立，区委驻在高明池贝村，领导今龙尾、白塔、霖磐、桂岭等地的革命斗争。下半年，高明在中共揭阳县第三区委的领导下，发展了王正想、王春房、王中文加入中国共产党，教育培养了一批积极分子，建立起以民主人士王勋之为乡长的永宁乡政府，并在多数自然村成立民兵组织。由于群众基础比较好，共产党又注意团结各阶层人士，加上反动势力一抬头就给予打击，各项工作的开展比较顺利。这期间，国民党军队多次进犯高明，民兵都配合潮汕人民抗征队第六大队、武工队等武装队伍，与敌人进行英勇战斗，保卫了区领导机关，打击了敌人的嚣张气焰，鼓舞木村及邻近村庄群众的革命斗志。至11月，高明的革命力量已经较强，能独立开展工作。高明在当地党组织、乡政府的领导下，主动进行民兵训练、征集军粮、开展减租减息、维持社会治安、防奸肃特、调解民事纠纷等。

1948年底，成立卅岭政工队。政工队在第三区委的领导下，与高明的党组织密切配合，12月便在高明建立起卅岭地区第一个村农会组织，开展减租减息、退租退押斗争；率先建立妇女会、儿童团；一批青年主动参加革命队伍；村政府、民兵等工作进一步开展。

1949年5月，建区撤乡建行政村，成立青年团卅岭区筹委会（不久改为工作委员会）、卅岭青年联合会、民主妇女联合会。6月，在高明建立卅岭地区第一个青年团支部和第一个村民主妇女联合会，同时建立多个青年学习组。高明的青年和妇女积极参加各项活动，发挥作用，推动了卅岭地区的青年和妇女工作。6月底，高明成立保卫夏收委员会，动员广大群众保卫夏收，使敌人的抢粮企图不能得逞。7月，为了广大群众能买到廉价物品，高明发动群众自愿派谷入股，成立当时全县第一个农村消费合作社，经营生产资料和生活资料，平价卖出，利润按股分红。8月，国民党军闯至卅岭地区，为了防止敌人闯入大北山根据地，边纵第二支队司令部要求立即在高明东边的牛牯嵊山构筑工事。高明的干部、民兵等，连夜构筑工事，阻滞敌人。9月，南逃的国民党军胡琏兵团先头部队占据高明等地，高明的干部及基干民兵主动撤往五经富，同时派人潜回村里了解敌情，上报领导机关。当得知村中个别反动分子企图放火烧房和迫害革命家属时，即将其抓至五经富进行严厉教训，约法六条，使革命群众免遭其害。

1949年10月8日，当得知胡琏残部逃离卅岭时，高明的干部、民兵立即回村，继续开展工作，迎接全县的解放。

四、桂林乡积极配合武工队开展斗争

霖磐桂林乡的共产党员刘声等，利用教师身份做掩护，以巷前村为中心，把穷苦青年组织起来，并以读书识字为名，传播革命火种，并逐渐扩大影响。

桂西渡口是连接揭阳与普宁的交通要塞，许多革命同志、交通员经常由此往返揭普两地，桂西村民利用此渡口接运人员，传递情报，紧急时甚至亲自撑船把情报送至宝坵。

南河武工队队长刘百首、副队长邱婵（女，白塔元埔村人），白天藏在棉林村民刘老红的渔船上，书写革命标语，召开秘密会议，组织与国民党反动派开展斗争。刘老红及其子刘秀光，夜晚经常到南河两岸村庄张贴革命标语，宣传革命。有一次，刘秀光到赤滘王张贴标语时，被国民党联防队抓住。武工队组织了10多名队员冒死营救，最后成功救出。为了革命工作，刘老红对外宣称认武工队副队长邱婵为义女，迷惑敌人的耳目。

革命党人刘百仕等人，把制作好的黑火药藏进肥皂块里，连同粮食、盐等各种物资，一起用船运至宝坵上岸，再通过陆路经水流埔挑至卅岭，送到武工队手中，困难重重……

桂西西潮村的刘炳坤、刘百茂，带领村民刘顺武、刘炳章、刘炳添、刘先秩、刘先华等人，秘密传递情报，张贴传单，宣传抗丁抗粮；后来又介绍青年刘德、刘怀有、刘清瑶等人参加革命队伍，介绍刘先润、刘荣、刘炳元等人参加武装征税队。

桂西西潮村的刘锡汉、刘炳坤、刘满喜、刘再好、刘先伍、刘炳然、刘克章、刘良殿、刘先秩、刘先茂、刘百美、刘自强等人，1948年参加乡里守护队，后秘密建立民兵队，为武工队放哨、搜集情报、张贴标语等，协助武工队同国民党反动派做斗争。民兵队还反击地主阶级组织的反动武装，打击了其反动气焰。刘锡汉则经常深夜送情报给锡场镇潭王村的武装队伍。

1949年，桂西西潮村村民刘再好等配合桂林乡乡民刘才涌等人截获了国民党军官的战马，并送给卅岭武工队，迫使国民党残部逃离桂林乡。同年，武工队队员经常宿在港口村名盛楼，港口村村民王潮木、王仰庚、王软糯、王木兴等10多人经常为武工队放哨、搜集情报、张贴标语、搬运作战物资等，与武工队并肩战斗。

五、莲花埔村政府的成立

1948年6月，莲花埔村农会成立，江建志为农会主席，江万昌为农会副主席，江泰源、江锦、张元为委员，入会人数30多人，农会会址设于张厝厅。随着民兵组织、农会的成立，在武工队的领导下，莲花埔村着手向地主开展减租退租返息斗争。

随着革命形势发展的需要，1948年8月1日晚，经梅北区委批准，宣布成立莲花埔村政府，任命江贤为村长，江绵负责财粮、民政，张元任文书。村政府办公地址设于趴西厅。1949年2月，莲花埔村召开群众大会，公开宣布莲花埔村政府成立。

由于农会、民兵、村政府、妇联等组织相继成立，莲花埔村群众更加靠拢党组织，革命坚定性和积极性更加高涨。

六、做好统一战线工作

潮揭丰边党组织及革命力量之所以能够迅速发展，主要是因为有坚实的革命基础和群众基础，争取团结可以团结的力量，执行党的统一战线政策，对国民党统治阶层进行分化瓦解。

解放战争时期，中共潮揭丰边县委对地方反动势力进行分类，除把大坪埔恶霸钟振翼、义顺乡反动乡长蔡纲修和梅北乡的高天玉、徐名誉等列入顽固到底的反动分子外，其余的乡长、保长，包括车田的罗文固、潭王的王期宛等人列为可争取的统战对象。县委执行党的统战政策，对他们进行适当的斗争与争取，促进他们逐步改变态度，站到革命队伍这边来。

在国民党乡一级人物中，梅北乡乡长陈君伟是党长期合作的统战人物。受林美南、钟声等领导的教育和影响，陈君伟在抗日战争后期就参加革命活动，为革命事业做出了贡献。解放战争时期，潮揭丰边县委继续与他保持密切的联系，做他的思想教育工作。陈君伟则利用其合法的社会地位与社会关系等有利条件，为革命做了许多有益的工作。如1947年5月，"马鞍山事件"后，4位革命同志被捕入狱。反动乡长高天玉企图借此大肆攻击共产党，有意置被捕人员于死地，破坏共产党的威信。陈君伟则在乡公所的会议上说"马鞍山事件是一般'土匪'所为"，有意将政治事件转化为经济事件，在一定程度上保护了4位革命同志的安全，也使共产党的声誉不受影响。

通过开展统战工作，潮揭丰边区各村的保长大部分保持中立，两面应付，少数人还参加到革命队伍中来。梅北世德堂村的保长，在共产党的统战政策的感召下，为革命出了力。国民党反动派十分恼恨他，后来在"扫荡"梅北根据地时，将其抓去枪杀。赤鼻村的保长在抗日战争胜利后，为共产党隐蔽过枪支；三担村的陈标以及潭王、车田、岭后、顶溪头等村的保长，都曾为中共地下组织出过力。大寮村的柯国，在地下党员柯帆的启发教育下，思想逐渐趋向进步；他担任保长后，积极掩护武工队和中共地下组织的活动，为队伍送情报、出谋献策，参与袭击义顺乡公所，后来还加入了共产党。顶溪头联保主任陈奕俭经地下党员做工作后，为保释陈焕新，冒着风险出具假证明。

潮揭丰边县委一方面对地方反动政权进行分化瓦解，开展统战工作，一方面派员到国民党军队中开展策反工作。1949年1月，县委指派梅北武工队做国民党自卫中队队长张国光及其家属的统战工作，促使他们的思想转化，倾向革命。1月24日，张国光率部起义。与此同时，广东东区军事特派员公署特派员兼第一师师长蔡武辉及部属，在全国形势和共产党统战政策的影响下，先后派员与山后武工队洽谈起义事宜。4月7日，边纵第二支队第七团派第三连和第五连会同山后武工队，开赴潮安横田下村，接受蔡武辉部属39人及登塘自卫队陈希、林惠良等10人的起义。

有条件地收编地方土匪，也是扩大武工队、减少阻力的一种办法。1948年上半年，卅岭区委认为活动在观音山、新亨一带，以陈比为首的一伙土匪，出身穷苦，抢劫的主要对象是土豪劣绅，因此与其头子陈比协商，将其收编为卅岭武工队岭北分队，由陈比任队长，武工队派人参加。协商规定岭北分队必须执行党的政策，不得做伤害党的威信和损害人民群众利益的事。收编后，该队在打击反动人物、收缴枪支、募集军费、保护地下党员来往安全等方面，都做了一定的工作。

七、建立民主政权——潮揭丰边人民行政委员会

1949年1月1日，中共中央香港分局发出《关于迎接大军渡江和准备解放广东的指示信》，闽粤赣边区党委也于当日号召边区党政军民"一切为着争取胜利，一切为着迎接胜利"而斗争。为此，1月中旬成立潮揭丰边人民行政委员会（简称"行委会"）；县委委员陈君霸为主任，方思远为副主任，下设秘书、财粮、文教等科。

行委会成立后，即着手在根据地建立区、村民主政权。1月

下旬，潮揭丰边的第一个区级民主政权——梅北区政府成立。3月，县委及行委会决定，重新划分行政区，建立3个区民主政权。第一行政区为梅北区，区委书记罗知，区长杨甦忠；第二行政区为五房区，区委书记李华，区长柯帆；第三行政区为山后区，区委书记兼区长孙尚（后李小刘）。3个行政区约有5万人口。5月，又成立第四行政区，即西山区，区委书记兼区长王充。6月，第二、四行政区合并，仍定为第二行政区，区委书记王充，区长柯帆。这期间，还建立车田、牌边、五房、坪上、东寮等村民主政权。

第四节 黎明前的战斗 迎接全县解放

一、胜利前夕的艰苦斗争

1949年4月23日，中国人民解放军解放南京，宣告国民党反动统治中心的覆灭。揭阳县的国民党反动派明知大势已去，仍垂死挣扎，集中兵力对革命据点进行"围剿"，配合败退南逃的胡琏兵团进攻潮揭丰边根据地。边区军民在潮揭丰边县委的领导下，与敌人进行英勇顽强的斗争。

6月10日凌晨，国民党反动派调集驻揭阳的雷英部与驻新亨的蔡球部以及大头岭、乔南里等地的联防队"围剿"革命据点潭王村，同时在周围的赤岸、月城、松山、潭蔡、山尾等村派兵驻守。当日凌晨3点，国民党军队进村后大肆搜查、抢掠，至上午10点许，在广美当众枪杀无辜教师黄梅南、农民王再添等5人，抓走无辜群众15人，抢劫一批财物后，才匆匆撤离。当晚驻在该村花篱内围的西南武工队及设于该村门前围一带的副官处的工作人员，在革命群众的掩护下安然无恙，副官处财物无一损失。宿营在赤岸村的西南武工队4名队员，因有人告密而被捕，几天后均在榕城被杀害。

6月下旬，原属胡琏兵团第十八军第十一师（刘鼎汉部）由台湾调至潮汕，企图控制出海口，以接应溃逃的胡琏兵团前往台湾。对此，中共中央华南分局及时发出指示："反抢掠，将是华南解放前夕的一场残酷的斗争。”并做出军事部署，提出了战斗任务。边纵第二支队司令部交给七团的任务是：保护群众，保护根据地，袭击敌人，以稳定群众情绪。边区军民按照上级指示，坚壁清野，构筑工事，抗击敌人，坚持黎明前的艰苦斗争。

6月底，台湾新军刘鼎汉部进驻新亨，控制揭丰公路，伺机进犯五房山根据地。8月3日，该部突袭潮揭丰边第二区政府所在地东寮乡。此后，敌人不断增兵。8月6日，进占山湖，并在山湖设指挥部。8月7日，第二次进攻东寮乡，并向坪上推进。

8月7日，南逃的胡琏部与台湾新军刘鼎汉部于揭阳新亨至丰顺一带会合，占领揭丰公路沿线，连同地方反动武装共有3万多人，分成几路“围剿”五房山根据地。8日夜，台湾新军刘鼎汉部200多人配轻机枪数十挺，从坪上方向抢占五房山两侧山峰制高点，对五房山革命根据地形成包围之势。

潮揭丰边县委对敌人的阴谋已事先做好思想上和军事上的充分准备，采取相应措施，避开强敌，保存实力，以夺取最后的胜利。驻五房村的七团部队从上下牛棚方向退入双坑的山林隐蔽；县委下属的红星报社、招待所、缝衣组、修械所、医务所、看守所共300多人，有组织地从五房、坪上转移到安全的葫芦田。

敌军窜入五房后，反复进行搜山。边纵第二支队第七团的第一、三、五连配合北洋、牌边、车田民兵中队在岭后山奋力抗击。七团战士苏立等5人在战斗中牺牲。接着敌军又占领了下坝村，该村民兵队队长钟木森被捕。钟木森坚贞不屈，不吐露革命秘密，后在五房村的溪边被杀害。

七团为避开强敌，缩小目标，化整为零，分散转移。一连和四连退入梅北区，保卫县委机关和群众；二连和六连向山后武工区转移。是时，恰好潮澄饶第四支队派往大北山地委干部学校学习的40多名干部和学生路过潮揭丰边区，因胡琏部南下而受阻，被困在高山密林中。县委得知这一情况后，派二连、六连护送他们东渡韩江。在这前后，七团还负责护送李平等上级领导及运送物资、电台等过境。在艰苦的环境中，七团出色地完成了任务。

当五房山根据地陷入危急时，林美南和中共潮汕地委采取"围魏救赵"的战术，令边纵第二、三支队速调7个团的兵力，于8月16日围攻普宁县城洪阳。刘鼎汉部一个营和揭阳县保安营七八百人果然从榕江北岸来救普宁，遭到阻击。进犯五房之敌闻普宁城告急，忙撤回榕城、新亨一线。五房山之围遂解。17日傍晚，攻击普宁城的边纵第二、三支队各部也撤出战斗。

9月中旬，第二支队主力从潮阳、普宁平原开到锡场，配合边纵主力阻击胡琏残部。七团主力奉命开回潮揭丰边区，在锡场外围的胶东岭一线警戒，保护边纵第二支队司令部。9月25日，胡琏残部沿揭丰公路向锡场进攻，七团在藤吊岭山头配合兄弟部队进行阻击。下午4时，敌军败退至揭阳城。10月初，胡琏残部开始溃逃汕头。七团在县委的直接领导下，伺机出击敌人，协同边纵第三支队第三团猛攻新亨，横扫残敌据点；还在武工队、民兵的配合下，袭击到处劫掠的残敌。

敌军梦想荡平小北山和大北山革命根据地，企图顺利逃往台湾，同时为补充兵员和给养，疯狂抓丁、抢物，无恶不作。全县被拉壮丁的有1 500多人，造成许多家庭妻离子散，倾家荡产，民怨沸腾。

二、迎接揭阳解放 建立人民政权

1949年4月24日，中共潮汕地委发出关于"动员一切人力、物力、财力，拥护毛主席、朱总司令的进军命令，支援前线，迎接大军南下，解放华南，解放潮汕"的号召，广大革命群众热烈响应，掀起献金、献粮，拥军支前的群众运动。

6月，梅北召开万人献金支前大会，不少群众尤其是妇女当场献出银圆、金戒指、金耳环、银手环、银脚环、布匹等物。潭王村家庭比较富裕的王师禹除献出40个银圆外，还从家中担出500多千克稻谷支援革命。在她的带动下，该村的其他妇女也踊跃捐献。王秀依献出她出嫁时捧茶赏面钱10个银圆。桂林乡寡妇六桂嫂虽然家境贫困，但她人穷志不短，把借来的3尺布捐了出来。东仓妇女会召开募捐大会，苏倪容捐金耳环1对；陈素娟捐金耳环1对、龙银1个、稻谷150千克；苏凤楼向人借1只金戒指捐献，其他妇女也捐献了一大批财物。大沙妇女会有60多人参加捐献，共捐出大米几百斤、布几百尺。牌边、坤头洋、锡场等乡村的农会、民兵、青年组织，除献金支前外，还为过境部队带路，安排住宿，筹备粮食等，做了大量后勤工作。有的妇女会把捐献的布缝制成衣服、米袋、蚊帐等日用品，送给部队。部队从前线打仗归来时，五房、车田、牌边等村妇女将家里的鸡蛋、鱼、菜及嫁妆布送给部队。牌边村的女青年捐钱买布做手巾，绣上梅花，送给战士，表达边区人民对部队的慰问。牌边村和车田村的条邦母、木居母、阿能母，虽然都年近70岁，却把上山割草换来的钱捐献出来。还有东仓村的不少妇女积极支持丈夫及儿子入伍参战，蔡绵姆对儿子苏子键说："革命工作是一件好事，好事就应该去做。"

8月，中共潮揭丰边县委根据闽粤赣边区党委的指示，成立迎军支前工作领导小组，各行政区、武工区以及较大的乡村也先后成立迎军、支前动员委员会，掀起迎军支前热潮。经过抗"三征"、破仓夺粮、减租减息等斗争锻炼的边区广大群众，阶级觉悟和革命热情大为提高，积极做好迎军支前各项工作。

为迎接潮汕全面解放，做好接管城市的准备工作，1949年春，中共潮汕地委先后在南山、五经富举办干部培训班；5月，闽粤赣边纵队第二支队司令部分别在河婆、龙潭举办军事干部训练班和开办军政学校，为接管城市准备干部。8月2日，潮汕地委副书记李平在揭阳灰寨崇正学校向党、政、军、群有关负责人做《城市政策》报告，提出解放潮汕有上、中、下三种不同方式：争取北平式（上，即和平谈判）；准备天津式（中，即半和谈半使用武力）；防止南京式（下，即强攻硬打）。报告中提出入城后的纪律和注意事项，着重强调：解放后的城市，已成为人民的城市，不再是反动的堡垒，革命者应建立新的（正确的）城市观点，禁止破坏、泄愤与随便没收行为。并指出严格入城的纪律，是执行城市政策的保证，城市纪律要贯彻执行三大纪律八项注意。李平在报告中还提出"三不动"和"五不准"："三不动"，即不能随便动手、动脚、动口。"五不准"，即不准被人请上酒楼，禁止大吃大喝；不准赌博，不论是明的或暗的；不准嫖妓、住旅馆，一定要集体生活（居住）；不准接受馈赠，即使小如烟支，亦要拒绝；不准乘坐黄包车（人力车）。

边纵第二支队司令部、政治部于9月20日向全军发布八项入城纪律，号召全体指战员学习人民解放军各野战军入城时的纪律，彻底执行保护城市的政策，切实遵守人民解放军总政治部颁布的三大纪律八项注意，做好护城工作。

为了在揭阳解放之后实行统一领导和分工接管榕城，中共潮汕地委书记曾广指示揭阳县委书记兼边纵第二支队第六团政委林史，与潮揭丰边县委商讨两个县委合并等问题。8月14日，林史、张华、王道宏等9人从灰寨抵达小北山的五房村，与潮揭丰边县委领导王勃、陈君霸、方思远等一起商量有关两个县委合并及接管揭阳城事宜。林史受曾广委托，宣布揭阳县委、潮揭丰边县委合并为新的揭阳县委。两个县委分头按计划进行有关接管揭阳城的准备工作。后因胡琏溃兵逃窜至此，两个县委的领导班子仍然并存，一直工作至揭阳全面解放，才合为一个县委。

中共潮揭丰边县委书记王勃一面组织传达五房会议精神，一面布置城内地下党员摸清敌人情况和做好入城前的宣传工作，并筹建一支城市工作队伍。8月，正式成立城市工作组（简称"城工组"），由方思远、林宽、李木、陈仲等人组成，任务是负责策反、调查、宣传和统战等工作。城工组成立后，与城内地下党员黄烈明、王琳等人加强联络，开展活动。为适应形势的需要，县委把负责榕城组织工作和情报工作的两股地下党员统一起来，设立军事交通情报网点。城里的重要情报联络点设在魁西镇第十三保国民学校（原吊桥外西郊南面）。情报站建立后，经常为潮揭丰边县委和边纵第二支队司令部搜集敌情，传送军事情报。10月中旬，情报组获悉敌人计划从陆路由渔湖退至砲台、地都、桑浦山脚一带。情报组马上将这一情报传送给县委，并分工做好城内的策反工作。对未撤走的敌武装人员，用党的政策去感召他们，劝他们投诚；对国民党地方头面人物，劝其弃暗投明，立功赎罪。地下党员王琳找到国民党揭阳县原军事科科长、区长王镇藩，把署名杨兆民、陈君霸的信交给他，劝其认清形势，做出抉择。他接到信后，表示愿意去劝说陈智所带领的一中队人马投诚，帮助维持县城的治安秩序。隐蔽在县城的地下党员林宽，通过真理中学进步教师陈成宪与县政府建设科庄锡桐的老同学关系，为潮揭丰边县委弄到一张揭阳县全境地形图和一张榕城街道图。陈成宪还通过国民党县政府财政科科员沈光章，为城工组提供了当时国民党党政机关的一些情况。

通过努力，城工组基本摸清了国民党揭阳县党政机关的机构设置、主要人员情况和军事实力，并掌握了当时揭阳城内的社会名流、绅士、封建势力代表人物的情况以及市场经济信息等，为解放和接管揭阳城做了大量细致的准备工作。

为做好入城接管与保卫工作，潮揭丰边县委还在玉湖坪上成立了一支城市武装工作队（简称"城工武"），全队共50多人，王充任队长兼指导员。队伍就地集训10多天，主要围绕严明军纪、入城接管工作、肃敌和保卫工作等注意事项进行学习教育，提高指战员的思想觉悟及应付各种突发事件的能力。

10月15日，边纵第三支队根据边纵司令部发出向揭阳榕城、潮安、汕头推进的命令，从棉湖出发，17日抵达锡场，18日向榕城靠拢，逐步缩小包围圈。边纵第三支队司令部部署第九营负责北河玉浦沿岸警戒，第三营、第七营登上黄岐山，负责监视榕城、曲溪、砲台之敌。驻揭阳的国民党军及其地方反动武装采取以进为退的策略，17日和18日两天晚上在西门吊桥外乱放枪炮，虚张声势，制造"反击"假象。另外，敌人逃离揭阳城前还故意在江面上开动电船和拖带木船，扬言要去运兵来打仗，暗地里却准备逃走。19日凌晨2时许，驻县城之敌偷偷从进贤门取陆路向砲台方向逃去。

10月19日凌晨5时许，由边纵第三支队参谋长张云基带领精干的侦察队先行入城。接着支队首长分头率领第三团、第一团渡过玉浦渡，从北门进城。第三团的第九营则经乔林村，从西门进城。同时，边纵第二支队第六团、第七团抽调部分兵力分别由郑剑夫、杨兆民率领开进揭阳城。

至此，揭阳城解放了！这也标志着揭阳县全面解放！

中共潮揭丰边县委领导王勃、陈君霸、方思远等19日从锡场进入揭阳城，驻扎在揭阳第一中学。当天晚上，边纵第二支队第七团团长杨兆民等同志到第一中学，与县委领导研究和商议维持县城治安和接管工作等事项。

10月20日上午，中共揭阳县委书记林史率领接管工作组共40多人，从桂林乡乘船到榕城西门吊桥上岸，列队进入榕城。下午，中共潮揭丰边县委和中共揭阳县委领导人在第一中学开会，遵照潮汕地委指示，两个县委正式合并为新的中共揭阳县委员会，并成立揭阳县军事管制委员会。杨英伟任县委书记兼军管会主任，林史任县委副书记兼军管会副主任。

10月23日，揭阳县人民政府成立，杨世瑞任县长，何绍宽任副县长。

从此，揭阳县第三、四、六区人民跟全县人民一道，结束了旧社会苦难的历史，在中国共产党的领导下，雄姿英发，迈进社会主义革命和社会主义建设的新时期。

第七章

社会主义建设探索时期

第一节 建立各级党组织和人民政权

　　1949年10月19日揭阳解放后，新组建的中共揭阳县委员会和揭阳县人民政府分别于20日和23日成立，随后着手调整了行政区划，并成立了各级基层党组织。揭阳县划为16个区、1个市和2个镇，原第三区改置为卅岭区、磐西区、磐东区，原第四区改置为新亨区、蓝东区，原第六区改置为梅岗区。也即今揭东区域划为6个区。各区（市、镇）党组织和人民政府也分别在辖域内设置了乡、村两级基层党组织和基层政权。

　　1950年4月，卅岭区和磐西区合并为磐岭区。1951年6月，根据中共中央中南局关于划小区乡范围的指示，揭阳县再次调整行政区划，全县划为20个区、1个市和1个镇，磐岭区恢复为卅岭、磐西两区，新亨区分设玉湖区，梅岗区析为梅北区、梅东区。也即今揭东区域划为8个区。

　　1951年10月，揭阳县所辖20个区改为数字序列名称，卅岭区改称第八区，磐西区改称第九区，玉湖区改称第十区，新亨区改称第十一区，磐东改称第十二区，蓝东区改称第十三区，梅北区改称第十四区，梅东区改称第十五区。

　　1953年3月，20个区合并为18个区，各区序号重新排列，卅岭为第七区，磐西为第八区，玉湖为第九区，新亨为第十区，磐东为第十一区，蓝东为第十二区，梅北为第十三区，梅东为第十四区。1954年，改序列名称为地名，今揭东区域仍分为8

个区，分别是卅岭、磐西、玉湖、新亨、磐东、蓝东、梅北和梅东。

揭阳在建立基层党组织和基层政权的同时，还相应建立了各级群众团体组织：农会组织、工会组织、青年团组织、妇联组织、侨联组织。

中华人民共和国成立初期，根据《中国人民政治协商会议共同纲领》规定，采取过渡性措施，召开揭阳县各界人民代表会议，属协议机关。从1950年3月至1953年2月，全县先后召开了六届各界人民代表会议和一次临时会议。

巩固人民政权

　　中华人民共和国成立初期，国民党残余势力依然猖獗，土匪恶霸、反革命分子、反动党团还在危害社会，阴谋组织武装反攻，杀害党员干部和人民群众，妄图颠覆新生的人民政权。为打击敌人的嚣张气焰，维护社会秩序，巩固人民政权，中共揭阳县委带领全县人民开展减租减息、清匪反霸、镇压反革命、查禁黄赌毒、取缔反动会道门、贯彻新"婚姻法"，进一步巩固人民政权。

一、开展减租减息运动

　　从1948年1月至9月底，潮揭丰边人民行政委员会在所辖解放区开展减租减息运动，各区农村普遍发动减租减息斗争，改善农民生活，建立人民政权和自卫武装，组织农会和各种群众团体。

　　1949年11月19日，中共揭阳县委召开第一次执委会议，具体分析全县的基本情况。揭阳县有老解放区与新解放区之分，人口各约占一半；老解放区为第三、四、五区，是解放战争时期潮汕游击战争的根据地，人民政权已全面建立，群众经过减租减息斗争获得果实，生活初步改善，觉悟有所提高，党组织有一定的基础；反动封建势力已受打击削弱，革命秩序已初步建立；新解放区为刚解放的第一、二区，是揭阳县政治、经济、文化、交通较发达的中心区域，基层政权尚未建立，土匪恶霸横行，群众未经教育组织，思想落后，党组织没有基础。于是，揭阳县委决定集中力量，普遍发动新解放区群众进行"双减"斗争，消灭土匪恶霸，收缴反动武装，迅速建立革命秩序，为新区政权和群众组织的建立打基础，为建立党组织准备条件。

为开展新解放区工作，并在全县开展土地改革，1950年4月1日，中共揭阳县委从全县抽调617名干部在梅岗区路篦村举办训练班。4月5日，中共潮汕地委决定以揭阳县的干部训练班为基础，加上潮汕干校学员约200名，组成潮汕地委第一工作团，由中共潮汕地委常委、宣传部部长吴南生任团长，在揭阳县开展土地改革试点工作。潮汕地委第一工作团和揭阳县委选择梅岗、桃地、南龙、磐岭4个区为试点，以新解放的梅岗区、桃地区为重点。4月12日，潮汕地委第一工作团颁发《关于开展梅、桃地区工作方针任务与若干具体政策问题的规定》，提出工作团的总方针任务是大胆放手发动群众，依靠贫雇农，团结中农，通过生产、度荒、剿匪、反霸、退租减息，彻底打击地主阶级在农村中的当权派，并乘胜削弱封建势力，胜利完成剿匪任务，创造实行土地改革的初步条件。

4月18日，潮汕地委第一工作团分成若干个工作队深入到试点区各乡村开展工作。梅岗区3个工作队271名队员，分赴45个自然村开展工作。工作队从解决群众对清匪、反霸、退租减息等迫切要求入手，发动群众批斗封建当权派的代表人物，打击为非作歹的首恶分子，扫除封建地主恶霸的威风，使广大农民扬眉吐气。至6月12日，试点区剿匪反霸、退租减息工作基本结束。7月7日，工作团召开总结大会，总结桃地、梅岗的试点工作所取得的成绩，为全县开展土地改革积累经验。桃地、梅岗

54个村有2 721户参加退租，退得现谷12.32万千克，约期退还1.6万千克。由于退租时间短，一些地方准备不够，小部分中农也被退租，后来做了纠正。

揭阳县新解放区经过清匪反霸、减租减息斗争，在全县范围内基本上消灭了土匪，肃清了农村的封建势力，消除了封建械斗，提高了群众的觉悟，安定了社会秩序，为全县开展土地改革打下坚实的基础。

二、开展镇压反革命运动

刚刚解放的揭阳县，国民党反动统治虽然被推翻，但在广大农村中土匪、特务、恶霸、地主互相勾结，猖狂地向新生的人民政权进攻，妄图颠覆新建立的人民政权。他们有的散布谣言，恐吓群众，蛊惑人心；有的分散财产，烧毁房屋，屠杀耕牛；有的抗拒减租减息，甚至把租谷供给土匪，收买土匪枪杀农会干部；有的挑拨群众关系，制造纠纷，引起械斗。

1950年2月21日，新亨区洪厝埔恶霸地主蔡雪屏指使其儿子纠集爪牙9名，用土炸弹、刀、枪杀害在开会的村干部及群众6人，重伤5人，制造"洪厝埔血案"。2月17日至26日，新亨区五房村以恶霸廖秋顶为首的10名反革命分子，组织煽动落后群众上县"请愿"，两次围攻区政府，阴谋杀害村干部，进行反革命暴乱，制造"五房正月案"。还有新亨区石牌村农会副主席被特务利用，梅北区车田村地主利用流氓煽动落后群众对抗乡干部，云路乡旧保长煽动群众清算农会主席。

为打击敌人的嚣张气焰，树立政府威信，巩固人民政权，1950年3月21日，揭阳县依法镇压制造"洪厝埔血案"的主犯蔡雪屏等5名罪犯；4月22日，处决新亨区"五房正月案"主犯廖秋顶、廖文利等10名罪犯。10月10日，中共中央发出《关于镇压反革命活动的指示》，要求各级党委全面执行"镇压与宽大相结合"的政策，对已逮捕及尚未逮捕的反革命分子，应根据已掌握的材料，经过审慎的研究，分别加以处理。揭阳县委根据中央的指示精神，在全县掀起大规模的镇压反革命运动。12月5日，成立揭阳县人民法庭，由县长杨世瑞兼任庭长，各区设分庭，专门负责处理镇压反革命运动中涉及土匪、恶霸及不法地主等案件。

揭阳县镇压反革命运动分两个阶段进行。第一阶段为1951年1月至5月，主要是贯彻执行中共中央对反革命分子"镇压与宽大相结合"的方针和"首恶必办，胁从不问，立功受奖"的政策，广泛进行查敌情、反破坏、算剥削、追祸根，对反革命分子发起强大攻势，从政治上、经济上以及武力上彻底打垮敌人；并根据情节轻重，进行杀、关、管，为人民除害，同时为开展土地改革扫除障碍。揭阳县人民法庭在镇压反革命运动中，采用群众斗争与法庭审判相结合的方法，就地审判并召开公审大会，对罪恶累累的恶霸地主则组织群众控诉。在镇压反革命运动中，还破获国民党反共救国军韩江支队和国民党闽粤边区司令部2个特务组织。第二阶段为1952年6月至11月，结合土地改革复查，进行清理积案、追查土匪、加深镇反工作。从查逃亡、查漏网、查不服入手，确定对该杀未杀、该捕未捕、该判未判、该管未管的反革命分子进行处理。在群众中还开展反欺骗、报上当活动，把地主分散隐藏的枪支弹药和财物揭发出来。通过第二阶段的镇压反革命运动，清理积案，给敌人又一次有力的打击，基本上肃清国民党的残余武装力量和反革命分子；结合清匪反霸斗争，共抓获土匪恶霸、反动党团骨干、国民党军政人员1 400多名；缴获一大批枪支弹药。从此，镇压反革命运动转为经常性的防奸肃敌、治安保卫的群众性活动。

第三节 建立人民武装 开展拥军支前工作

中华人民共和国成立后，揭阳人民开展各项社会建设，建立人民武装，积极开展拥军支前工作。

一、建立人民武装

揭阳县全境解放以后，中国人民解放军闽粤赣边纵队第二支队第六、七团合并组建揭阳县警备司令部，司令员郑剑夫。1950年4月，揭阳县警备司令部改称揭阳县武装大队。1951年7月，揭阳县武装大队改称揭阳县民兵支队部。1952年初，揭阳县民兵支队部改称揭阳县人民武装部。1954年8月，揭阳县人民武装部改称揭阳县兵役局。各区（镇、市）分别设立武装部，县、区军事机构同时接受同级党委和上级军事部门的领导。玉湖、新亨、蓝东、梅北和梅东5个区相应建立起区武装部，接受区党委和县兵役局的领导。

二、开展支前工作

1949年11月22日至25日，揭阳县人民政府召开各区（市）党政首长及主要干部会议，提出要壮大队伍，肃清反动特务，安定社会秩序，担负起国防重大任务，发动及完成双减政策，保卫及巩固人民政权。扩军的兵源以人口较多、入伍较少的新解放区群众为主，老解放区则动员群众在不削弱农村生产力的前提下参军。征收公粮是根据合理负担的财政经济政策来确定标准的，征收对象、数量采用评议的方法进行，力求做到多粮多出、少粮少出、无粮免出。12月，揭阳县人民政府发布征收公粮布告，规定老解放区以年租额为标准征收，新解放区采用民主评议办法，当年只征收秋季一造。为支援解放军，随粮额附带征收四分之一的干木柴。是造征收稻谷24万多担、木柴6万多担。1950年3月至6月，揭阳县发行人民胜利折实公债11万多份，折合人民币32.94万元。

在恢复生产建设中，中共揭阳县委带领全县人民开展减租减息斗争，进行土地改革运动，在运动中贯彻合理负担的政策，筹粮筹款，发动青年参军，切实做好支前工作。1951年3月，土地改革运动结束，全县1 645名青年参军，完成公粮40多万担。

三、开展拥军优属活动

中华人民共和国成立后，为表彰革命先烈、人民解放军、革命伤残军人和复员退伍军人的功绩，关心照顾革命烈属军属，1950年12月，政务院颁布《革命烈士家属革命军人家属优待暂行条例》《革命残废军人优待抚恤暂行条例》《革命军人牺牲病故褒恤暂行条例》。根据国家的规定，揭阳县和所属老解放区区级政府，积极采取有效措施，做好拥军优属工作。

县、区两级党政部门在每年春节期间，组织群众向军烈属拜年，送光荣灯、年画、贺信及毛主席题写的"发扬革命传统，争取更大光荣"春联；组织座谈会，总结检查优抚复员安置工作，征求光荣家属的意见建议；举行文娱晚会，放映电影。对驻地部队，每逢春节和建军节，组织各阶层人民团体代表慰问，对伤病员给予安慰和关怀，同时举办座谈会、宴会、军民联欢会等，从而使拥军优属工作深入人心，营造优良的社会风气。

为照顾老区军烈属的生产生活，1949—1955年，揭阳县委、县政府实行代耕制度，发动群众组成代耕组或帮工队，帮助缺乏劳动力的军烈属耕种。各乡都成立优抚代耕委员会，组织开展代耕工作。代耕工作解除了军烈属的思想顾虑，使他们感受到共产党和人民政府的关怀照顾。

此外，县委、县政府还对部分军烈属、残疾军人、复退军人和带病回乡复退军人，在生活、生产、疾病和子女入学等方面确有困难的，给予定期定量补助。1956年，县政府拨出62 659元，作为购买生产生活资料和补助费用，拨给军烈属1 448户、复退军人1 007户。至1958年，全县共发放优抚金55.16万元、大米76万千克，据不完全统计，受优抚者达23万人次。

1951年，揭阳县第一次发放牺牲烈士家属抚恤粮，战士级获大米300千克，班长至营长级获大米400千克，病故军人、革命工作人员、参战民兵、民工获大米125千克。从1953年起，将抚恤粮改为抚恤金发放。1957年5月至8月，在全县范围内开展烈士普查追恤工作，共确认烈士305名、烈属304户，分别发给光荣烈士纪念证、病故人员证明书，未发给抚恤金的给予补发。

第四节

扶持老区发展

在长期的革命战争中，揭阳县革命老根据地遭受敌人的严重破坏，给老区人民生产和生活带来一定困难。据县民政科1959年调查统计，全县被敌人全部摧毁的自然村20个，部分摧毁的19个，被烧毁房屋1 667间，被敌人杀害的革命同志88人、革命群众115人，被迫逃亡在外下落不明的231人，被敌人掠夺的耕牛、家禽、衣物、家具等财产总值43.5万元。1949年后，揭阳县委、县政府从各个方面扶持老区人民重建家园、恢复和发展生产，加速革命老根据地的社会主义建设。

一、成立革命老根据地建设委员会

1957年12月24日，根据广东省委、省人委会和汕头专区的指示，成立揭阳县革命老根据地建设委员会（简称"老建会"）。县委副书记林清佐为主任，副县长张金城为副主任，县民政、财政、粮食、交通、教育、文化等13个部门的负责人为委员。配专职干部2名，负责日常业务工作。同时，确定卅岭、元埔、新亨等乡为老区建设重点乡，各乡成立革命老根据地建设领导小组。后来，县老建会机构撤销，业务工作归属民政科。

1963年2月8日，根据县编制委员会［1963］第5号文件的通知，恢复揭阳县革命老根据地建设委员会，下设办公室，人员编制归并民政科（增加民政事业编制2名）。11月26日，根据汕头专区革命老根据地建设委员会的通知，撤销老建会，有关老区工作由县民政科负责。

二、慰问老区人民

1949年后，每年的春节期间，揭阳县委、县政府组织县直党政机关主要负责人组成慰问团，配合区（乡）党政机关慰问老区人民，激励老区人民"发扬革命传统，争取更大光荣"。

1951年，中共中央华南分局派出访问革命老根据地代表团赴揭阳县老区点访问，历时一个月。代表团先后召开老区烈属和受害群众座谈会；赠送老区人民一大批衣服、布匹等物资及救济款；还给老区人民带来毛主席和朱总司令的题词。

1957年春节前夕，县委、县人委会组织县直机关81名干部组成4个慰问团，由吴者等几位正、副县长率领，慰问老区人民。行署副专员方思远亲临揭阳参加慰问活动，活动历时7天。

1977年以后，恢复了春节期间慰问老区的活动。一般的慰问形式是通过召开老区人民代表座谈会，由村负责人向县慰问团汇报一年来的工作情况，并提出老区建设项目的要求，然后由县慰问团负责人讲话，接着进行访贫问苦，当天晚上放映电影或演出潮剧。慰问结束后，把各个老区点提出的要求解决的问题集中起来，向县政府汇报，能及时解决的给予解决，一时解决不了的列入老区建设规划。

三、开展老区救济行动

1952年和1953年，揭阳县政府从社会救济事业费中拨出部分金额作为老区救济专款。据不完全统计，1950年至1958年共拨给老区特殊救济款8.06万元。其中1952年至1957年拨出救济款

5.55万元，用于帮助老区人民购买耕牛410头，猪苗772头，犁、耙、水车等农具2.2万件，帮助修建房屋1 018户、1 311间，建厕所885个，新建学校5所，建卫生站3处、耕牛配种站1处。

此外，每逢荒年歉收，也优先照顾老区人民。

四、支援老区建设

根据恢复和发展老区生产的工作方针，揭阳县政府从当地的实际出发，除给予老区特殊救济外，还着重加强老区的基本建设。1957年，县财政拨出3.78万元支援老区兴建校舍33间，帮助五房修建公路，帮助青溪修建码头。1958年，县老建会对老区进行全面调查，实施建设规划，贯彻"动员自建，群众互助，政府扶助"的方针。是年，修建民宅1.6万间，发放无息贷款1.63万元，拨款8万元修建公路5处共34千米，拨款9 050元帮助建制革厂、牧场和炼铁高炉。此外，还重点加强老区的扫盲工作。

第五节 开展抗美援朝和土地改革运动

一、开展抗美援朝运动

1950年6月25日，朝鲜战争爆发，美国随即打着联合国军的旗号武装干涉朝鲜，并派遣第七舰队驶入台湾海峡。关键时刻，应朝鲜民主主义人民共和国的请求，中共中央和中央人民政府决定抗美援朝，保家卫国。

揭阳县老区人民踊跃参加抗美援朝运动，各区迅速成立区抗美援朝支会，并开展了捐献购买武装金和慰问金活动，至1952年5月，全县共捐款46.38亿元（旧币）。老区人民更是踊跃支持子女参军，保家卫国。至1955年，全县共征集志愿兵5 205名，在朝鲜战场上牺牲的志愿军战士132名。老区的革命烈士名单上增添了这些为保卫新中国而光荣牺牲的英烈的名字。

二、开展土地改革运动

为恢复和发展国民经济，中国共产党和中央人民政府领导亿万农民有步骤地进行废除封建土地所有制的改革运动，解放农村生产力，发展农业生产，为中国的工业化开辟道路。揭阳县的土地改革在中共中央华南分局、潮汕地委的重视下，成为广东省3个试点县之一。在广东省土地改革委员会的直接领导下，揭阳县委、县政府密切配合省土地改革工作团第一分团和潮汕地委第一工作团的工作，动员全县人民群众积极开展土地改革运动，取得圆满成功，从根本上废除封建的土地所有制，改变农村的生产关系，解放生产力。揭阳县的土地改革运动为全省的土地改革创造了经验，并为全省的土地改革工作输送大批有实际经验的干部人才。

（一）土地改革试点阶段

为有计划、有组织地开展土地改革，1950年4月1日，中共揭阳县委从全县抽调617名干部在梅岗区路篦村举办训练班。617名干部中，县级干部9名，区级干部48名；共产党员236名，共青团员225名。4月5日，中共潮汕地委决定以揭阳县的干部训练班为基础，加上潮汕干校学员约200名，组成潮汕地委第一工作团，由中共潮汕地委常委、宣传部部长吴南生任团长，在揭阳县开展土地改革试点工作。潮汕地委第一工作团和揭阳县委选择梅岗、桃地、南龙、磐岭4个区为试点，以新解放的梅岗区、桃地区为重点。选择梅岗、桃地为重点的原因是这2个区有老游击区和新解放区，封建势力较为强大，桑浦一带土匪尚未肃清；土地情况多样，有山区、丘陵、平原；土地关系复杂，公田很多。

4月12日，潮汕地委第一工作团颁发《关于开展梅、桃地区工作方针任务与若干具体政策问题的规定》，提出工作团的总方针任务是大胆放手发动群众，依靠贫雇农，团结中农，通过生产、度荒、剿匪、反霸、退租减息，彻底打击地主阶级在农村中的当权派，并乘胜削弱封建势力，胜利完成剿匪任务，创造实行土地改革的初步条件。培训工作至4月17日结束，培训内容为土地改革的有关政策规定、方法方式，如"大胆放手发动群众""划分阶级与对各阶层具体政策""关于作风问题""关于地方情况的了解"等。

4月18日，潮汕地委第一工作团分成若干个工作队深入到试点区各乡村开展工作。梅岗区3个工作队271名队员，分赴45个自然村开展工作。队员们到达各乡村之后，一是讲清土地改革的政策，说明土地改革的目的、意义，打消群众的思想顾虑，深入到群众中访贫问苦，与群众一起生活、一起劳动，以争取群众的理解支持；二是采取不同的做法对待地主、富农，对敢于进行破坏活动的予以打击，惩办首恶分子，对一般地主、富农采取讲政策、讲前途、讲罪恶的办法，使他们认识共产党的土地改革政策，安心配合；三是通过诉苦会、说理会、公审大会，发动群众，打击剥削阶级的嚣张气焰，树立农民优势。至4月23日，工作队在试点区123个自然村访问群众约3万名。在试点工作取得经验的基础上，渔湖、新亨、磐东、五联、凤安、河江等区在重点村开展反霸工作，使全县的土地改革运动由点到面逐步铺开。

在土地改革试点过程中，潮汕地委第一工作团和揭阳县委根据运动进展情况，及时总结经验，指导全面工作。4月23日，潮汕地委第一工作团和揭阳县委召开第一次总结会议，分析试点情况和群众思想动态，强调在运动中必须充分发动群众，对农村各阶层采取不同的工作方法，区别首恶，分化敌人，团结多数。5月5日，召开第二次总结会议，强调工作队必须走群众路线，明确放手发动群众与掌握政策的界限。5月14日，召开第三次总结会议，布置工作队着手整顿农会等群众组织，培养农民积极分子，巩固农村领导权。

1950年6月12日，揭阳县土地改革运动试点工作基本结束。试点期间，揭阳县委和潮汕地委第一工作团根据党的土地改革政策，依靠贫雇农，团结中农和其他劳动人民，有策略地利用地主、富农，处理狗腿子及旧政权乡长、保长，消除乡村姓氏房界的对立，分散敌人力量，分清敌、友、我，强调农民的团结，扫除地主恶霸的威风，树立农民的威信。同时整顿农会，划分阶级，摧毁保甲制度，有87名旧政权乡长、保长受到法办或教育处分。同时，建立乡村农会机构，取消由土豪劣绅控制的旧农会，建立贫雇农领导的新农会。试点工作前，梅岗、桃地的农会、民兵组织、妇女会、儿童团共有16 030人，试点工作后增加到60 474人；培养积极分子2 604名，开办积极分子训练班171期，参加训练7 410人次，训练内容是怎样办好农会、怎样做一个好干部、生产十大政策、划分阶级等，最后从训练中挑选水平较好的积极分子390名参加工作团集训学习，为全县铺开土地改革运动积蓄力量。

根据梅岗、桃地2个试点区88个村初步划分阶级情况，地主占总户数的2.6%，人口占4%，土地占12.8%；富农占总户数的2.9%，人口占4.5%，土地占7.9%；中农占总户数的24.6%，人口占31.6%，土地占19%；贫农占总户数的54.6%，人口占50.2%，土地占11%；雇农占总户数的7.6%，人口占5.1%，土地占0.1%；其他占总户数的7.5%，人口占4.6%，土地占0.4%；公户土地占48.7%。

（二）土地改革全面铺开

土地改革运动全面铺开之前，揭阳县发生较大案件547宗，其中放火烧屋案8宗，这些案件主要是地主、富农破坏土地改革的阴谋。他们分散财产，烧毁房屋，屠杀耕牛，砍伐树木，制造谣言，恐吓群众，收买干部等。如新亨区山联乡地主勾结匪特，私藏枪支弹药；硕和乡下埔村地主送1名15岁的少女和1亩田给农会主席。

为打击地主恶霸的嚣张气焰，顺利开展全县的土地改革，1950年11月26日至30日，中共揭阳县委召开第一次干部扩大会议，参加会议的有县委委员、区委书记、土地改革工作队队长。会议对全县的土地改革工作提出三点要求：一是要坚决执行依靠贫雇农，充分发动群众的方针；二是要使全县干部在土地改革工作中得到实际锻炼，通过运动提高党的威信，巩固党组织，不得以形式主义开展土地改革；三是必须迅速完成土地改革，准备应付突发事件（如战争和自然灾害等）。

揭阳县委第一次干部扩大会议之后，全县的土地改革运动转入划分阶级阶段。揭阳县土地改革委员会和广东省土地改革工作团根据《中华人民共和国土地改革法》《中央人民政府政务院关于划分农村阶级成分的决定》和省有关土地改革政策，制订划分阶级的具体措施，要求工作队队员严格掌握划分阶级成分的各种标准，提出保护华侨、保护工商业、照顾小土地出租者的要求；充分发扬民主，提倡辩论说理，分别对待，以求划准。同时要求注意掌握地主与富农、富农与中农之间的界限，力求准确打击剥削阶级。在做法上，先划小后划大，先划地主后划富农，先划易后划难，通过自报公议，最后由区政府批准，三榜定案。

揭阳县土地改革运动的胜利，从根本上废除了封建土地制度，农民群众摆脱被压迫被奴役的命运，群众组织很快得到发展。在运动中，培养了一大批积极分子，提拔为区乡村干部。土地改革后，农民群众焕发出极大的生产热情，大搞农田基本建设，发展农业生产。

恢复和发展国民经济

揭阳县完成土地改革之后，结束了封建剥削制度，彻底改变农村的生产关系，让农民成为土地的主人，解放了农村的生产力。然而，由于农村刚从改革转入生产建设，农民在经济上未能摆脱贫困状态，生产资料严重缺乏，同时由于长期受封建制度的剥削，农村生产条件极为恶劣，对于一般自然灾害防御乏力，而且土地改革后的农村还是以户为基础单位的小农经济。因此，中共揭阳县委加快推动互助合作组织，开展爱国丰产竞赛，同自然灾害做斗争。

恢复发展农业生产是解放初期揭阳县委的重要工作之一，生产发展起来，农民的生活稳定，其他各项工作才能逐步铺开。在发展农业生产中，通过组织群众开展爱国丰产运动，树立典型，奖励模范，打消群众不必要的思想顾虑，全面掀起生产的热潮。群众通过观摩评比，学习交流，选育良种，改进生产技术，开展互助合作，不断取得新的成绩。1952年，揭阳县获爱国丰产模范互助组22个，其中获农业部奖励2个、粤东行署奖励12个、县政府奖励8个。平均每亩产粮食千斤以上的乡9个、村21个。个人获爱国丰产奖励的有62人，其中获农业部奖励7人、粤东行署奖励6人、县政府奖励49人。1952年，全县水稻总产量为227 790.75吨，比1949年增加54 382.75吨，增长31.4%。

中华人民共和国成立后，党和人民政府即着手解决水利问题，揭阳县政府设置建设科分管水利事业。1953年，国家开始执行第一个五年计划，揭阳县的水利事业得到进一步的发展。至1957年9月，全县连续修建安揭引韩工程、东凤引韩工程、老虎坡水库、老雨亭水库、梅东水闸等水利工程。从1950年至1957年，全县兴修水利工程1 653宗，受益农田面积达62.51万亩。全县耕地抗旱能力60天以上的有12万亩，30天以上的有13.93万亩，30天以下的有77.02万亩。

加强民主政治建设

揭阳县全境解放后，为加强民主与法制建设，根据《中国人民政治协商会议共同纲领》和《中华人民共和国全国人民代表大会及地方各级人民代表大会选举法》，全县开展基层普选工作，召开县、区、乡人民代表大会，建立人民代表大会制度。

一、做好基层普选工作

揭阳县在解放初期实施各界人民代表会议制度，对各项工作做出决策，各界人民代表通过多种形式民主选举产生。1950年至1953年，揭阳县共召开六届各界人民代表会议，代表产生的方式有：党政军、农民、工人、青年学生代表，通过召开座谈会，协商提名，举手表决的方式产生；文化教育、商业、妇女代表，采用推选的办法产生；工业、邮电、华侨、开明人士、宗教代表，由县人民政府聘请的方式产生。代表们发挥主人翁的精神，认真讨论、审查县委和县政府的报告，通过成立各界人民代表会议常务委员会，对各项重要工作做出决议，为揭阳县国民经济的恢复发展创造条件。

1953年3月，中央人民政府颁布《中华人民共和国全国人民代表大会及地方各级人民代表大会选举法》。依照选举法规定，各级人民代表大会的代表选举，分为直接选举和间接选举，直接选举是由选民直接投票选举人民代表大会代表，间接选举是由下一级人民代表大会选举上一级人民代表大会代表。揭阳县委、县政府根据上级的指示，部署全县的基层普选工作。1953年，揭阳县设立18个行政区、246个乡；2个区级镇、8个分区；4个乡级镇。第七区（卅岭）、第八区（磐西）、第九区（玉湖）、第十区（新亨）、第十一区（磐东）、第十二区（蓝东）、第十三区（梅北）、第十四区（梅东）相应设人民政府，区长由上级任命，下设乡政委员会，乡政委员会下设民政股、财粮股、卫生股，乡政委员会委员多则23~25名，少则9~11名。乡还成立农协委员会，乡长兼农协主席。

1953年8月，揭阳县制订基层普选工作计划，成立揭阳县选举委员会及办公室，区（镇）、乡相应成立选举委员会和普选法庭，具体负责普选工作及处理普选中的公民案件。

二、召开揭阳县第一届人民代表大会

1954年1月，揭阳县基层普选工作完成后，各区（镇）接着召开人民代表大会，选举出席县第一届人民代表大会代表，酝酿向县人民代表大会的提案。

经过充分的准备，成立揭阳县第一届人民代表大会筹备委员会，副县长刘百周任主任委员，下设秘书处、宣传委员会、提案整理委员会。1954年6月26日至7月2日，揭阳县召开第一届人民代表大会第一次会议，应出席会议代表460名，实际出席会议代表434名。会议听取和审议县政府工作报告，听取和讨论县委1954年工作方针、任务报告，传达讨论《中华人民共和国宪法草案》，做出各项决议，选举出席广东省人民代表大会代表。会议中心议题为：继续贯彻过渡时期总路线，开展以互助合作为中心、以农业生产为重点的全面增产节约运动。

1955年3月27日至30日，揭阳县召开第一届人民代表大会第二次会议，出席代表421名。会议听取和审议县政府工作报告，听取和讨论县委1955年工作方针、任务报告，依法选举县人民委员会组成人员，选举县法院院长，听取提案执行情况和会议提案（350条）审查处理意见报告。

第八节 文教卫事业得到恢复和发展

一、文化艺术事业蓬勃发展

中华人民共和国成立后，揭阳县贯彻中央文艺工作"百花齐放、推陈出新"的方针和为工农兵服务的方向，执行党的知识分子政策，编写并演出短剧、相声、快板、对唱等文艺节目，宣传党的政策，活跃城乡人民生活，使文化艺术事业得到蓬勃发展。

1950年4月，潮汕地委在揭阳县开展土地改革试点工作，官硕乡青年农民李昌松在土地改革的启发下，创作出揭露恶霸地主罪恶的诗歌《农民泪》，发表于《团结报》，得到潮汕地委领导的表扬。之后，李昌松组织村中8位农民成立官硕农民通讯组，后于1951年8月改称官硕农民文艺组，经常为党报写稿，组织群众读报，创作剧本，自编自演，宣传党的政策，丰富群众的文化生活。在县委的领导下，官硕农民文艺组成为全县群众文艺活动的旗帜。全县城乡创办许多文化点、美术组、业余剧团，培养一批文化活动骨干和文艺工作者。

1956年，李昌松和王细级（揭阳县另一名文艺工作者）出席在北京召开的全国文艺工作者代表大会，受到毛泽东等党和国家领导人的接见。之后，李昌松创作出诗歌《我和毛主席握手》，并发表于1957年的《诗刊》。

二、教育事业蓬勃活跃

中华人民共和国成立后，揭阳县委、县政府重视人民教育事业，贯彻教育为工农子弟开门的方针，全面接管并改造旧学校，广大工农子弟得到入学读书的机会，教育事业得到蓬勃发展。

（一）小学教育

中华人民共和国成立后，揭阳县军管会文教科接管全县526所小学，其中高等小学156所、初等小学370所。揭阳县委、县政府采取一系列措施，整顿和改造原有小学，大力发展小学教育。1951年8月，揭阳县贯彻教育部在第一次全国初等教育及师范教育会议上提出的"从1952年开始，争取在10年内基本普及小学教育"的要求，调整学校布局，初等小学并入高等小学，成为完全小学。工农子弟踊跃入学，学生人数激增。地处边远的老区人民也得益于这项措施，广大老区适龄儿童进入乡村学校接受教育。至1952年底，全县共办完全小学170所，招收学生95 771名。1953年，中国执行国民经济第一个五年计划，揭阳县贯彻"整顿巩固，重点发展，提高质量，稳步前进"的方针，教育事业开始有计划、按比例发展。随着国民经济的发展，人民生活水平逐步提高，工农群众对文化的要求更为迫切，纷纷送子女入学读书。至1956年，全县有完全小学165所、学生88 350名。

（二）中学教育

中华人民共和国成立后，揭阳县军管会文教科接管县立第一中学等8所中学。1950年初，创办私立梅岗初级中学，梅北、梅东中学生就近入学，就连较远的蓝东、新亨、玉湖也有部分中学生来梅岗中学读书。1952年，全县的私立中学都转为公立中学。1956年，为解决部分距校较远的地区学生就读问题，揭阳县在北洋小学、玉联小学、世德小学等附设初中班。一年后，这些小学附设的初中班都另建校舍，改为初级中学。1956年底，全县设立17所中学，在校学生1.46万名。

（三）成人教育

揭阳解放初期，全县青壮年（14至40周岁）中文盲半文盲的人数占总数的70%，老区、山区及偏僻的村庄文盲和半文盲比例更高。1950年初，全县掀起大办民众夜校和学习班的热潮，共开办民众夜校和学习班427间，近3万名青壮年接受扫盲教育。9月，第一次全国工农教育会议提出"开展识字教育，逐步减少文盲"的目标。揭阳县动员全体中小学教师和部分中学生参加扫除文盲工作，各中小学开设民众夜校班，夜校迅速发展到1 000多间，参加读书识字的民众达7万多名。1951年，扫盲工作继续发展，城镇和农村普遍开办识字班，农民、市民和职工参加学习的增至17万人。1952年5月，粤东行署文教处抽调各县文教干部500多人，在梅东区新寨、东面等地开展扫盲试点，推行"速成识字法"教学，共组织1.24万名农民参加学习。至6月底，这2个试点区有600多名学员达到脱盲标准。

三、卫生事业得到长足发展

揭阳县委、县政府高度重视卫生事业，带领群众开展爱国卫生运动。1952年，随着抗美援朝的节节胜利，美帝国主义在中国东北及沿海地区发动细菌战。当年3月20日至4月19日，美国飞机先后4次在揭阳县境内投放毒物、毒虫。为彻底粉碎美国发动的细菌战，1952年3月23日，中共潮汕地委和潮汕专员公署联合成立潮汕反细菌战防御委员会，同时派地委常委、宣传部部长吴南生率领一支64人的工作队奔赴揭阳县，在梅北区设立潮汕反细菌战指挥所，具体部署潮汕反细菌战运动。揭阳全县迅速在县、区、乡分别成立工作机构，投入反细菌战运动。工作人员采用黑板报、漫画、广播等多种形式进行宣传，发动群众对投放的蚊蝇毒物进行搜查处理。

与此同时，全县大搞清洁卫生、清除垃圾、疏通沟渠、改善厕所，大搞灭蝇、灭蚊、灭虫、灭蚤、灭虱、捕鼠活动，组织开凿、改良水井，实行饮水消毒，解决群众饮水卫生问题。经过反细菌战，群众的觉悟得到大大提高。

1952年7月14日至24日，揭阳县举办卫生防疫训练班，有学员120名。随后把参训学员编成工作队分赴各区、乡开展工作，继续在各区、乡开办卫生防疫训练班。到当年底，全县共举办卫生防疫训练班178个班次，受训人员23 498人，为全县反细菌战培养了骨干力量。在疾病防治方面，基本消灭天花、鼠疫、霍乱3类烈性传染病。

第九节 社会主义建设开端良好

从1954年夏开始，揭阳县对资本主义工商业进行社会主义改造。改造分两批进行：第一批为榕城镇、磐西区、玉湖区、新亨区、磐东区、蓝东区、梅北区、梅东区、安乐区、渔湖区、砲台区、地都区，共11区、1镇；第二批为其他7区、1镇。改造分三步进行：第一步是准备阶段，宣传发动，开展调查，摸清情况，制订改造方案。调查内容是全行业户数、从业人数、资金、营业额、费用、工资额、盈亏情况；改造方案包括人员安排、商业网点设置、组织清产核资小组人员。第二步是合营阶段，清产核资，定股定息；改组内部，调整商业网点，安排人员，由资本家自填、自估、自核、自报，工人或店员监督，各家商号代表互为评定。商品估价以国营商店为标准，定股定息，统一印发股票；做好人事安排，成立董事会，处理编余人员。第三步是整顿巩固阶段，建立制度，安排营业。

1956年1月3日，揭阳县委召开全县对资本主义工商业改造工作干部扩大会议，贯彻广东省委第一次市（镇）委书记会议精神，对全县城乡改造工作做全面部署。会后，通过宣传动员，并在全县农业合作化的推动下，城乡资本家和小商贩纷纷提出合营或合作要求。至1956年，揭阳县基本完成对资本主义工商业的社会主义改造。

随后，全县有条不紊地实现了对手工业、木帆船运输业和民营矿山等方面的社会主义改造。

社会主义改造的完成标志着社会主义制度已经基本建立。1956年9月15日至27日，党的八大召开，中国共产党领导中国人民进入全面建设社会主义的新阶段。

一、开展增产节约运动

1957年1月21日至26日，揭阳县召开第二届人民代表大会第一次会议，在决议中指出增产节约是建设社会主义的根本办法和克服各种困难的有效办法，提出：一是在各机关、团体、企业中进行调整机构、精简编制，检查与克服官僚主义、文牍主义，提高工作效率，克服铺张浪费现象。全体干部和人民群众要节约粮食、原料、开支，树立艰苦朴素的优良作风。要求贯彻"勤俭办社、勤俭办企业、勤俭治家"，"扩大生产，积累点滴，建国建家"。二是广泛、深入地进行宣传教育，使干部和群众认识增产节约的意义，在提高思想认识的基础上开展检查工作，普遍制订增产节约计划，迅速行动，并坚持下去。三是要加强领导，成立揭阳县增产节约委员会，各机关、团体、企业分别成立增产节约机构，加强对增产节约运动的领导。

1957年，揭阳县的农业增产任务，要求在实现"粮食千斤①县"的基础上，增产7.4%，其他经济作物、油料作物、养猪副业、造林等也要求增产。各区开展了增产节约竞赛活动，还因地制宜制订技术规程，保证各项增产措施的贯彻落实。据统计，1957年，全县早造57.3万多亩水稻，平均亩产221.3千克，突破历史最高纪录，比1956年增产7.7%，总共增产粮食1.7万担。1957年底，云路乡修建磨石坑水库，贯彻"勤俭办水利"

---

① 指平均亩产。

方针，节约工程费2 370元。

二、建成新西河灌溉工程

新西河灌溉工程位于揭阳县榕江北河——龙车溪上游，是20世纪50年代揭阳县最大的水利工程，也是全省的大型水利工程之一。

新西河灌溉工程，是揭阳县委和县人民委员会基于以下两方面的考虑而决定建设的：一是随着土地改革的完成和农业合作化的实现，广大农民要求发展生产，迅速改变农业低产的落后面貌，增加收入，同时也是党的中心任务。二是揭阳县解放前农业基础设施非常薄弱，农田灌溉面积有天然水可供的只占15%左右，解放初期修建了一些小型水利工程，还没有大面积解决问题，如遇几个月不下雨，则旱灾随之而来。据当时的揭阳县水利局统计，从1943年至1955年，全县平均每两年发生一次旱灾，估计每年每亩水田因旱灾损失稻谷23千克。如1955年，渔湖区在旱灾中早稻损失稻谷21万担，平均每亩比正常年景减产165千克。根据磐西、蓝东、磐东、新亨4个区13个乡统计，1954年至1956年堵溪河33次，平均一年堵河11次，出动劳力2.9万个，仅材料费就需要6 750元。为此，揭阳县委和县人民委员会决定兴建新西河灌溉工程，经水利部门详细勘查和设计，报汕头专署、广东省和中央有关部门批准后实施。新西河灌溉工程完成后，受旱威胁解除，受益区域每年可增产稻谷8万担左右。

1956年3月，新西河灌溉工程开始设计，并进行各项准备工作，成立工程指挥部，由县委副书记邱克明任主任，下设大坝工区、溢洪道工区、灌区指挥所、调度室、后方工作组、政工科、财务科、器材科、生活供应科、卫生科、秘书科、保卫科等职能科室。在施工期间还成立揭阳县支援新西河水库工程委员会，由县长吴者兼任主任，负责组织人力和物资支援新西河水库的建设。1956年11月29日至12月2日，新西河灌溉工程指挥部召开受益区域代表会议，讨论修建新西河灌溉工程工作，出席会议的有新亨、磐东、蓝东、渔湖等7个受益区的671名代表。会议对移民工作、土地作物补偿等问题做出若干项规定及安排。

新西河灌溉工程在1956年12月11日开工，1958年1月24日竣工。主体工程包括新西河水库、三洲拦河坝、罗山拦河坝。水利部广州勘测设计院地质科对坝址工程地质进行勘探，汕头专署治理榕江水利委员会对工程进行设计。参建民工达1.5万名，投入292万个工日，人民解放军出勤劳动力2.3万个工日；工程费490万元，使用钢材90吨、水泥2 277吨、木材2 000立方米、各种油料96吨，用电量47 350度，其他各种器材一大批；从省内外调用8台拖拉机等施工机械，共完成土石方301万立方米。建成工程包括水库大坝、溢洪道、浅水道；灌区的三洲、罗山2座拦河坝，及进水闸；港尾、德桥、吊桥3个反虹吸管，及下坝、锡坑2个隧洞等主要工程，渠道全长65.5千米，大小附属建筑物1 200宗。新西河水库坝高30米、长290米，水库集水面积91平方千米，总库容7 010万立方米，有效库容6 800万立方米。受益区域包括榕江中游的新亨、玉湖、锡场、桂岭、霖磐、白塔、磐东、渔湖、曲溪和榕城等乡镇，受益人口28万人，灌溉面积20万亩，同时解决榕城镇居民的饮水和揭阳糖厂的工业用水问题，还为龙车溪下游蕴藏的几千吨锡矿资源开采提供了条件。

新西河灌溉工程的建设得到上级的重视和支持，它是在揭阳县委、县政府的积极领导，解放军的大力援助，全县人民积极配合，广大技术人员、干部、民工发扬不怕苦、不怕累的精神，克服一个个困难的情况下建成的，是揭阳县社会主义改造完成之后进行社会主义建设的伟大成果，是全县人民劳动和智慧的结晶。工程从根本上解除了揭阳县榕江中游区域的旱、咸灾害，改变农业生产基础设施落后的状况，大大提高了灌区的农业生产力，保证城市居民饮水以及工业用水供应。

三、取得第一个五年计划成就

中华人民共和国成立后，揭阳县国民经济得到恢复发展，1953年开始制订实施第一个五年计划（1953—1957年）。1957年，全县工农业总产值19 742.17万元，比1952年的12 790.4万元，增加6 951.77万元。由于工农业生产的发展，促进市场经济活跃繁荣。1957年，全县社会商品零售额10 303万元，比1952年增长94%；全年税收2 115万元，比1952年增长1.22倍；财政收入666万元，比1952年增长2倍；财政支出763万元，比1952年增长1.44倍。城乡物资丰富，价格稳定，人民生活有明显改善。

国民经济在公社化和"文革"中发展缓慢

一、开展人民公社化运动

1958年，全国农村掀起人民公社化运动高潮。

9月9日，中共揭阳县委召开各乡党委书记战地会议，传达广东省委、汕头地委关于办人民公社的指示，经过讨论后，初步制订规划，将全县261个农业社并为14个人民公社，每个公社平均2万户左右，一般是2个乡合并为1个公社。会议确定9月13日全县实现人民公社化。9月9日，揭阳县第一个人民公社——红旗（渔湖）人民公社成立。9月13日，揭阳县取消乡建制，把20个乡和2个镇，261个高级农业生产合作社合并为14个人民公社；玉湖乡、新亨乡合并为新亨公社，曲溪乡、梅东乡合并为梅岗公社，白塔乡、磐西乡合并为磐岭公社，磐东乡改为磐东公社，锡场乡改为锡场公社。每个公社平均16 166户，其中最大的梅岗公社29 136户，最小的南山公社6 016户。

9月15日至16日，在人民公社的架子搭起来后，各公社召开第一次干部会议，参加会议的干部共2.1万名，讨论研究公社具体问题，建立各类新机构，订出新制度，组织生产新高潮。9月17日，揭阳县委召开各公社专管经营管理的书记会议，具体部署公社的各项工作，指出处理具体问题时应充分贯彻党的政策，处理好集体经济与个体经济。9月中旬，揭阳县办起公共食堂3 000多个，参加食堂的有8.3万多户，同时建立托儿组3 200多个，有13.7万名妇女摆脱家务工作。

人民公社实行政社合一体制，初期生产组织按营、连、排建制；取消按劳分配制度，取消自留地；社员在排参加生产劳动，也可由公社统一调配；取消出勤评工记分，实行劳动工资制；大办食堂，吃饭不要钱。

1959年9月，县辖人民公社再度划分，磐岭公社分为白塔、磐西2个公社，新亨公社分设锡场公社。1961年1月，白塔公社分设龙尾公社，磐西公社分为霖磐、桂岭2个公社，新亨公社又分设玉湖公社，锡场公社分设城郊公社，梅岗公社分为曲溪、埔田、云路和玉滘4个公社。1975年，磐东公社分设月城公社。至此，今揭东区境内共设有龙尾、白塔、桂岭、霖磐、月城、磐东、玉湖、新亨、锡场、埔田、曲溪、云路和玉滘13个公社。

人民公社化运动给经济社会发展造成了一定的影响：

大办公共食堂不适应当时中国农村的生产力发展状况，破坏了按劳分配的原则；"放开肚皮吃干饭"的口号缺乏精打细算的依据；群众的思想认识水平还处在社会主义初级阶段，一下子就要求他们都具备共产主义的思想觉悟，是一种违背客观规律的做法。虚报粮食产量，食堂粮食大量浪费，很快造成粮库空虚，食堂的散伙是迟早的事情。

人民公社的浮夸风在指导思想上忽视自然规律和经济规律，夸大主观意志和主观努力的作用，急于求成，轻率从事，提出许多脱离实际的口号，结果导致出现以高指标、瞎指挥、浮夸风和"共产风"为主要标志的错误。由于生产关系被搞乱，挫伤人民群众的积极性，工农业生产遭到破坏，加上1960年至1962年上半年揭阳县连续遭受严重的自然灾害，结果出现经济生活的暂时困难。1961年与1957年比，全县工农业总产值下降26%。全县特别是老区群众吃、穿、用都有困难，生活水平严重下降，断粮户、困难户、水肿病人普遍出现，借高利贷、出卖家具衣服、外出求乞或逃荒等现象在部分社队出现。人口死亡率超过正常情况，干部和群众的关系遭到严重损伤。同时，强调大搞阶级斗争，"左"倾思潮迅速泛滥，党内民主风气遭到破坏。

1961年1月，揭阳县贯彻落实"调整、巩固、充实、提高"的八字方针，采取措施纠正"大跃进"和人民公社化运动的错误，集中力量恢复和发展农业生产，同时制订工业、商业、教育、科学、文艺等方面的工作条例，促进全县经济形势的好转。

1963年，揭阳县委贯彻以农业为基础、以工业为主导的方针，大力支援农业生产；全面开展增产节约运动，掀起"五好"劳动竞赛；进一步调整工业企业，提高工业企业管理水平；改进经济工作，密切工商关系，促进国民经济继续调整。

1965年初，揭阳县国民经济有所恢复和发展，银行各项存款逐渐回升。至1966年底，农村存款和各项存款总额分别达到518.4万元和1 341.6万元。

1965年7月，为便于管理和发展经济，将县境棉湖、东园、五经富以西的13个公社（镇）析出，并从陆丰县划出五云、上砂2个公社，分设揭西县。至此，揭阳县仅辖19个公社和榕城镇。

二、全县各项事业遭受严重破坏

1966年5月，中共中央召开政治局扩大会议，通过《中国共产党中央委员会通知》（即"五一六通知"），"文化大革命"拉开序幕。

6月14日，揭阳县委成立文化革命领导小组，负责领导揭阳县"文化大革命"运动。此后，"文化大革命"运动逐步在全县蔓延开来，教育界、党政机关等随即受到冲击，县委、县人委等机关陷于瘫痪，大批干部群众遭到迫害。革命老区所在的公社、乡也被波及。全县各项事业遭受严重的破坏。

1967年3月25日，成立揭阳县军事管制委员会，对全县实行军管。1968年3月26日，实现革命大联合，成立揭阳县革命委员会，全县混乱状态有所改变。1970年，中共揭阳县第四次代表大会召开，县委和各级党组织逐步恢复，全县局面相对稳定，各项工作出现转机。

1976年10月，中共中央一举粉碎"四人帮"，"文化大革命"运动宣告结束。

"文化大革命"给揭阳县带来深重的灾难，留下极其惨痛的教训。十年间，揭阳县党内外广大干部群众对"左"倾错误的抵制和抗争一直没有停止，使其破坏性受到一定程度的限制，经济社会建设取得一定的成果。

第八章

改革开放时期

全面拨乱反正 老区迎来新的发展

1978年12月，中共十一届三中全会恢复和发展毛泽东倡导的实事求是的思想路线，做出把全党的工作重点转移到经济建设上来的重大战略决策，揭开中国经济体制改革的序幕，开创社会主义现代化建设的新局面。揭阳县委认真贯彻落实中共十一届三中全会精神，带领全县人民实现伟大的历史性转折，同时加快平反冤假错案的工作，进一步落实干部、知识分子、上山下乡知识青年回城安置、侨务等方面的政策，调整理顺各方面的社会关系，调动全县人民的积极性。贯彻落实中共中央"调整、改革、整顿、提高"的八字方针，严格执行计划生育政策，控制人口的过快增长。采取一系列有力措施，充分发挥广大人民群众的主观能动性，加快农业生产的发展，使农村的面貌发生较大的变化。同时，加强社会主义民主法制建设，恢复县人民政府，逐步实行党政分开，成立揭阳县人民代表大会常务委员会，实行权力机关和行政机关分开。严厉打击走私贩私活动，保证全县改革开放的顺利进行。恢复揭阳县委纪律检查委员会，改善党的领导，增强广大党员的党性和组织纪律性，实现政治上的安定团结，使全县的社会发展开始走上正确的轨道。

老区人民在全面拨乱反正中迎来了新的发展，在农村落实各种形式的生产责任制中，老区群众的积极性得到充分的发挥，生产门路越来越广，经济越搞越活，富队、富户的数量不断增多。粮食生产与多种经营的比例关系得到调整，农业生产内部结构更趋合理；农村商品生产发展较快，商品率提高；集体、联营和个体等多种经济成分同时得到发展。

1981年8月，中共揭阳县委提出在继续贯彻落实国家经济政策上突出"包、放、活"三个字，其中"包"字就是坚持从实际出发，因地制宜，落实和完善各种形式的生产责任制，实行包产到组、到户、到劳动力，把群众的积极性充分调动起来。位于北部山区的玉湖、新亨、埔田和云路等地老区群众的积极性被调动起来，开始承包山林、果林，种植经济植物，提高土地增值。

在关爱老区人民方面，县委提出，要落实对五保户和军烈属的照顾，帮穷扶贫，管好用好集体财产，充分发挥集体经济的优越性。

1982年，揭阳县委继续贯彻落实以双包责任制为中心的各项经济政策，充分调动群众的积极性，促进集体经济和社员家庭副业一齐发展，使农村经济更加繁荣。玉湖公社坪上大队社员在种植茶叶的同时，兼种了香蕉、青榄和杂果等经济作物，加大集体经济的收入；大坑大队社员也扩大了甘薯、木薯和花生的种植面积。锡场公社大寮大队则加大了甘薯和蔬菜的生产。埔田公社的祯祥坑大队也广种香蕉、竹笋、橄榄、龙眼等。在家庭副业方面，锡场公社的江滨大队则发动群众编织麻绳和叶蓑，用传统的手工业来增加集体经济收入。当年，全县农业获得增产丰收，农业总产值33 000万元，粮食总产量44 190万千克，其中稻谷34 556万千克；林、牧、副、渔各业都有新的发展，水果总产量超过30万担，生猪饲养量78万头，均创历史最高水平。位于北部山区的老区人民尝到了落实双包责任制的甜头。

加强农村政权建设　商品生产蓬勃发展

一、加强农村政权建设

1983年11月，揭阳县着手改革人民公社体制，进行社改区的工作，以公社设区，一社一区，区设区委会、区公所和区农工商联合公司，区委会是中共揭阳县委的派出机关，区公所是县人民政府的派出机关。区委会和区公所的组成人员由县委和县政府分别任命，区设公安派出所和人民武装部。

12月，揭阳县社改区工作完成，全县共设立20个区和1个镇，今揭东区境内设置了13个区，分别是：龙尾区、白塔区、桂岭区、霖磐区、月城区、磐东区、锡场区、新亨区、玉湖区、埔田区、曲溪区、云路区和玉滘区。

为加强基层政权建设，健全社会主义民主与法制，实现党政分开，根据上级的部署，撤销区公所，建立镇人民政府。1987年3月，揭阳县完成基层政权建设，全县设置20个镇、31个居委会、314个村委会。今揭东区境内设置了13个镇，分别是：龙尾镇、白塔镇、桂岭镇、霖磐镇、月城镇、磐东镇、锡场镇、新亨镇、玉湖镇、埔田镇、曲溪镇、云路镇和玉滘镇。

1988年4月，揭阳县委、县政府发出《关于在行政村建立村公所的通知》，在全县行政村建立村公所，受镇政府委托，指导支持和帮助村民管理委员会、经济联合社的工作。1988年，揭阳县民政部门配合县政府做好建立卫星镇的调查、申报工作。3月，经上级批准，揭阳县20个镇均为卫星镇。

二、老区农村在土地承包中获得发展

1984年，中央1号文件提出在稳定和完善生产责任制的基础上，提高生产水平，梳理流通渠道，发展商品生产。要求土地承包期一般延长到15年以上，鼓励农民增加投资，培养地力，实行集约经营；种植果树、林木的荒山、荒地等承包期应当更长一些；制止对农民的不合理摊派，减轻农民的额外负担。指出自给半自给经济向较大规模商品生产转化，是发展中国社会主义农村经济的必然过程；只有发展商品生产，才能促进社会分工，提高生产力，使农村繁荣富裕起来，加速实现中国社会主义农业的现代化。2月13日，揭阳县委召开县直机关干部大会，指出农民要克服怕政策变的思想，大胆地勤劳致富，自觉地在商品生产中运用科学技术搞好经营管理，提高经济效益。干部要深入调查研究，摸清本地区有哪些优势，注意发展那些既传统又适销对路的项目和产品。提倡用抓粮食生产的劲头来抓商品生产，加快全县农村商品生产的发展步伐。

当年秋收前，揭阳县在延长土地承包期的基础上，引导农民群众大胆调整种植布局，扩大经济作物比重，收到很好的经济效果。特别是蘑菇生产，在资金、技术、销售等方面给予扶持，全县蘑菇生产出现大发展的局面，成为农村家庭经济收入的一大门路，从而推动产业结构的改革，使农村进一步分工分业，农村企业蓬勃发展。

1985年10月29日，揭阳县委召开常委扩大会议，强调以调整农村产业结构为核心，深入进行农村第二步改革，大力发展商品生产；调整粮食、经济作物比例，合理安排种植布局；大力开展非耕地经营，抓好蘑菇生产和发展饲养业、养殖业；发展劳务输出，发展乡镇企业，搞好农田水利基本建设；县直有关部门要为发展农村商品生产服务，切实加强社会主义精神文明建设，实现农村社会风气的根本好转。当年，全县粮食和经济作物比例调整为69.5∶30.5，全年农业总产值3.43亿元。其中，经济作物总产值3 920.6万元，香蕉、柑橘等水果种植面积达14.99万亩，总产量达105万担，水产养殖面积2.23万亩，总产量29.24万担。

经过调整农作物布局，改革农村经济结构，整顿发展乡镇企业，开拓发展农村第二、三产业，建立以种养业为主的商品生产基地，大力发展香蕉、柑橘等水果和水产养殖业，鼓励扶持重点户、专业户发展商品生产，实行农村剩余劳动力向外地输出等，使揭阳县农村的经济形态向商品经济转变，促使农、林、牧、副、渔生产获得全面发展，人民生活水平得到不断提高。

老区人民利用山区宜于种果的有利因素，纷纷投身水果种养业上来，大力发展有地方特色的水果种植业。埔田镇车田村利用山冈黄壤沙质土，广种竹笋、菠萝、香蕉、橄榄等水果，并荣获"竹笋、菠萝之乡"的美称。马硕村利用山坡地种植香蕉、柑橘和龙眼。云路镇北洋村是古山二号龙眼的发源地，也在村中广种龙眼。赵埔村也在村中广种香蕉、竹笋。老区各地农村商品生产生机勃发，成绩喜人。

三、乡村企业为老区经济注入活力

经济体制改革使农村面貌发生巨大变化，建立家庭联产承包责任制，发展农业生产，乡镇企业、乡村企业异军突起，带来农村生产力的又一次飞跃。1984年3月，中共中央、国务院转发农牧渔业部《关于开创社队企业新局面的报告》，把"社队企业"更名为"乡镇企业"，提出发展乡镇企业的总方针是热情支持、积极引导和管理，使其健康发展。为加强对乡镇企业的领导，8月，揭阳县农村集体企业管理局更名为揭阳县乡镇企业管理局，大力扶持乡镇企业。

1984年，揭阳县委贯彻落实中共中央、国务院转发农牧渔业部《关于开创社队企业新局面的报告》的精神，放开手脚，发展多种经济形式，打破国营企业一统天下的局面，大力支持和扶持集体、个人进城镇投资办业，务工经商，发展多层次、多种经济形式的企业。1985年10月29日，揭阳县委召开常委扩大会议，要求各区乡要结合落实企业承包方案，抓好企业的整顿，重点是抓好调整企业领导班子和完善承包责任制两件事。在整领好乡镇集体企业的同时，积极支持和大力发展专业户、联合体。农村工业的个体户和联合体，作为新的生产力的代表，纳入乡镇企业的范畴。乡镇企业要积极开展外引内联，引进新技术。同时，利用地处沿海，毗邻特区的优势，大力发展"三来一补"业务，解决剩余劳力出路，增加经济收入。通过提供对外加工、合资经营、技术培调或者有偿转让、租赁等形式，把技术、设备和产品输送到农村，带动农村工业的发展。1986—1991年，全县乡镇办及村办企业从18 979家增加到23 222家，增幅22.4%，总收入从3.75亿元增加到16.36亿元。

锡场镇锡中村在这场乡镇企业创办活动中，诞生了一批以食品生产为龙头的乡村企业，为乡村经济发展注入了生力军。锡东村则产生了以竹笋生产为产业链的竹笋加工企业，此外，锡中、锡东和锡西村还有毛织、电线、印刷、五金、服装、建筑材料、汽车修配等企业。这些企业在活跃乡村经济的同时，也让锡场的经济建设搭上了快车道。

此外，锡场镇的大寮村办起了五金、塑料制品、纺织等企业。曲溪镇的路篦村办起了金属制品、塑料制品、食品加工等私营企业和家庭小手工业。老区群众办乡村企业，增加了收入，也为老区经济的发展做出了贡献。

在改革开放大潮中，第三产业在各地迅猛发展。老区人民在大力发展经济的同时，也办起了一大批第三产业项目。原来以农业经济为主导的老区经济逐渐转变为既有农业经济，又有乡镇企业工业经济，兼有服务业等第三产业的第一、二、三产业共同发展的经济。

锡场镇的锡中、锡东和锡西村，因地处镇区，且国道G206线从镇区穿过，老区群众于国道旁办起了各种有地方特色的餐饮店，服务过往群众。锡场粿条成为沿路多家餐饮店的一大特色。紧邻餐饮店的，还有汽修汽配店等一些服务店。此外，理发店、个体印务部、个体药店等服务性商店也如雨后春笋般出现。

在云路镇北洋村和田东村，因分别位于省道S335线南北两侧，交通便捷，过往车流量多，老区群众在路旁办起了一些餐饮店。村里也办起了各类美发美容、汽车摩托车维修等小型服务店。

在埔田镇牌边村和湖下村，因靠近县道X114线，并靠近埔田镇区，老区群众也办起了多家餐饮店，推销埔田特色菜——炒笋粿。两村还在沿路办起了各类服务性的零售便利店。

四、老区交通环境大为改善

革命老区大都位于山区腹地，交通较为落后，这不利于发展老区的农业生产。改革开放后，各级党政机关加大对老区交通建设的投入，一批等级公路通抵各个革命老区，使老区人民出入搭上了交通的"快车道"。

20世纪70年代，国道G206线烟（台）汕（头）公路揭丰段开始进行改造，改造后以沥青路面为主，部分为四级砂土路；1991年再次改建为平原微丘区水泥砼二级公路，1993年8月建成通车。这一路段的建造，使得玉湖、新亨、锡场等地的老区人民有了南来北往的交通大道。

1987年，省道S335线樟（汕头澄海樟林）公（汕尾海丰公平）公路榕西至磐东段改建为沥青三级公路；1995年又改建为水泥砼二级公路。1989年，月城至龙尾段改建为沥青三级公路，1992—1997年再次改建为水泥砼二级公路。1993年，玉滘至云路段按平原微丘区水泥砼二级公路标准进行改建，同年云路至曲溪段按平原微丘区水泥砼一级公路标准进行改建。这条省道的建造，使得玉滘、云路、曲溪、磐东、霖磐、桂岭、白塔和龙尾等地的老区人民的交通环境得到了改善。

此外，县道X107线马（普宁洪阳马南山）五（房）公路也于2000年由原来的四级砂土路改建为水泥砼二级公路，2004年新亨路段日交通量平均达12 559辆。县道X114线锡（场）曲（溪）公路、县道X115线英（新亨英花）篮（月城篮头）公路也由砂土路改建为水泥路。连接各老区村庄的一批乡道，也由砂土路逐渐改建为水泥路。老区群众出入基本实现公路硬底化。

在铺建和改造公路的同时，一大批桥梁也在各地建了起来。1984年12月，枫口大桥建成通车，往返于曲溪、砲台的车辆自此不再搭轮渡横过枫江。1991年初，罗山大桥建成通车，往返于新亨、月城的群众不必再撑船渡过北河。此外，1988年玉湖的坪上桥建成通车，1989年埔田的车田桥、长青桥和云路的赵厝埔桥建成通车，1990年埔田的富岭桥建成通车。

筑路修桥，老区人民走出山区，踏上致富路。

五、农村改灶节燃　全县推广祯祥坑经验

1986年，全县改灶节燃工作在上半年完成93%的基础上，继续抓巩固工作。全县25万农户全面转为煤灶厨房。沼气利用方面，重点推广祯祥坑、山东围2个能源新村的经验，同时研制出新式"钢模"建沼气池工艺，参加广东省模具评比获第一名。

1987年，农户维修、扩建沼气池450个，维修病态池1 560个。至年底，全县累计有沼气池9 200个，为农村新能源的开辟发挥了作用。8月和10月，国家和省的农业主管部门两次到揭阳为沼气利用工作录像，并列为国家农业展览馆的展面，并继续在全县农村推行改烧柴草为烧煤的工作。

1988年，全县沼气池的建造推广新技术，全面采用钢模整体一次现浇工艺；和省里合办玉湖观音山和埔田祯祥坑等能源示范村。全县共新建沼气池453个，并加强对老池、病态池的维修和改建，进一步发挥了沼气池的综合功能和社会效益。继续推行改烧柴草为烧煤，推广86型齿轮窝节煤炉10万个。

1989年2月，县沼气办公室把过去分散且较为落后的三合土建池工艺改为钢模混凝土一次成型新工艺，并在祯祥坑村进行试点，获得成功，被广东省农业厅确定在全省推广。

1990年4月，广东省农业厅副厅长前宪渝来揭阳县调查沼气综合利用纵深发展示范项目——东山、玉湖、埔田三镇沼气与水稻栽培面积3 600亩的实验情况。12月，揭阳县沼气办公室与汕头市沼气办公室、沼气技术推广站同时获得广东省农业厅1990年科技推广三等奖。

教卫文体事业得到良好发展

一、大力普及九年制义务教育

1983年11月8日，揭阳县委、县政府发出《关于进一步办好我县教育事业的决定》，提出要充分认识教育事业在四化建设中的重要地位和作用，积极发展各项教育事业，为加快揭阳县经济发展做好人才准备；各区（镇）、乡要在基本普及小学教育的基础上，做好小学改为六年制的工作；结合农村体制改革，适当调整小学布局，统一实行以乡办完全小学，村设分教处。

1984年秋季，揭阳县小学开始实行五年制向六年制过渡，计划三年完成。1985年5月，中共中央发出《中共中央关于教育体制改革的决定》，提出教育改革的目的和任务，改革教育管理体制，扩大学校办学自主权，把发展基础教育的责任交给地方，有步骤地实行九年制义务教育。10月，揭阳县委、县政府召开全县教育工作会议，把小学、初中分别下放给村、镇管理，初步实行分级办学、分级管理的教育体制，有效地调动各级办学的积极性，拟订全县普及九年制义务教育规划。

1986年，《中华人民共和国义务教育法》颁布，普及九年制义务教育。揭阳县把发展初中教育作为普及九年制义务教育的重点，调整初中布局，落实发展初中规划，全县新办独立初

225

中5所，总共92所。

1989年初，全县推行"两聘两制、一包一奖"的教育内部管理体制改革。当年暑假，全县开展"两聘两制"的中小学共210所，任教职工5 521名。

在教育机构改革中，革命老区的村委会基本承担本村的小学教育管理工作，并切实实施九年制义务教育。与此同时，一大批村办幼儿园、私办幼儿园在老区村庄中办起来，老区孩子基本在家门口就能接受幼儿教育和小学教育。

二、改革大队一级卫生机构的管理形式

1980年，揭阳县被卫生部和广东省确定为全国三分之一县卫生事业整顿建设试点县和广东省第一批三分之一县建设两个重点县之一（另一个为增城县）。按照卫生部和广东省卫生厅建设标准，1982年，揭阳县政府将大队一级卫生机构改革为以集体办医为主，由赤脚医生集体承包办大队卫生站，一些边远大队由赤脚医生个人承包办卫生室等多种形式办站（室）的管理形式。当年底，全县有一半以上大队由赤脚医生承包办站。在改革中，揭阳县正确处理好卫生院与赤脚医生队伍的关系，医疗与预防的关系，经济收入与医疗效果的关系，门诊与住院、临床科室及医技科室的关系，使卫生院管理改革得到较好发展。

改革中，老区各村纷纷建立起村卫生站（室），服务村里群众就医问病工作。镇级卫生院也对各村卫生站（室）医生进行了业务培训和指导。

三、文体事业得到发展

改革开放以后，揭阳县的城乡文化活动活跃，人民群众的文化生活丰富。揭阳县文化馆协助各地建立文化站和文化室，

形成以乡村文化室为基础，以区（镇）文化站为枢纽，以文化馆为指导中心的城乡群众文化工作网。1985年，全县乡村、街道、工厂、学校设立的图书馆（室）有200多个，基本实现了县、区（镇）、乡图书阅览网。

随着改革开放的深入发展，新旧思想观念的更替、城乡经济体制的转型、新兴文化娱乐形式的传入给文化工作提出新的挑战和机遇。县级和一些区（镇）级潮剧团走出剧场，重返广阔的农村演出广场戏，使潮剧获得新的发展空间。电影放映的形式、影片来源、服务质量等方面有了提高。广播电视事业也得到了很大发展，到1991年，全县有乡村广播室435个，有各类电视机11万台，每户至少有1种广播、电视接收工具。电视机开始进入老区，成为老区人民日常生活的一部分。老区群众通过接收天线收看中央电视台、省台和县台的电视节目。

体育事业也有了长足的发展，群众体育运动有所增加。老区村大多建起了篮球场，购置了乒乓球桌，方便村民进行体育活动。锡场镇潭王村恢复了村里的传统技艺，制作起龙舟，并在村里开展赛龙舟活动。每年端午节前后，北河上都会出现潭王村龙舟健儿击鼓逐浪的欢快场面。

1986年，县老干部局联合县体委等10个单位在全县评选30位70岁以上的健康老人，评选条件为：身体健康，对社会有一定贡献，在民众中有良好声誉。玉滘区尖山乡100岁的陈竹香以"支持儿孙做好革命工作，和睦家庭，团结邻里"，埔田区埔田村99岁的高淑莲以"勤劳耕种，爱惜儿孙，团结邻里"，锡场区锡西乡76岁的林岳寻以"热心钻研农科技术，曾出国任农业专家"，云路区洪住乡73岁的谢锡潘以"多年任民事调解工作，秉公办事，受到群众好评"被评为健康老人，这4人成为老区健康群众的代表，受到县里表彰。

第四节 揭东置县 翻开新的一页

一、揭阳设为地级市 揭东置县

1991年12月7日，经国务院批准，撤销揭阳县建制，设立揭阳市（地级），将原揭阳县析为榕城区和揭东县，并管辖揭西、普宁和惠来三县。揭阳的历史翻开新的篇章。

新设置的揭东县管辖曲溪等15个镇，县人民政府驻曲溪镇。今揭东区所辖13镇（街道）位于揭东县的中部、西部、北部和东北部。曲溪镇也翻开了新的一页，成为一个拥有100万人口大县的新县城。

1992年5月1日，中共揭东县委、县人民政府在榕城区原揭阳县政府大院举行揭牌仪式。1995年，揭东县党政机关办公大院在县城曲溪滨江路建成，县委、县政府迁出榕城区，进驻曲溪。

揭东，自此作为一个县级政区的名字出现在广东省东部的潮汕平原大地上。

二、广梅汕铁路通车 高速公路网形成

1995年1月19日，广梅汕铁路铺轨至揭东县境内的玉湖镇汾水村，革命老区迎来整个揭阳市第一节铁轨。自此，老区人民盼望已久的铁路铺到了家门口。

广梅汕铁路西起广州，东经东莞、惠州、河源至梅州，再

由梅州东南行经揭阳、潮州，最终抵达汕头，全长480千米。广梅汕铁路揭阳段全长42.13千米，大部分在揭东境内，由玉湖入境后向东南行至新亨、锡场，进入榕城区境，再出境重入揭东的曲溪、云路，在玉滘进入潮州境内。揭阳段设有揭阳火车站和新亨、揭东两个货运站。

1995年12月28日广梅汕铁路客运全线开通，1996年10月新亨站开通货运，1997年揭东站开通货运。老区人民从此可以坐上列车到市外、省城、省外经商和旅游，而一大批老区农产品也搭上了火车，快速销往全国各地。

在圆了铁路梦之后，揭东县境内的高速公路也一条条建了起来，初步形成了高速公路网。老区人民出入有了更多更便捷的交通方式。

2003年12月8日，揭普高速公路建成通车，这是揭东县境内第一条高速公路。揭普高速公路起于揭东锡场，止于普宁池尾，与普惠高速公路相接，全长46千米，其中揭东县境内15.8千米，途经锡场、霖磐进入普宁，是揭阳市区、揭东县通往普宁、惠来、深圳、广州的重要通道。

2003年12月20日，汕梅高速公路新亨至梅州段建成通车，2014年1月18日，新亨至汕头段建成通车。汕梅高速公路揭阳境内全长46.5千米，从揭东县玉湖入境，由西北向东南行经新亨、锡场、埔田、云路、玉滘，从登岗出境，进入潮州，再经过揭东县地都，进入汕头。

与此同时，揭东县境内的各条等级公路也进行了升级改造，与高速公路实现接驳。国道G206线烟汕公路揭阳段2005年改造后，有一级公路32.42千米、二级公路23.18千米、永久性桥梁35座949米。省道S335线樟（汕头澄海樟林）公（汕尾海丰公平）公路揭阳段改造后，有永久性桥梁31座1 343延米。

第五节 江泽民考察揭东 [1]

1995年12月30日，中共中央总书记、国家主席、中央军委主席江泽民来到揭东县埔田镇庵后村和长岭村视察，这是中央领导首次来到揭阳，来到揭东的革命老区，老区人民备受关怀和鼓舞。

当天上午9时30分，江泽民总书记乘坐中巴从汕头来到了埔田镇庵后竹笋基地视察。中共中央政治局委员、中共广东省委书记谢非和省委副书记、省长朱森林，广州军区司令员李希林、政委史玉孝，以及中央有关负责同志傅全有、曾庆红等，随同江总书记考察。江总书记一下车，便兴致勃勃地参观了竹笋林。他边走边听取揭东县委书记陈家俊的介绍。地处山区的庵后是竹笋种植专业村，全村人口6 285人，耕地面积4 000多亩，山地4 700亩，其中竹笋种植面积2 500亩，年可产竹笋8 000吨，创值960万元，获纯利860万元，单竹笋一项全村人均纯收入达1 300元。江总书记了解庵后基本情况后，看着茂密的竹林、勃发的竹笋，向陈家俊和埔田镇党委书记林良江询问起冬笋、春笋的区别和每株笋竹年收入多少，又向种笋专业户高列昭了解其家庭人口、承包竹林事项、每亩年创值等方面的情况。高列昭告诉总书记，他家有5口人，自己的责任田种了香

---

[1] 本节内容摘自《揭阳日报》1996年1月1日。

蕉，向村里承包的竹笋林地有15亩，每亩年施肥款约500元，主要是夫妇二人负责种植和管理，竹笋年纯收入达6万元，上缴给村里的承包款3 000元，这几年致富全靠党的好政策。江总书记非常高兴地拿起了竹笋，赞扬高列昭"有本事"。省、市、县领导向江总书记汇报，说庵后村农民富了，集体经济也壮大了，专业户的房子建得挺漂亮的，全村80%的农户用上了电视机。江泽民说，这里的发展不得了，这是文明的标志。他还称赞竹笋基地空气很新鲜，没有污染，感觉很舒服，随后与同行的同志和专业户在竹林里合影留念。

离开了庵后村，江总书记一行来到了埔田长岭香蕉基地。这里从田野到山坡，道路两旁，漫山遍野皆是蕉林，硕果累累，蕉香阵阵，风吹蕉林，绿海翻波，气象万千。改革开放以来，长岭的农民创"三高"的实践已经昭示：蕉海出黄金，银行在山上。这里仅有2 760人，家家户户种植香蕉，种香蕉面积已达到2 500亩，年可创值1 000多万元，人均收入3 000多元，全村农户基本普及电视机、洗衣机、石油气炉具。江泽民访问了农户李淡卿家，他看着李淡卿建起的双层楼房和屋里的陈设，亲切地询问其家庭生产和生活的情况。李淡卿告诉江总书记，她一家四口从1990年起将2亩责任田全部种植香蕉，以后逐年向集体承包耕地扩种，现已种香蕉15亩，今年仅香蕉一项就纯收入4.6万元，加上其他副业收入2万元，全年纯收入达6.6万元，新楼房的建设投资12万元。当她谈及她不算本村收入最多的农户时，江总书记连声说好，他看到在这偏僻的山村中农民靠种植业致富奔小康的情景，心里十分高兴。当江总书记走出李淡卿家时，欢欣雀跃的儿童和群众已经迎了上来，簇拥着他。江总书记笑容满面，和蔼可亲地抱起一个天真活泼的儿童，称赞小孩活泼可爱，并用双手托高小孩。这时全场群众都无比激动、无比兴奋，人群中响起了热烈的掌声。

江泽民总书记视察埔田镇庵后村和长岭村，深入到边远山寨，关心山区人民的生产、生活，关心儿童的健康成长，肯定了揭东农业创新的经验，给老区人民带来了关怀和鼓舞。老区人民群众加快改革步伐，建设美好家园的信心更加坚定了。

揭东撤县改区　加强老区基层政权建设

一、揭东撤县改区

2012年12月7日，国务院做出《关于同意广东省调整揭阳市部分行政区划的批复》，批准对揭阳市部分行政区划实施调整，同意撤销揭东县，设立揭阳市揭东区，将揭阳市榕城区的磐东街道划归揭东区管理，以原揭东县（不含地都镇、砲台镇、登岗镇）和榕城区磐东街道的行政区域为揭东区的行政区域，将原揭东县的地都镇、砲台镇、登岗镇划归榕城区管理；揭东区人民政府驻曲溪街道金溪大道南侧1号。

根据国务院的决定和中共广东省委、省政府的部署，结合揭阳经济和社会发展的实际需要，揭阳市对市区进行调整，在揭东区范围内划设蓝城区（后改为揭阳产业园，面积211平方千米，人口约40万人），代管磐东街道和桂岭、月城、霖磐、白塔、龙尾5个镇。揭东区管辖曲溪街道和玉湖、新亨、锡场、埔田、云路和玉滘6个镇，面积498.32平方千米，人口约58万人。

揭东在揭阳市的城市扩容提质中迎来新机遇，成为揭阳城市建设的一个组成部分。

2013年3月2日，揭东区举行挂牌办公仪式。

2020年9月，由揭阳产业园代管的磐东街道和桂岭、月城、霖磐、白塔、龙尾5个镇划归揭东区管辖，揭东区面积达到

233

709.32平方千米，人口约111.98万人。

二、加强老区基层政权建设

从1998年10月开始，揭阳全市农村开展撤销管理区办事处（村公所），依法设立村民委员会试点工作。揭东县白塔镇作为市5个试点镇之一完成了镇内村委会的选举工作，选民参选率达98%。1999年上半年，揭东县全面铺开理顺农村基层管理体制工作，在各村推行村务公开、民主管理制度，积极开展村民自治示范活动。

揭东所属各个革命老区村，全部由村公所改建为村委会，实施民主选举村委会组成人员，实行村民自治。每届村委会任期3年。

从1999年至2017年，每届村委会换届之前，揭东县（区）、镇部门组织镇、村相关人员进行集中培训，加强对选举工作的组织领导，确保选举在严格、规范的程序中进行，并顺利产生新一届村委会成员。县（区）、镇还定期举办村务公开民主管理工作业务培训班，提高镇级、村级干部村务公开民主管理工作业务水平。

2016年，揭东在全区加强村务公开民主管理，开展村务公开"五化"（即设施建设标准化、公开内容规范化、公开时间经常化、公开形式多样化、公开地点公众化）创建工作，并加强督查指导，推进村务公开工作常态化；围绕"九有"标准（即有人员、有场所、有牌子、有章子、有经费、有制度、有奖惩、有培训、有记录）设置工作要求，规范建设村务监督委员会。同时，开展农村社区建设试点工作，以革命老区埔田镇牌边村作为试点村，连同其他3个村，率先探索推进农村社区建设新路径。

从2017年12月起，揭东区村务监督委员会成员补贴从原来每人每月550元提高到600元。

三、老区饮水难问题得到解决

2011年，地处北部山区的玉湖镇农村居民饮水难问题受到省、市、县领导的重视。长期以来，该镇城乡居民生活用水都是靠引山坑水或打井解决，水质没有安全保证，一定程度上影响人民群众的身体健康；企业生产用水也得不到有效保障，严重制约地方经济社会的发展。为彻底解决玉湖镇18个行政村共69 662人的饮水安全问题，县政府决定在该镇原老水厂的基础上新建自来水厂，并将新厂址选在东寮路高速公路桥涵南侧的小山头。随后，玉湖镇农村饮水安全工程被列入广东省农村饮水安全工程2012年建设计划的重点建设项目。工程总投资5 500万元，建有占地约27亩的玉湖水厂厂区，和配套泵站、加氯加药间、清水池、滤池、沉淀池等设施，铺设至浮山、东寮、詹厝、坪上、新寮、汾水、玉牌、北坑、观音山、马料堂、大坑、下坡、洋边、湖岗、吴厝、林厝、玉联和姑山共18个自然村的供输水管道，全长31.64千米，铺设长6千米的取水管道及修筑新西河水库取水口工程。

2014年底，玉湖农村饮水工程完成试通水，供水管道进村入户工程也随之全面铺开，玉湖全镇人民饮上安全、洁净的自来水，地处边远地段的大坑、下坡、坪上、新寮和汾水5个老区村人民，也饮上了放心水。

撤县改区之后，揭东区着力实施惠农政策，针对农村饮水难的问题，在全区范围内实施村村通自来水工程。这一工程计划总投资1.45亿元，截至2017年完成投资5 660万元，全区各镇有8个项目开工建设。是年底，曲溪街道、埔田镇和锡场镇村村通自来水工程完工，其余正在建设中。

第七节 老区新农村建设壮丽广阔

进入新世纪，揭东的各个革命老区在社会主义新农村建设征程上发挥各地的优势，注重革命传统教育，在红色土地的新发展上画上了浓墨重彩的一笔。

一、高明村规划开发产业转移工业园区

龙尾镇高明村在改革开放中得到了快速发展，全村八成以上的农户种蘑菇、种生柑，有的养猪、养鸭，有的开挖鱼塘养鱼，搞多种经营，乡村经济得到蓬勃发展。到20世纪末，不少农民的经济收入就达到了小康水平。村民们盖新房，建高楼，买电视，用手机，生活蒸蒸日上。

进入21世纪，高明村铺开了建设社会主义新农村的蓝图，村两委做出了大胆的决策，2007年把村西面与揭西县五经富接壤的约4 700亩山岭坷田规划开发为揭阳（珠海）产业转移工业园区（高新区），引进外来企业如中通快递、天诚汽车配件厂、吉荣电梯、海大饲料、库伟微波炉综合厂，进而搞活了村民的就业门路。据统计，有近300名村民在高新区的各个企业中当工人、保安及杂勤，他们既有经济收入又能照顾到家庭。

2011年至2020年，高明村发放福利，为全村村民购买新农保和医保2 300万元，为全村人口发放生活补贴3 000万元，其他困难补贴款100万元。

通过近几年的整改扩建，在高明村的西面延伸出了一个九社垅村，与高新区门口岭村相接，东面是秀山公新村，南面是龙里新村。九社垅村还分出了西路街道、东路街道，街道口搭建彩门，对联书"政通路通国策描胜景，村美人美爱心绘新图"，"后靠荣峰彩云绕，前街大道金带环"。原本老村寨的土路，通过规划修整，全部铺筑成了水泥路，由村集体投资和村民捐资，共用资金1 200万元。村集体还投资450万元铺就了环村公路，看到水泥路铺到家门口，一位老伯十分高兴，在水泥路上写道："政通人和颂党功，风调雨顺路路通；桃花源记陶令梦，贞观盛世今日同。"

为了增强人民的体质，丰富精神文化生活，扩大休闲活动空间，各自然村在人们活动聚集的地方，建起了文化广场，配备各种体育器材。每天，青少年活跃在篮球场上，老人自发组织跳广场舞，笑声不绝，歌声不断。全村共有5个文化广场，一个小公园。

二、瑞联村发展特色农业和加工业

改革开放后，白塔镇瑞联村大力发展特色农业和加工业，推动全村的经济发展。

瑞联村地处榕江南河之畔、黄屋山之下，是一个半山区乡村。境内耕地主要种植水稻、番薯、木薯、甘蔗、瓜豆、蔬菜等作物。山地则主要种植松树、杉树、相思树、毛竹等树木，并有一定面积的茶园。村民大部分从事农业，也有部分经营作坊式工厂，或外出务工、经商。20世纪90年代后，村里以"古山二号"龙眼、青橄榄、荔枝、黄皮、菠萝等水果种植，以及生猪、淡水鱼饲养等特色农产品为重点，推进农业产业化基础建设。至2020年，果树、风景树种植面积约3 000亩，鱼塘650

亩，养猪场6个。其中，规模化养猪场1个。还有规模化养鹅场1个、养鸽场1个。

瑞联村以"招商引资，扶持办厂"为宗旨，通过努力，在村里办起了一批小型企业，有毛织服装厂、电子厂、食品加工厂等10多家工厂，解决剩余劳动力600多人，增加了村民的收入。

1995年，为改变村容村貌，保障村民的身体健康，瑞联村将全村1 000多个露天厕所全部进行统一处理，并改建为集体公厕。

瑞联村积极发动乡贤、企业家捐资，改善村里的基础设施。在村干部的带动下，村里掀起基础设施建设高潮。如投资160万元扩建瑞联学校及配套设施；投资150万元铺设村道水泥路，并配套供电绿化；投资500万元建设占地100亩的榕岭公园；投资200万元新建村政办公楼；投资120万元用于水改工程，解决群众饮水问题；投资80万元对秀才池水库除险加固；投资40万元整治村容村貌，改造老厕池，并成立环卫专业队。

三、汾水村建起汾水战役纪念公园

1998年，揭东县、玉湖镇和汾水村在汾水战役遗址建起了汾水战役纪念公园。公园占地1 000亩，包括汾水战役烈士纪念碑及纪念碑广场、烈士陵园主墓区及墓园广场、英烈门、纪念亭、纪念馆等。

汾水战役纪念公园建成后，成为揭东县的爱国主义教育基地、党员革命传统教育基地、廉政教育基地，武警广东总队革命传统教育基地。2002年12月，汾水战役纪念公园被广东省政府列为全省重点烈士纪念建筑物保护单位；2003年6月，被揭阳市委、市政府定为爱国主义教育基地；2009年7月，被中共广东省委宣传部、省军区政治部定为广东省国防教育基地；2014年12月，被广东省文明委、省委宣传部定为广东省爱国主义教育基地。

汾水村也依托革命老区的优势和汾水战役纪念公园的文化内涵开发了红色旅游。

四、新寮村成为爱国主义教育基地

2012年12月，玉湖新寮村被列为第三批广东省古村落。这个革命老区在建设古村落的同时，特别注重爱国主义教育。

新寮村不但是土地革命战争时期的红色村庄，而且还出了全中国闻名的科学家。2013年，被评为感动中国十大人物之一的"中国核潜艇之父"黄旭华，便是新寮村人。为宣传这位为中国的强大和人民的安全而隐姓埋名了半辈子的科学家，村里修缮了黄旭华故居，同时利用省级古村落的品牌，开辟古村落旅游景区，对村卫生环境进行了综合整治，扮靓了古村环境，使古寨、古祠、古巷，以及黄旭华故居成为游客览胜和接受爱国主义教育的地方。村民们推出的"新寮朥饭"，也成为游客喜爱的一道特色菜，闻名遐迩。

五、坪上村开发绿色农业

革命老区坪上村是远近闻名的绿茶专业村。在社会主义新农村建设中，坪上村发挥山区资源优势，以发展绿茶产业为突破口，带领群众大力发展绿茶产业，促进了农民收入提高。此外，还注重打造坪上绿茶特色品牌和产品包装，多次参加省级茶叶交易展览会；为推广种植技术，扩大生产规模，还聘请专家教授到村里举办茶叶种植加工培训班，并筹资10万元建成1 000亩绿茶青年创业园，激发青年创业热情。2020年，全村绿茶种植面积达3万亩，茶叶加工作坊有200多家，茶叶种植加工总收入为8 000万元，成为全村的支柱产业。坪上绿茶已获得国家无公害农产品认证并完成商标注册。

与此同时，坪上村大力改善基础设施，筹资20万元建设8套安居房，解决4户孤儿和4户单亲母亲特困家庭的住房困难；扩建坪上小学，建成一幢两层教学楼，建筑面积900平方米，有15间教室；筹资14万元修建村前主干道路；筹资配合省道玉茶路的建设，全长18千米。

此外，村里还积极开发旅游资源。为充分利用坪上村优美的山水风光，以山寨瀑布为中心，全力招商引资，开发建设2万亩的茶叶种植加工生态旅游基地，力争提升坪上村绿色旅游的吸引力。

六、五房村大力发展生态旅游和红色旅游

五房村有山地4.14万亩、耕地近2 000亩，主要农产品有茶叶（绿茶）、竹笋、青橄榄、龙眼等。

1999年，五房村为缅怀先烈、教育后人，在潮揭丰边老战士的倡导和各级党政的重视支持下，建成了革命烈士纪念碑。2008年，位于五房村的潮揭丰边革命历史纪念馆被揭阳市列为爱国主义教育基地。

在社会主义新农村建设中，五房村大力搞活农副产品的加工生产，引资发展山区绿色企业，开发4 000多亩的山坡地，种植、名优茶叶、名优水果。村里还结合潮揭丰边革命历史纪念馆和潮揭丰边委员会旧址等爱国主义教育基地，大力发展农业生态旅游、革命红色旅游，把北部山区打造成融特色农业种植和生态旅游、红色旅游为一体的新农村特色发展山区。

七、牌边村营建省级新农村示范片

牌边村地处埔田镇中心地带，总人口8 401人，是解放战争时期的革命老区。自揭东设区后，牌边村多方筹资超千万元，建设了文化公园、幼儿园、道路等一批民生项目，改善村民的居住环境，成为远近闻名的美丽乡村。

2016年，牌边村抓住被定为省级新农村示范片核心村的契机，掀起新一轮的建设热潮。村根据上级的建设要求，从规划入手，按照"竹海牌边、生态绿野；笋香竹海风光的美丽乡村、生活丰富多彩的美丽乡村、居民生活富足的美丽乡村"的功能定位，分期分段建设，进一步改造升级文化公园和村容村貌。特别是抓住环境卫生这个村民最迫切想解决的问题，以"雨污分流、外立面改造、生活垃圾清运"三项工程为突破口，进一步改善村民的生活环境。

2017年12月，牌边村经多方筹资建成"牌边村党史村史展厅"。2019年春，牌边村"竹海驿站"建成，成为网红打卡地，受到人们的追捧。

在美丽乡村建设中，牌边村厚重的传统文化与朴实的乡村气息相融相生，风光秀美的文化公园与现代化的幼儿园竞相争辉，道路整洁宽阔，田园生机盎然，处处呈现出乡村和谐之美。

第九章

中国特色社会主义新时代

第一节 揭东乡村振兴战略良好开局

2017年10月18日至24日，中国共产党第十九次全国代表大会在北京召开。中共十九大，是在全面建成小康社会决胜阶段、中国特色社会主义发展关键时期召开的一次十分重要的大会，承担着谋划决胜全面建成小康社会、深入推进社会主义现代化建设的重大任务，事关党和国家事业继往开来，事关中国特色社会主义前途命运，事关最广大人民根本利益。

十九大报告做出了"中国特色社会主义进入新时代"的重大判断。

十九大报告提出实施乡村振兴战略，指出，农业农村农民问题是关系国计民生的根本性问题，必须始终把解决好"三农"问题作为全党工作重中之重。要坚持农业农村优先发展，按照产业兴旺、生态宜居、乡风文明、治理有效、生活富裕的总要求，建立健全城乡融合发展体制机制和政策体系，加快推进农业农村现代化。巩固和完善农村基本经营制度，深化农村土地制度改革，完善承包地"三权"分置制度。保持土地承包关系稳定并长久不变，第二轮土地承包到期后再延长30年。深化农村集体产权制度改革，保障农民财产权益，壮大集体经济。确保国家粮食安全，把中国人的饭碗牢牢端在自己手中。构建现代农业产业体系、生产体系、经营体系，完善农业支持保护制度，发展多种形式适度规模经营，培育新型农业经营主体，健全农业社会化服务体系，实现小农户和现代农业发展有机衔接。促进农村第一、二、三产业融合发展，支持和鼓励农民就业创业，拓宽增收渠道。加强农村基层基础工作，健全自治、法治、德治相结合的乡村治理体系。培养造就一支懂农业、爱农村、爱农民的"三农"工作队伍。

报告提出加大力度支持革命老区发展。

党的十九大报告提出实施乡村振兴战略和大力支持革命老区发展，在揭东区革命老区人民心目中引起强烈共鸣，老区离退休同志、党员干部和群众对贯彻落实和深入实施乡村振兴战略要全面准确把握"产业兴旺、生态宜居、乡风文明、治理有效、生活富裕"的总要求抱有热切的希望。

2018年是实施乡村振兴战略的开局之年，上半年，揭东区认真贯彻上级的有关决策部署，切实补短板、促改革，抓住现代农业和新农村建设两个重点，推动乡村振兴战略实现了良好开局。

区委、区政府通过深入推进农业供给侧结构性改革，扎实推进美丽宜居乡村建设，不断深化、提升乡村振兴的各项工作，其中，现代农业发展和新农村建设是揭东区最大的亮点。

现代农业方面，以埔田麻竹笋的产业化示范基地和省级出口竹笋质量安全示范区为基础，组织申报创建省级现代农业竹笋产业园。2018年，埔田竹笋种植面积达3.5万亩，玉湖炒茶达3万亩，新亨绿茶达1.2万亩，规模化产业发展的融合聚变效应已经开始凸显。

新农村建设方面，各地通过发动村、居、社区加快落实"八项核心任务"，率先启动农村雨污分流工程全覆盖建设，玉湖镇詹厝村和埔田镇饶平村现已提前完成雨污分流工程；通过开展"五水清漂、五边清污"行动，由点到面及片，整区全域推进综合整治，全区264个自然村有60%以上完成人居环境整治。此外，埔田特色小镇起步区的建设已呈现雏形，全域旅游发展实现了良好开端。

揭东区提出要聚焦乡村振兴的着力点和突破口，重点围绕改善农业基础设施、强化科技支撑、整治农村人居环境、发展农业生态旅游等领域，制订、推行切实有效的措施，推动乡村振兴不断取得新成效。

老区全部纳入雨污分流工程 第二节

在乡村振兴战略中，为彻底解决生活污水和工业废水污染自然水源的问题，揭东区全力推进雨污分流工程建设。

全区雨污分流工程计划总投资6.4亿元，以自然村为基本单元，按照"区组织、镇主体、村实施"原则，分级压实责任，通过建设或改造农户三级化粪池、管网铺设到户等举措，建设科学有效的污水处理设施，让生活污水纳管纳渠，污水雨水分流排放，实现村庄生活污水达标排放。同时，区财政设立专项奖补资金，对按时启动、完成工程建设的村给予奖补；通过整合引导涉农资金、发动企业和乡贤捐资、组织村民群众投工投劳等方式，多措并举，解决资金缺口问题。

为推进雨污分流工程建设，该区配套制订出台《揭东区全域推进农村"雨污分流"工程建设实施方案》，明确工作目标、任务分工、工作要求、保障措施等，并派出督查组加强专项督查。

2018年，全区264个自然村已全面启动雨污分流工程规划设计，93个并入区或镇级污水处理管网，24个采用一体化设备处理，147个采用三级化粪＋湿地无动力厌氧方式处理。至当年底，全区已投入8 570万元，有192个完成规划设计，68个开工建设。其中，有6个村已完成雨污分流工程建设。

2018年10月26日上午，揭阳市村居雨污分流及生活污水处理工程建设现场会在揭东区召开。市委书记、市人大常委会主任李水华带队先后实地察看了揭东区锡场镇新置寨村和埔田镇张厝围村、饶平村、牌边村的雨污分流工程，现场检阅揭东区雨污分流工作成果，现场听取揭东区、埔田镇和市住建局关于雨污分流工作情况的汇报，对全市村居雨污分流及生活污水处理工程建设工作进行再动员、再部署。会议充分肯定了揭东区千方百计筹措资金，积极探索、全面铺开村居雨污分流工程建设，为全市做好雨污分流工作提供了有效模板和有益启示，强调全市各地要加快村居雨污分流及生活污水处理工程建设步伐，做到每家每户洗衣、洗澡、厨房、厕所产生的污水等"四水"都分别接到沉降井和化粪池、得到精准有效处理，确保2019年底前全面建成，以提升全市人居环境质量。

革命老区牌边村及其他村雨污分流及生活污水处理的经验随后被推广到全区和全市各地。

梅汕铁路建成通车　揭东融入高铁网

2019年10月11日，梅汕铁路（梅州至潮州铁路）建成通车，揭东自此融入全国高速铁路网。

梅汕铁路是广东省境内一条连接梅州市与潮州市的高速铁路，为中国"八纵八横"高速铁路网中沿海通道杭深铁路厦深段的区域连接线，也是粤东地区的城际快速铁路之一；于2015年4月27日动工建设，2019年6月30日完成铺轨，同年10月11日竣工运营时，一并启用电子客票。

梅汕铁路北起梅州西站、南至潮汕站，正线全长122.41千米，共有7座客运站，设计速度250千米/小时。线路大致呈南北走向，起于梅州市梅县区西部，向南沿梅江流域途经梅州市丰顺县、揭阳市揭东区和榕城区，止于潮州市潮安区；线路北端在梅州西站与规划中的双龙铁路以T字形接轨，南端在潮汕站与杭深铁路厦深段和厦深铁路汕头联络线形成十字形互联互通；全线衔接粤东北山区与粤东沿海潮汕平原地区。

梅汕铁路在揭阳市境内建有两个站——揭阳站和揭阳机场站，其中揭阳站位于揭东区锡场镇北部，是距揭阳市中心城区最近的高铁站。

梅汕铁路开通运营后，梅州西站至潮汕站最短行车时间压缩至40分钟，每日开行44对动车组列车，全线各车站均作为国铁电子客票试点。开通当天，梅汕铁路沿线旅客发送量达3 700

人次。

梅汕铁路正式开通运营，标志着老区人民盼望已久的"高铁梦"终于实现，揭东正式融入了全国高铁网络，进一步优化了全区"外联内畅"的立体交通网络，深入促进揭东加快融入粤港澳大湾区、汕潮揭、海西区的"生活圈""经济圈"，吸引人流、物流、资金流、信息流的集聚，带动老区群众加快脱贫奔康，助力揭东经济社会高质量发展。

梅汕铁路揭阳站落址揭东锡场之后，原位于榕城区北部的广梅汕铁路揭阳站更名为揭阳南站。为打通揭阳市区直达高铁揭阳站的市政道路，揭东交通、公路和市政规划部门在铁路铺筑的同时规划建设了接驳揭阳站的市政道路，使之直接连通国道G206线锡场段。与此同时，揭东区和锡场镇着手规划道路两旁的土地新用途，服务高铁时代的新发展。

开启建设品质之区新征程

　　从2018年开始，揭东区开始了建设品质之区新征程，围绕打造"生态型、效益型"新型城镇化示范区的目标定位，以产业更新、城市更新、生态更新、政务更新"四个更新"和乡村振兴、民生改善为抓手，统筹抓好产业强区、宜居新城、美丽新区建设，改善营商环境、协同发展"三农"、共享发展成果，当好揭阳城市发展的"领头羊"。至2019年，品质之区建设取得了显著的成绩。

一、奋力建设价值之区　经济发展态势良好

　　揭东区坚守制造业阵地，坚持科技创新引领，加快产业转型升级，夯实产业发展平台，推动第二产业做强、第三产业做大、第一产业做优，经济向高质量发展迈进，经济运行稳中向好。

　　2019年，全区生产总值446.2亿元；地方公共财政预算收入10.55亿元，税收收入6.05亿元，同比下降7.75%；新增规模以上企业40家，规模以上工业增加值130.9亿元，同比增长5.6%；高新技术企业11家，揭东经济开发区蒙泰上市工作已获国家证监会正式受理；全区固定资产投资230.48亿元，同比增长18%；社会消费品零售总额237.61亿元，同比增长7.73%；农村居民人均可支配收入18 139元，城镇居民人均可支配收入28 654元，职工

平均工资49 552元。省级榕江实验室启动建设，获省认定科技型中小企业21家，预计R&D占GDP比重0.9%，发明专利每万人2.64件，PCT国际专利申请量2件。开展技改工业企业78家，完成投资36.2亿元，增长5.1%。完善园区基础设施，完成中德金属生态城横二、纵一、中德西、珠江大道北段建设，以及揭东经济开发区龙山路等道路改造提升，同步抓好招商择资和催建促产，园区全年新签约项目8个、新开工21个、新投产2个，收回闲置土地8宗、661.59亩，组织出让土地17宗、1 011.81亩。

第三产业不断壮大。新增限额以上商业企业10家、规模以上服务业企业4家；新登记各类市场主体10 879户，其中电子商务市场主体7 596户，同比增长216%。韵达、中通、圆通、易商、丰树等项目相继落户，现代物流业加快发展，服务配套制造业链条。全年快递业务量1.21亿件，同比增长174.46%；快递业务收入7.94亿元，同比增长167.07%。旅游市场活跃，"红色休闲生态"揭东一日乡村旅游线路入选广东省乡村旅游精品线路，玉湖镇新寮村入选首批省文化和旅游特色村。

现代农业发展加快。揭东竹笋产业园成功入选省级现代农业产业园，茶叶产业园入选市级现代农业产业园。埔田镇入选省级"一村一品""一镇一业"专业镇，获批创建国家级农业产业强镇，其所产的竹笋加工入选全国农业产业镇示范建设项目。新增省级农业龙头企业1家、省级示范家庭农场2家、农民专业合作社1家，新建"一村一品"项目4个。竹笋罐头、玉湖山炒茶入选市级"十大农特产品"，吴厝淮山入选市级"十大农鲜产品"。

二、奋力建设品质之区　宜居活力充分释放

2019年，揭东区全面抓好城区规划、建设、管理、运营，

推动旧城改造和新城拓展，加强重点区域管控。区域规划全面铺开。编制国土空间规划"一张图"，旧城更新概念规划和中心片区、滨江片区控规规划工作取得初步成果，全区全部行政村规划编制全面完成。划定滨江片区、人民广场、梅汕客专揭阳站等8个重点管控单元，严格落实管控措施。实施糖厂、电力厂等片区"三旧"改造455亩。

新城建设有序推进。春风南岸、丽景湾、熙岸尚庭和紫麟华府等住宅小区顺利建设，引进天虹商场进驻"盛泰·君和广场"，"美斯·朝启"文教创客综合体建成运营。区第一幼儿园启动前期工作，第一人民医院完成一期改造，中医院和妇幼保健计生服务中心综合楼主体结构顺利封顶。基础设施日臻完善。优化拓展城区路网，梅汕客专揭阳站正式通车运营，站前广场及道路配套工程抓紧建设，环山路东段建成通车，金溪大道、金凤路完成改造提升，北环大道、滨江路东段堤防改造综合工程加快建设，打通了一批断头路、中梗路。完善水利、能源、通信等城市基础设施，新建和改造行政村配电网台区121个，行政村4G覆盖率达98%，布局5G基站2 902个。

城市管理有效提升。深入开展创文创卫，实施集贸市场标准化综合改造示范工程4个，升级改造公厕67座，建成"小公园＋停车场""小绿地＋停车场"8个。扎实推进涉土违规清理整顿和"两违"整治、违建别墅问题整治、土地卫片执法检查整改，查处涉土涉矿违法违规问题120宗、178.27亩，清理整治涉耕地违法违规问题275宗、1 287.16亩。

三、奋力建设绿色之区　生态环境持续改善

揭东区系统专业精准治理生态环境，打好打赢污染防治攻坚战，榕江北河揭东流域水质指数改善全市排名第一。全面

完成挂牌整改。严格按照广东省环保挂牌督办整改要求，制定"1+8+8"整改工作方案，采取工程和管理措施，铁腕抓好榕江北河流域水污染综合整治，建成锡场、新亨等6座污水处理设施配套管网和玉湖中心镇区污水处理厂及配套管网，7座污水处理设施全面通水运行。加快补齐设施短板。投入资金5.49亿元，全力建设农村雨污分流工程，建成开发区、玉滘镇2座PPP模式污水处理设施厂区和20.85千米配套管网，启动建设全区87.2千米污水管网扩延工程。大港溪、曲溪河2条黑臭水体整治基本完成。

综合整治生态环境。加强环境监管执法，铁腕整治"散乱污"工业企业（场所）338家，查处环境违法行为52宗，刑事处理11人。全区畜禽规模养殖场、养殖专业户已全面配套治污设施。玉城河、湖岗电排等重点污染河段综合整治初见成效，启动中小河流治理（二期）项目、枫江干流综合整治清淤工程。健全长效管理机制。启动建设首期"智慧环保"平台，利用现代科技手段精准监管。全面落实"河长制"，设定每月10日为固定巡河日，开展常态化巡查。建立健全水质预警和应急监测监控体系，对全区5个水库饮用水源进行巡查和水质监测。落实水资源管理制度，推进节水型社会达标建设。

四、奋力建设和美之区　乡村振兴稳步推进

揭东区全面实施乡村振兴战略，打好脱贫攻坚战，持续改善人居环境，乡村生产条件、生态环境、生活品质有效提升。脱贫攻坚扎实推进。2019年实施"一村一策""一户一策"精准帮扶，全区相对贫困人口实现脱贫，贫困户退出完成率达到99.2%。为1 384名贫困学生建档立卡并发放教育补助资金，资助10 431名贫困人员购买基本医疗保险，完成18户建档立

卡危房户危房改造，扶贫开发通用厂房开工建设。

人居环境整治有力。扎实推进农村人居环境整治，17个美丽宜居示范村、1个示范镇加快创建，264个村"三清理三拆除三整治"深入开展。完成无害化卫生厕所改造13.8万户，基本实现卫生户厕、公厕全覆盖。建成11个垃圾转运站及94个行政村垃圾搜集点，生活垃圾有效处理率达96.71%，村庄保洁覆盖面100%。乡村治理成效明显。基本完成农村集体产权制度改革国家级试点工作和农村土地承包经营权确权登记颁证，启动建设"阳光村务"平台。加强耕地保护，全面完成"大棚房"清理整治，垦造新增水田786.56亩，拆旧复垦96.98亩。

五、奋力推动共建共治 民生福祉不断增进

揭东区坚持保障改善民生与社会治理并重，2019年民生总支出达28.96亿元，同比增长19.29%，占财政支出的79.01%，十件民生实事扎实推进，社会和谐稳定。

科教文卫均衡发展。普通高考上线率90.6%，本科上线率49.4%。新增基础教育学位4 000个，建成幼儿园13所，新（改、扩）建农村基础教育学校3所，整合"麻雀学校"4所。锡场镇潭王蓝康红军小学被授牌为"全国红军小学国防教育示范校"。建成规范化村卫生站46个，埔田卫生院标准化建设竣工验收，成功创建"省级慢性病综合防控示范区"。打造"书香揭东"，开展全民阅读和科学普及，建成"读吧"10个、省级科普e站4所。创作巡演以黄旭华院士为原型的现代潮剧《大国赤子》，举办庆祝中华人民共和国成立70周年系列文化活动。

民生保障更加完善。新增城镇就业人数3 164人，城镇登记失业率2.35%。稳步提高养老保险待遇水平，月人均养老金增加172.53元，基本养老保险参保人数达到25万人，实现应保尽保。

启动建设区儿童福利院，完成85户贫困重度残疾人家庭无障碍改造。全面解决私人承包管电问题，实现电网直供到户，有效提升5万多户居民用电质量。

社会治理有效推进。严格落实安全生产责任制，建立"大应急"工作机制，全区安全生产、消防安全、道路交通安全、食品药品安全等形势持续稳定。加强社会治安综合治理，纵深推进扫黑除恶，打掉涉黑团伙1个，破获涉恶类刑事案件53宗。14宗信访积案和重点案件全面化解，全区矛盾纠纷调处成功率达99%。稳妥推进农合机构风险化解工作，强力压降不良贷款。此外，妇女儿童、民族宗教、广播电视、国防动员、文联等工作也取得新进展。

六、奋力建设有为政府 服务效能全面提升

揭东区坚持"系统化、专业化、精准化"工作要求，提高政务服务能力，优化营商环境，政府效能进一步提升。

体制机制逐步健全。顺利完成县（区）机构改革，调整设置区政府工作部门22个，事业单位改革和基层财政保障机制改革稳步推进。法治建设持续深入。严格执行政府工作规则和重大事项决策程序，主动接受区人大、政协和社会监督，办理区人大代表建议14件、政协提案5件。营商环境不断优化。不折不扣落实减税降费政策，全年减税降费3.49亿元。"一门式、一网式"政府服务模式改革深入推进，完成三级政务服务平台集约化改造提升，建成24小时自助服务区。优化流程，压缩审批时间，企业办照承诺时间缩短为1个工作日。加快推进网上办事，97.63%申办事项实现"最多跑一次"，其中54.22%以上事项实现"零跑动"。作风建设全面加强。深入开展"不忘初心、牢记使命"主题教育，建立完善"一台账两清单"和集中治理清

单，完成12个问题集中整治。全面实施"学习新思想，实现新作为"第一议题制度，持续深化"大学习、深调研、真落实"活动。认真践行"一线工作法"，切实解决基层实际问题，驰而不息正风肃纪，执行力和公信力进一步增强。

第五节　成立区老促会　促进老区发展

　　为贯彻中共十九大提出的实施乡村振兴战略和大力支持革命老区发展精神，全心全意为革命老区人民服务，协助党和政府促进革命老区的建设和发展，揭东区着手成立革命老区建设促进会（简称"老促会"）。

　　革命老区建设促进会致力于宣传老区人民对党和革命事业做出的巨大牺牲和贡献，动员社会各界关心支持老区建设；深入老区调查研究，反映老区人民的要求，提出政策性建议；开展信息交流，提供咨询服务，兴办实体，帮助老区发展经济；牵线搭桥，为老区引进建设项目，帮助老区建设小型水利设施，解决老区人民饮水困难；开展业务培训工作，提高老区群众素质；加强国内外联络工作，开展国际间合作；动员社会力量，接受国内外社会团体、企事业单位和个人捐款，扶持老区发展科技、文化、妇幼和医疗卫生事业；加强与各地老促会的联系，交流经验，互相学习，互相配合，共同促进老区建设和发展。

　　2018年11月14日，揭东区革命老区建设促进会第一届理事会举行第一次会议。会议提出要发挥老促会"全心全意为人民服务"的宗旨，在"宣传、组织、牵线、协调"四个方面下功夫，每年选择1～2个老区村，集合省、市、区三级力量，切实帮助老区解决教育、卫生、交通、饮水、科技培训等方面问题，为进一步促进老区各项建设和发展发挥应有的作用。

揭东区老促会表示要深入宣传贯彻习近平总书记视察广东重要讲话精神，凝聚老区发展合力；将调查研究，帮助老区解决突出困难和群众关注、急需解决的问题；将抓住重点，帮助老区发展造血型项目，激发活力。老促会各成员单位要通力协作，结合各自实际，每年帮助老区做一个项目或一件好事，力促老区发展上新台阶。

另外，争取广东省政府扶持革命老区政策。从2019年开始，广东省每年帮扶揭东老区建设资金1 000万元，用于补齐民生领域的短板。

附　录

附录一 **革命遗址**

揭东老区是一个具有光荣革命传统的革命老区，是一块红色土地。本章收录的革命遗址，就是揭东的共产党人、革命志士及人民群众为反帝、反封建，争民主、求解放进行艰苦卓绝的革命斗争而留下的历史足迹，承载着丰富的革命精神内涵，凝结着党的优良传统和革命精神，是我们在新阶段开拓创新、再铸辉煌的精神支柱，是需要倍加珍惜和永远继承的一笔不可多得的精神财富，也是对广大党员干部、青少年学生进行革命传统教育和爱国主义教育的生动教材。由于篇幅所限，本书只收录了一些较有代表性的遗址的概况。

潮揭丰边人民行政委员会旧址 位于新亨镇五房村廖氏宗祠内，占地面积1 000平方米，保护面积2 000平方米。

1949年1月中旬，潮揭丰边人民行政委员会在新亨镇五房村廖氏宗祠内成立，潮揭丰边县委委员陈君霸任主任，县委委员方思远任副主任，下设秘书、财粮、文教等科。

潮揭丰边人民行政委员会旧址，1990年7月6日被揭阳县人民政府公布为县级重点文物保护单位；1994年8月被揭东县人民政府公布为县级重点文物保护单位；2008年10月被中共揭东县委、县政府公布为县级爱国主义教育基地；同年11月被中共揭阳市委、市政府公布为市级爱国主义教育基地。

谦受公祠——蓝康中心学校旧址 位于锡场镇潭王村广美。

蓝康中心学校创办于1939年秋，是一所由爱国乡绅出资在谦受公祠兴办、由中共党员担任校长并执教的跨乡村小学。办学伊始，根据中共揭阳县工作委员会书记林美南的部署，先后调遣郑筠、方思远、谢芳馥、陈彬等17名有教学经验的共产党员到校任职任教，并建立中共蓝康中心学校支部，书记由郑筠校长担任。学校既对学生传授文化知识，又引导他们追求真理、追求进步，并从进步学生中发展共产党员10多人，同时宣传共产党的抗日民族统一战线政策，使学校成为全县闻名的抗日救亡宣传阵地。至1944年底，蓝康中心学校培养的几百名学生在邻近的各乡村和揭阳县城各中学发挥着革命骨干的带动作用，大部分人成长为潮汕游击队的优秀干部以及党的杰出战士。蓝康中心学校为潮汕抗日战争和解放战争做出了重大的贡献。

如今的潭王小学，其前身就是蓝康中心学校。2017年5月，潭王小学申报红军小学成功，被命名为中国工农红军揭阳潭王蓝康红军小学。2017年7月27日，曾任第十届全国人大常委会副委员长的顾秀莲为中国工农红军揭阳潭王蓝康红军小学授旗授牌，潭王小学也因此成为广东省粤东地区第一所红军小学。

谦受公祠始建于1926年，重修于2008年，坐西向东，为三进二天井四回廊二拜亭建筑样式。谦受公祠——蓝康中心学校旧址，2018年2月被揭阳市精神文明建设委员会、中共揭阳市委宣传部评定为揭阳市爱国主义教育基地；9月被揭阳市人民政府列入揭阳市历史建筑名录。

树德斋后书斋——中共潮揭丰边县委北洋交通总站旧址　位于云路镇北洋村大祠堂后。1948年2月29日，中共潮揭丰边县委在大葫芦村召开会议，决定成立梅北、小北山、山后、西南4支武工队。梅北武工队代号"牛部"，队长先后由林三、孙波、罗知、杨元担任。梅北武工队初建时只有6人，活动范围在车田、牌边、云路等村庄，后来队伍逐步壮大，活动范围遍及下四区。北洋村是梅北武工队的重要活动据点，潮揭丰边县委在北洋村树德斋后书斋建立交通总站，站长为杨固，交通员有杨智、杨瓜、杨梅、杨诚、许缄、江芳、杨潮锦等20多人。村内的交通点还有二房杨固家，大厝内杨云家、杨炎城家，关西旧家杨瑞选家，糖房内杨智家、杨赤逢家，成埠坞杨老允家，官田埔杨其捷家、许缄家，月窗杨木瑞家，谢围许坤泉家等。北洋交通总站及村内的交通点为县委借枪借弹、筹集粮食及救护武工队伤员做了大量工作，还配合武工队开展各项革命活动，参加攻打枫口警察所和岭后等战斗。

树德斋后书斋始建年代不详，建筑面积150多平方米，属传统潮汕民居建筑样式。现今，年久失修，屋顶、墙壁、地面多有损毁。

有庆公祠——中共潮揭丰中心县委旧址　位于埔田镇牌边村。七七事变后，在河北省立农学院读书的共产党员陈君霸及胞兄陈君伟接受党组织安排，回到家乡梅北牌边开展革命活动，林美南、钟声等常住在他们家。1940年7月，中共揭阳县委改为中共潮揭丰中心县委，书记林美南、组织部部长张克、宣传部部长曾冰、青年部部长庄明瑞、妇女部部长蔡瑜；辖揭阳县、丰顺汤坑和潮安第二、六区的党组织，党员约600名。中共潮揭丰中心县委成立后，转移到牌边村有庆公祠（陈氏宗祠）办公，县委组织部部长张克以搞抽纱生意为掩护开展革命活动，并介绍王文波、卢根、杨云等6位同志以教书为掩护进行革命活动。1945年，国民党梅北乡乡长陈君伟接受党组织的建议，以乡公所名义组织成立永益乡抗日自卫队，由中共党员掌控。后来这支60多人的队伍，与杨兆明和江明理所带领的队伍合编，组建为梅北抗日游击队。

有庆公祠建于清朝末年，属于"四点金"建筑风格，占地面积约2 200平方米。

罗知家——中共潮揭丰边县委旧址　位于埔田镇车田村长埔龙。1945年11月，中共潮揭丰边县委成立，杨英伟任书记，黄佚农任组织部部长，巫志远任宣传部部长，县委机关曾设于长埔龙罗知家。

1947年初，由于革命斗争的需要，杨英伟通知车田党支部书记罗知物色地点，准备在车田村设立交通站，以备县委办公使用，最后决定设在长埔龙罗知家。杨英伟、林震（许杰）等几次对现场进行考察，并具体安排设立交通站事宜。

1947年2月，潮揭丰边县委在车田村长埔龙罗知家设立交通站，罗知为负责人，交通员有罗宝贤、徐嫌、陈亚赛、罗熊、罗解、罗达、吴笑嘴、黄玉兰等12人，县委负责情报工作的江任英长期驻该站。车田村交通站同五房村、锡场村、新岭村、牌边村、北洋村的交通站联系，并由罗宝贤、徐娘秋单线与其他交通员联系，形成一连串交通网，及时传送情报，接待来往同志。

罗知家建于民国时期，坐西向东，属土木结构，为普通民房，面积约40平方米。

萬柒公祠——中共潮揭丰边县委联络站旧址　位于埔田镇祯祥坑村大房围165号。1946年，中共潮揭丰边县委根据革命形势的需要，派员到祯祥坑村发动群众，开展革命活动。4月，中共党员林三、李华、陈君伟、罗知等多次到祯祥坑村开展革命活动，培养一批思想进步的青年，发展民兵组织。1946年10月至1947年1月，潮揭丰边县委先后在祯祥坑村成立两个民兵小组，一个设在黄良安家，一个设在朱素标家；并设立两个联络点，其中一个联络点为萬柒公祠。民兵小组以守菁寮的名义进行革命活动，把游击队的情报送至翁内联络点。罗知、罗辉、林三、杨兆民等常到萬柒公祠联络点活动。潮揭丰边县委还派江伦艳、江北、谢如婵、吴杏等女同志到祯祥坑村发动妇女参加革命，并在萬柒公祠办识字班，从中培养一批积极分子。1948年6月，党小组组长温兴秀在萬柒公祠主持召开会议，成立村农会，推选朱林雄、朱武汉为正、副会长。8月，村党支部在萬柒公祠吸收朱汉坤、朱顺海、朱木弟、黄良安和朱瑞良等人加入共产党。1949年6月，村党支部在萬柒公祠召开会议，吸收朱元普、朱主勤、朱其华、朱林加入共产党；10月，祯祥坑村已有党员15人，他们成为祯祥坑村革命活动的核心力量。

萬柒公祠建于明朝中期，占地面积320平方米。揭阳解放后，萬柒公祠被祯祥坑村作为学校使用。现今，其整体结构仍保存完整。

苏景桐家——中共潮揭丰边县委骨干会议旧址 位于锡场镇东仓村。1942年底，陈焕新、周逸民以教书做掩护到东仓村开展革命活动。两人经常到苏子键、苏愈、苏景桐家活动，传播革命思想，发展积极分子。1946年7月，潮揭丰边县委在苏景桐家召开区一级联络员以上骨干会议。会议持续10多个夜晚，参加会议的有县委书记杨英伟，县委领导吴扬、马千、吴坚及其他区级领导方思远、郭奕祥、赖基长、张桐萱、廖志华、苏子键、郑辉等人。会议分析了抗战胜利后的形势，解决队伍内部的一些错误认识，总结和推广陈焕新在东仓的工作经验，充分肯定东仓党组织的领导作用和所取得的成绩，决定下一步的工作是"交好朋友，为村民办好事，改善群众生活"，积极发展统战对象，壮大革命队伍，设立交通情报站、军事物资转运站等。1946年6月，随着革命斗争的不断深入发展，县委在东仓建立地下情报交通联络站。由于苏景桐的特殊身份及其住处的地理位置、建筑样式的特别（8间厝，前后有18个门），从而成为党组织开会、武工队队员过往住宿、伤病员疗养之地，以及军需品的藏放地点。

苏景桐家为普通民房建筑，建于清代末年，坐西向东，占地面积约400平方米，共有8间厝18个门。现今建筑物基本完好，有人居住。

大厝厅——中共潮揭丰边县委敌后办事处旧址　位于锡场镇潭王村门前围。抗战胜利后，中共潮揭丰边县委派王思、苏祥、王合、王朝、王饶、王集、王俊成等到潭王村筹备军用物资，在大厝厅设立中共潮揭丰边县委敌后办事处（对外称"副官处"）。办事处调度室设在王声家，大厝厅的院子和厅房作为仓库和工场。同时还在坤山村的山谷洛、天外天，长福洋村的无底洞，门前村的州仔火岽等地设置物资储藏点。解放战争时期，办事处的任务是为潮揭丰边县委筹枪筹粮筹款及购买军用物资、药品，搜集情报，同时协助西南武工队组织人员入伍、组织民兵配合战斗等。

大厝厅是一座"四点金"建筑，二进一井二火巷，约建于民国初期，坐北向南，占地面积约500平方米。由于年久失修，大厝厅现已无人居住。

长岭村祠堂——潮揭丰边第一区政府成立旧址　位于埔田镇长岭村。1938—1939年间，杨甦忠带领青年抗敌同志会10余人，在长岭村祠堂开展抗日救亡宣传活动，并在祠堂开设夜校识字班。村里的农民尤其是青年人受到革命道理的教育，为抗日时期和解放战争时期打下坚实的群众基础。杨昭玲、陈君伟、陈君霸等常到长岭村指导革命工作。1942年，陈亚齐到长岭村发展吴专党、吴暹龙、吴乙修、吴江为等为中共党员，并建立长岭村党支部。1949年1月下旬，潮揭丰边第一个区级民主政权——梅北区政府在长岭村祠堂成立。3月，潮揭丰边县委及行委会决定，重新划分行政区，建立3个区级民主政权。第一行政区（梅北区）委书记罗知，区长杨甡忠。

长岭村祠堂建于清朝末年，坐东向西，建筑面积300平方米。现今保存完整。

五房村客家围屋——闽粤赣边纵队第二支队第七团成立大会旧址　位于新亨镇五房村客家围屋前面的大沙坝。1949年1月，潮汕人民抗征队改编为闽粤赣边纵队第二支队，中共潮揭丰边县委根据潮汕地委、二支司令部的指示，将潮揭丰边独立大队改编为第二支队第七团；同年2月，在五房村客家围屋前的大沙坝举行成立大会。杨兆民任团长，杨英伟兼任政委，郭奕祥任副政委，李涛任政治处主任。时五房村客家围屋成为二支七团的指挥部。

五房村客家围屋建于清末年代，建筑面积5 000平方米。

蔡耿达烈士故居　位于锡场镇江滨坤山村龙丰门内后畔10巷6号。蔡耿达（1917—1942），出生在农民家庭，自幼聪明好学，胆识过人，先就读于蓝田书院，后考入揭阳一中。1937年七七事变后，他积极投入抗日救亡运动。1938年，他加入中国共产党，先后担任中共潮阳县工委、惠来县工委宣传部部长，潮普惠中心县委青年部部长。1941年7月，他调任中共汕头市区委书记，其妻子马雪卿任区委妇委。1942年3月，由于叛徒出卖，蔡耿达夫妻俩被捕，受尽酷刑。1942年6月，蔡耿达夫妻俩在汕头市先后惨遭日军杀害，英勇就义。

蔡耿达烈士故居约建于清朝中期，坐西向东，占地面积60平方米。现由村修葺，保存完整。

养素公祠——南侨中学二校旧址　位于白塔镇瑞联村外寨，也是中共潮梅临时特委成立旧址。1938年夏，经中共潮汕中心县委批准，中共普宁县工委宣传部部长马士纯及杨少任、邱秉经等中共党员，在揭阳县石牛埔义享公祠（今属揭西县金和镇）创办西山公学，后改称南侨中学。随着学校学生的增加，1939年春，中共揭阳县委决定将在水流埔养素公祠办学的瑞来学校改办为南侨中学二校，邱秉经任校务主任兼党支部书记。1939年6月，汕头沦陷后，中共潮汕中心县委决定撤销南侨中学二校，教师和学生并入石牛埔南侨中学总校。

1940年12月，潮梅党组织代表会议在瑞来学校召开。出席会议的有潮梅党组织主要领导及部分县委负责人共约20人。会上传达了中共南方工作委员会的决定，成立中共潮梅临时特委（不久改为潮梅特委），姚铎任书记（1941年7月李平接任），何浚任组织部部长，林美南任宣传部部长，徐扬任青年部部长，方朗任妇女部部长，委员有李平、马士纯、陈勉之、罗天等。特委机关设在揭阳县，下辖党组织有：潮澄饶县委，书记李平（后方朗），副书记吴南生；潮澄饶汕敌后县委，书记周礼平（后王武）；潮惠南县委，书记林川；普宁县委，书记杜修田；揭普惠边工委，书记罗天；丰顺县工委，书记古关贤。

养素公祠始建于1920年，建筑面积505平方米，初作宗祠使用，后兼用于办学。2014年重修，现存状况良好。1988年1月，南侨中学二校旧址被揭阳县人民政府公布为县级重点文物保护单位；2019年12月，被揭阳市关心下一代工作委员会公布为揭阳市党史国史教育基地；2020年5月28日，被揭阳产业转移工业园公布为爱国主义教育基地。

洪氏宗祠——玉塔乡农民协会成立旧址　位于白塔镇塔东村大寨内。1926年，大寨内村在霖田村农会的影响下，于4月20日在大寨内洪氏宗祠成立玉塔乡农民协会。以洪庆云为首，执委有洪亚赖、洪党齐、洪徐贵、洪学源、洪张元等9人。玉塔乡农民协会成立后，还组建了一支自卫队，队员有87人，配有抬枪5支、土制独响毛瑟步枪25支、洋老九响长枪2支、手枪10支。

洪氏宗祠始建于明朝，建筑面积约900平方米，保存状况一般。

刘夷白家的大房——中共揭阳县委机关驻地旧址 位于霖磐镇桂东村后厝新厝内三进厅二巷。1945年12月，成立中共揭阳县委，书记陈彬，组织部部长王文波，宣传部部长林史，下辖揭阳县第三、五区和第一区的一部分及普宁县第一、八区。县委机关曾设于普宁县的下林村、马索圩、南溪乡，揭阳县的玉湖（今属揭西县东园镇）、钱坑小学及后厝村刘夷白家的大房。县委在刘夷白家的大房多次召开会议，商讨县委的有关工作。

刘夷白家的大房建于1945年，砖木结构，面积30多平方米，为刘夷白之子刘俊楷所有，现已空置。

述古轩——中共揭阳县卅岭区委旧址 位于龙尾镇高明村。1948年6月中旬，成立中共揭阳县卅岭区委，书记黄一清，副书记李开化，区委机关设于高明村述古轩。6月20日，卅岭区委根据潮汕地委、潮汕人民抗征队的决定，以活动于卅岭一带的武装队伍为基础，成立潮汕人民抗征队第六大队，大队长李彤，副大队长李范，教导员黄一清，副教导员李卓魁，下设两个中队。接着卅岭区委抽调当地基干民兵组建卅岭武装独立中队。11月，卅岭区委把武装独立中队分为三个分队：岭东分队，队长黄比；岭南分队，队长袁明河；岭北分队，队长陈比。

述古轩建于1750年前后，为高明池贝村王君仁所建，建筑面积150平方米。因为年代久远，受大自然风雨侵蚀，述古轩从屋面至墙体已多处损坏。

大脊岭抗战遗址 位于玉滘镇东北部山区大脊岭之巅。大脊岭南眺汕头、东瞰潮州、西望揭阳、北连梅州，群山峻岭，悬崖峭壁，自古是兵家必争之地。

1939年6月21日，日军侵占汕头，27日占领潮安，尔后向西进攻揭阳，企图侵占揭阳、普宁、丰顺、惠来等潮汕腹地。是时，中国军队独立二十旅奉命扼守大脊岭一带，一八六师外围策护，布防20余千米。此后四年多时间里，在这里激战数十场，其中大战6场，共产党领导的揭阳青年抗敌同志会和当地政府、人民积极参与，供给粮食、救护伤员，军民同仇敌忾，铸就了可歌可泣的揭阳抗战史。

1943年10月8日，因叛徒出卖，日伪军多方夹击，大脊岭阵地终于失陷。四年多的扼守战役，保卫了潮汕大后方，毙日伪军3 000多人，中国军队将士殉国2 200多人。战争期间，以官硕乡为主的当地民众自发收殓阵亡将士。1949年春，由官硕普庆善堂重殓、修建抗日阵亡将士墓。如今，将士墓在当地人民的保护下依然完好，战场上壕沟、碉堡、"猫儿洞"、战地救护场所等遗址尚存。

2014年9月20日，国家民政部以及广东省有关领导在揭阳市、揭东区领导的陪同下，亲临大脊岭战场凭吊，察看壕沟、碉堡、"猫儿洞"等遗址，并祭拜抗日阵亡将士墓，要求在纪念抗战胜利七十周年之前，修复大脊岭抗战遗址及将士墓，作为爱国主义教育基地。随后，市、区、镇各级政府和民政部门按照国家民政部的要求，分别成立遗址修复维护领导小组，制订方案，并于2014年10月初启动修复建设工作。至2018年，该项目已完成规划、立项、设计工作，通往遗址要地的长2.3千米、宽7米的水泥路已竣工，纪念碑文、碑记、墓记已完成审定工作，遗址主体工程的修复等按上级"修旧如旧"的要求有序推进。

修复后，大脊岭抗战纪念碑及广场、大脊岭抗战纪念馆、大脊岭抗战纪念公园、抗日阵亡将士墓、战壕沟、碉堡等将成为揭阳市和揭东区爱国主义教育基地。

成玉楼　位于锡场镇锡西村。1944年10月，日军侵入锡场，原用作锡场乡公所驻地的成玉楼随即被日军占据。日军把成玉楼作为控制锡场的据点，继之烧杀掳掠，无恶不作。进步青年林厚皮不甘乡民被凌辱，赤手空拳打死了两个日本兵，大灭敌人的嚣张气焰。但他不幸死于敌手。1945年4月5日中午，乡民闻知日军进攻汤坑，只剩下少量官兵留守成玉楼，于是秘密组织起来，决定为林厚皮报仇雪恨。正巧听到石洋附近乡民响起追杀日军的战鼓，乡民林为团、林尖也在英灵古庙擂响战鼓，全乡民众闻鼓行动起来，有的手执铁叉，有的拿着双刀或竹尖担、串仔，直冲向日军驻地成玉楼，还有好几个人肩扛浇了煤油的稻草，誓要把日军烧死。当时的呐喊声、冲锋声震天动地，战斗持续了近两个钟头，后因日军得到增援，乡民寡不敌众。乡民林为团不幸中弹牺牲，还有好几位乡民倒在血泊之中。"火烧成玉楼"的义举宣告结束。如今，成玉楼是一处爱国教育基地。

东仓下祠堂——陈焕新领导游击队活动点　位于锡场镇东仓村。1940年革命火种传到东仓，地下党员陈焕新在东仓下祠堂创办义顺乡中心国民学校并任老师。在陈焕新的领导下，东仓的革命力量蓬勃发展，中共地下组织先后成立，并创建抗日游击小组，建立东仓秘密活动点、交通情报站和军事物资转运站。

1942年5月，"南委事件"发生后，潮揭丰边区的中共地下组织处境险恶。为保护革命种子，中共地下组织被迫暂停活动，并采取分散、隐蔽、潜伏、等待时机的方针。地下党员陈焕新、周逸民来到东仓下祠堂开办小学，以教书先生为掩护，把农村学校作为阵地，积极开展秘密革命活动。他们深入到东仓群众中去，调查研究，宣传革命道理，发展统战对象，对本村青少年进行文化教育，逐步物色、培养革命积极分子。

潮揭丰边党组织秘密交通站　位于云路镇中夏村。1945年3月，地下游击队队员江新奉命到中夏村中兴市开展革命活动，住宿在其表兄林豪只家中。自此以后，解放战争的火种在中夏村点燃，先后有抗日游击队队长江明理、武工队队长杨元、杨旭等30多位革命同志到中夏村开展革命活动。在上述同志的宣传发动下，中夏村的群众逐步觉悟起来，积极投入革命行列。1947年2月，潮揭丰边党组织正式在中夏村设立秘密交通站，站长江新，交通员林豪只、林永胜。站址设于阜盛内和新厝围内林豪只家中。

林声望教书所在地——陈林宗祠和镇岗公祠　位于新亨镇楼下村尖石村。1926年1月，林声望在霖田村成立揭东地域第一个农民协会，并组织农民参加革命活动，得到广大农民的支持。1927年4月，蒋介石下令"清党"，残杀革命同志，党组织被迫转移到农村地区办公。此时林声望被委派到石坑村组织交通处，联络各县革命同志开展地下工作，但由于交通不便，交通处主要人员逐渐移转到尖石村。林声望也被党组织介绍到尖石村教书，表面上是教书，实质上负责组织党的交通处，开展革命工作，消灭反革命力量。陈林宗祠和镇岗公祠至今保存完整，成为村里教育年轻学生的基地。

第四区农会旧址　位于新亨镇硕联小学，原是一座关帝庙，大革命前，曾作为蓝田都保卫团团局。1925年冬，省农协特派员陈剑雄与党团员陈怀天、陈诗慈、黄长谨等在第四区掀起了轰轰烈烈的农民运动。1926年4月，第四区农会筹备处在关帝庙成立。

第四区苏维埃政府旧址　位于新亨镇顶坝村。1927年11月底，颜汉章、陈剑雄、卢笃茂等在此召开骨干分子会议，成立揭阳县第四区苏维埃政府，选出委员11人，卢位美为苏维埃政府主席，徐合秋为副主席。这是土地革命时期揭阳县的第一个工农政权。

龙山寺——卢笃茂革命活动旧址　位于新亨镇五房村猴牯溜，原为深山古寺。1927年，龙山寺为揭阳县第四区农民自卫军（后改称在山次守营）根据地。1928年4月，中共揭阳县委领导人卢笃茂率领桑浦山革命武装转移至此，合编为揭阳工农自卫军。1928年，中共揭阳县委领导成员卢笃茂三次在此重整武装。

古大存革命活动遗址　位于玉湖镇大坑村牛地坪西坡，原为五华籍石匠陈日云、陈泉等的打石寮。1928年4月，古大存来揭阳开展革命活动，以这个打石寮为立足点，组织群众开展对敌斗争，时间持续4个多月。此打石寮为揭阳县土地革命时期革命活动据点之一，在革命低潮时被反动派焚毁。

中共揭阳县委交通总站旧址　位于新亨镇五房村北九里许的上牛坪山上，原为五房村农民廖立平用石头砌成的耕山寮。1927年冬，中共揭阳县委在此地另盖三间茅屋，与耕山寮相连，建立联络交通站。

汾水战役旧址　位于玉湖镇浮山至美华（汾水）纵深十余里一带。1927年9月下旬，南昌起义军南下潮汕之后，9月28日，贺龙、叶挺率部6 000余人驰赴揭阳山湖，与国民党军陈济棠、邓世璠、薛岳、王浚等部三个师及一个独立旅1.5万余人，在此激战两天两夜。当日下午两军于浮山乡红路头接火。起义军夺下蜘蛛结网、老鼠山、竹竿山之后，国民党军退守瞭望崇和四排岭。双方争夺激烈，伤亡共6 000多人。30日凌晨，起义军主动撤离战场，转向普宁。这就是军史上有名的"汾水战役"。

中共揭阳县委机关旧址（1945年下半年—1946年上半年）位于霖磐镇桂东村第八自然村，为一座"四点金"建筑。该建筑坐北朝南，进入大门，眼前是天井，天井北边是厅堂。厅堂两侧各有一个约40平方米的厅房；天井两边为走廊；大门两侧是厢房，各约25平方米。"四点金"两侧各有一条巷厝。大门前是开阔的阳埕，300多平方米。阳埕的前、左、右三边是高约3米的围墙，连着两侧巷厝后墙。旧址在"四点金"的右厢房，既隐蔽又便于从窗口观察外界动静。中共揭阳县委领导人陈彬、林史、王文波等经常在这里开会部署革命工作。县委机关刊物《正风》及其出版负责人黄树坚也随迁至桂东村四房厅，住在刘辉家，刘辉家在"四点金"右巷厝头间房。中共潮揭丰边县委书记杨英伟及副特派员巫志远也先后到此驻足。地委的吴坚、曾广等领导人也经常来往和寄宿于此。

揭阳县第三区农会旧址　位于霖磐镇西龙乡顶三洲祠堂。早在大革命以前，揭阳县第三区的棉林、蛟龙等地，已有秘密农会组织。1926年1月，广东省农协特派员卓献弼、杨昌明及县农协组织部部长林声望等人在霖田村建立揭东地域第一个乡农会。1926年4月，在蛟龙的顶三洲祠堂成立揭阳县第三区农民协会。成立典礼上，彭湃鸣枪三声以代替礼炮声，并做了演讲。旧址于1969年7月28日被强台风摧毁，现存遗址。

竹围村保卫战旧址　位于白塔镇塔北竹围村。1927年4月，国民党潮梅警备旅尤振国连100余人，在三区国民党右派洪希儒的配合下，围攻竹围村。是时村中赤卫队14名队员，在村民的配合下，奋起抵抗，以土枪、抬枪和木头炮等低劣武器，与对方激战半天，击毙5人，迫使国民党军撤退。

揭阳县第三区委、区农会旧址 位于龙尾镇石坑寮村黄贻嘉旧居。1927年，由于中共揭阳县第三区委书记黄荣虞叛变投敌，并带走秘密文件，致使三区党群组织无人领导。当时县委宣传部干事黄龙驹，县农协组织部部长林声望，与三区仅存干部王仪表组成临时领导机构，以黄龙驹家为联络点，联系流散人员，坚持卅岭边区的革命斗争。江夏会议后，黄龙驹被任命为中共揭阳县第三区委书记，又以其家为区委和区农协办公点。1928年冬，区委和区农协移至霖田村林声望家。

中共东江特委交通站遗址 位于白塔镇瑞联村外寨狮头寨。1932年，东江红军领导人古大存在大南山活动期间，除了到观音山等乡村外，还来到瑞来村外寨。他看到瑞来村群众基础好，便派刘匹、李圆在此加强活动。当时，大南山的军用药品、文具等物资非常缺乏。经过一番筹划后，派黄亚薯在瑞来村一个小圩水德市开设了一间小店。小店表面上卖些杂货，实际上是作为红军的物资转运站——由黄梅杰到兴宁、梅县等地采购药品、文具等交到小店，再由刘匹、李圆转运到大南山苏区。

马坑村交通联络点旧址 位于白塔镇马坑村北门楼。1927年底，中共党员黄强、吴乐、刘剑英等到白塔瑞来乡开展革命活动，在瑞来村外寨下山虎设立潮普揭丰四县联络站，在马坑村设联络点。

1933年至1937年，马坑村交通联络点，因四面环山，便于活动，与九斗埔、丰顺、东园、瑞来村外寨等交通联络点互相联系，互送情报。主要联系人是黄甲辰、黄祥英。

瑞联村交通站旧址　位于白塔镇瑞联村老寨内。抗日战争时期，党组织在瑞联村设立了地下交通站，当时黄一清、李瑞花、黄文营、黄连敬、黄平、黄书意、黄青等的家先后都做过交通站。瑞联村交通站经常联络的交通站，大北山片和卅岭一带有光头洋站、半坑站、竹尾沟站、高明站、石坑寮站、朱坑站等，东面有白塔站、古沟站、东林站、桂林站、东仓站、潭王站，梅北片有下坡站、五房站等，西南面有东园站、棉湖站等，构成一个蜘蛛网状的联络网。该交通站持续至解放战争结束。

洪凯（洪志芳）娘家　位于白塔镇塔北老德围村兆祥公厅后楼东侧94号。1948年，党员洪凯受中共揭阳县委的派遣，以养病为名回老德围村的娘家重建交通情报站，同时发展党组织及动员青年参加革命队伍。洪凯为交通站的主要负责人，成员有洪真、洪勃、洪煜等。

洪笑樵家　位于白塔镇塔北老德围村兆祥公厅东侧巷厝60号房。1945年初至1947年，揭阳县委在老德围村洪笑樵家设立交通联络站，由中共党员洪笑樵的二儿子洪仲樵（中共党员，又名洪荒）和张洁如（中共党员）夫妇负责，站长为洪仲樵。该交通联络站主要为革命武装队伍搜集情报、传递消息、运送物资、接送过往革命同志。

黄苏锦家——瑞来村农民自卫军活动旧址　位于白塔镇瑞联村狮头寨。1926年夏，随着农民运动的迅速发展，瑞来村农民协会成立农民自卫军，选出黄苏锦为队长，队员有黄梅杰、黄成名等20余人。农民自卫军以黄苏锦的居屋为活动点，还经常到老寨松山顶进行军事训练。

黄先传家——揭阳人民抗日游击队集训旧址　位于白塔镇瑞联村狮头寨。1945年3月6日，在揭阳县党组织的宣传发动下，瑞来村参加揭阳人民抗日游击队的有黄佚农、黄一清、黄正吾等20多人。游击队先在村内狮头寨黄先传家进行集训，后赶到沙黎潭村（今属揭西县金和镇）与揭阳县各地入伍人员会合，共100多人。3月7日，揭阳人民抗日游击队由林美南、曾广带领，赶到普宁县牛血坑与各县入伍人员会合，后又转到普宁县的白暮洋，成立潮汕人民抗日游击队，由林美南任党代表，王武任队长，曾广任政委。

茂荣公厅　位于白塔镇瑞联村。1947年6月，中共潮汕地委在大北山成立潮汕人民抗征队。后来，瑞来村有60多位青壮年参加抗征队，还以守菁为名，组织民兵护乡。同时，在瑞来村外寨茂荣公厅设立交通情报站，黄振有等为负责人。他们搜集和传递情报，接送参加抗征队的青年学生和农民，秘密发行《港华商报》，夜间张贴革命标语等。

袁氏家庙——中共揭阳县委交通站旧址　位于白塔镇金钩村。袁氏家庙初为金钩村袁氏宗族活动场所，后来在袁氏家庙办小学。1948年，广和村的张宗仪、袁明颂借办学之名开办青年学习组，秘密宣传共产党的方针政策，同时组织农会，与外地党组织取得联系。中共揭阳县委在此设立联络点，人员有张宗仪、袁明颂、袁奕素、袁西岳、袁宋谦、袁春发、袁明彬、袁林延等。

维德居——东江红军联络站旧址　位于龙尾镇河坑村，始建于1932年初。在土地革命战争时期，东江红军古大存、卢笃茂、刘四、王亚情、曾桂、许连胜等老一辈革命家，先后来到河坑村维德居组织开展革命活动，宣传革命真理，建立联络站。

维德居由两个客厅、两间厝手（俗称"厝仔"）、一个天井组成，建筑面积200多平方米。2005年8月，维德居在赖汉春、赖远明、赖新自、赖汉勤、赖汉华、赖建和、赖玉松、赖昧平等族内乡贤的大力支持下，修葺一新。

西潮坦乐祖祠　位于霖磐镇桂西村。该祖祠建于1911年，在解放战争时期曾为卅岭武工队、梅北武工队的交通站点。1949年7月，梅北武工队在五房和坪上一带与国民党军胡琏残部激战十多天，随后主动撤离战场，寻找休整营地。因桂西西潮村群众基础好，地形、寨墙易守难攻，梅北武工队于是转至西潮村。卅岭武工队早已驻扎在坦乐祖祠，于是两支武工队决定在一起休整，然后联合行动。农会主席刘炳坤、刘炳章因两支武工队的到来立即进行部署，组织民兵及村民加强武工队外围警戒任务。

靖山公祠——榕江扫荡队活动旧址　位于霖磐镇东洲村。抗日战争后期，在揭阳县党组织的活动下，在国民党军队一八六师中组建由共产党掌握的榕江扫荡队。1944年底，一八六师榕江扫荡队在揭阳县霖磐东畔寨宣布成立，编制为一个大队，大队长朱公拔，副队长饶敦、饶辉、潘明忠，督导员饶影，政治处主任杨越，文书张文彩；下设三个中队，林茂金、林枫分别任第一、二中队队长，第三中队为虚设。榕江扫荡队成立后，附近许多抗日游击小组队员纷纷加入，有150人左右。第一中队活动于卅岭一带，第二中队活动于白塔一带。榕江扫荡队在乔林、白塔、桂林一带设立税站，所收税款除用于队伍的活动经费外，其余秘密上缴党组织。后来，榕江扫荡队大部分队员参加韩江纵队。

日新楼——秦厝头村农会成立旧址　位于霖磐镇东洲村秦厝头寨。1926年，在彭湃的教育带动下，以林文龙、林万意、林开意等为代表的秦厝头村革命青年在日新楼成立秦厝头村农会，农会主席为林伟成，同时成立武装赤卫队。秦厝头村赤卫队曾联合区其他农会，协助洋稠岗农会攻打地主武装并取得胜利。

桂西渡口　位于霖磐镇桂西村，原名巷前渡，是武工队队员、交通员等革命同志往返于揭普两地的主要交通要道。杨石魂等曾肯定此渡口的革命作用。解放战争时期，武工队、桂西武装征税队曾在渡口驻守、设卡收费，所得费用全部上缴，支持武工队开展革命工作，有效缓解了革命经费紧张的问题。同时，因为此处人流多、信息量大，交通员、通讯员、桂西乡民等多在此搜集情报，并及时报送上级组织及武工队。

纪念场馆

一、革命烈士墓

李福来烈士墓　位于玉滘镇尖山村金凤路。李福来
（1899—1928），玉滘镇尖山村官房人。1925—1927年，揭
阳县兴起农民运动，尖山村村民李福来在农民运动的影响下，
得到中共党员王文闳、沈子明的引导，加入彭名芳（揭阳县第
二区委书记）组织的革命队伍。后来他常在汕头、兴梅一带开
展革命活动。1926年，揭阳县农民运动进入高潮，李福来奉命
在尖山村实榆公祠培养革命骨干，成立尖山村农民协会，会址
设于实榆公祠。李福来担任农会主席，委员李大桃，文书李映
泉，候补委员李清海、张万春，妇女委员陈耀叶。农会共有会
员400多人，每人发给一枚圆形铜质犁头标徽章。尖山村农会成
立后，着手开办革命骨干训练班，积极向群众宣传革命道理，
提出打倒贪官污吏、打倒土豪劣绅等口号，并教育动员豪绅支
持革命，同时带领村民开展退租退押、募枪募粮等一系列活
动。李福来曾带领农会、工会骨干拘押入村勒索的枫口区差役6
名，由李梦熊、李亚芋等以农会名义出面到揭阳县衙交涉，迫
使县长丘君博受理此案，惩办案犯。

1927年发生"四一五反革命政变"，李福来没有被吓倒，
仍继续进行秘密活动。村中劣绅李履端视他为眼中钉，暗中与

国民党枫口区区长谢祝宜密谋，指使其爪牙于1928年9月24日晚上，乘李福来到大滘上乡进行革命活动后回家途中，在金龟山南侧将其杀害。

1951年，李福来的名字被镌刻在揭阳县烈士纪念碑上。

李福来烈士墓修建于1928年，1976年重修立碑。2018年，尖山村党总支修缮烈士墓及周边园地、台阶。

潭蔡村烈士墓 位于锡场镇镇道南侧。1945年3月，日军第三次攻陷榕城，随后占据锡场成玉楼并以之为大本营，同时派兵占据溪头村的梅哥楼作据点。日军派宪兵日夜大肆烧杀劫掠，闹得附近鸡犬不宁，怨声载道，田园荒芜。锡场的青年男人都逃往外乡避难，青年妇女则化装成老妇。4月5日，大批日军进攻丰顺，王期苑与邻村村长商定，以鼓声为号发动村民到潭蔡村二房公祠前集中，对敌人据点发动围攻。是日，附近村民配合抗日自卫队，围攻溪头村的敌人据点梅哥楼。潭蔡村有4位队员在战斗中不幸牺牲。

揭阳解放后，义顺乡追认4位牺牲队员为烈士，将其迁葬于潭蔡村公墓崎沟埔，并立碑纪念。该墓地占地面积约10平方米，现今保存完好。

长岭村无名烈士墓 位于埔田镇长岭村后山。长岭村原为长富岭村，地处潮安、揭阳、丰顺边东南麓，其东、西、北三面均为大山，南边是较开阔的丘陵和平原。抗日战争和解放战争时期，揭阳县的党组织经常在长岭村开展革命活动。1946年10月，中共潮揭丰边县委在岭后村徐贤林家组建武装经济工作队，陈金任队长，赖基长任指导员，罗知、徐梅负责交通联络。

1947年秋，潮揭丰边县委派林野到长岭村建立民兵组织，任命吴锡谦为民兵队队长，参加民兵的有吴岳亮、吴仙在、吴伏齐等20余人。1947年底，国民党雷英部乘夜对长岭村进行"围剿"。吴七带领武工队及民兵组织在长岭村后山与敌人战斗了一天一夜。最终，吴七、吴道会、吴仙在、吴准乔、吴伏乔等负伤滚落山谷，后被长岭村村民所救，吴锡谦、吴岳亮被捕，后被敌人杀害。此次战斗，武工队队员及民兵有20多人牺牲，长岭村村民把牺牲的同志们合葬在一起，并以此为纪念。

长岭村无名烈士墓建于1947年，坐东向西，建筑面积约10平方米，现仍存，为土坟。

廖正烈士墓　位于新亨镇五房村北山凉亭外。廖正（1922—1949），又名廖立正，新亨镇五房村人，抗日战争后期参加革命，1947年加入中国共产党。1947年，他奉命带4名战士到华清公路截击国民党军车，收缴左轮手枪29支、子弹500余发、收音机1台。同年秋，廖正与杨兆民、徐梅、廖六等活捉恶霸钟振翼，缴获长枪10支、国币5亿元。1949年，廖正任闽粤赣边纵队二支七团二连副连长。9月，二支七团派廖正、陈松两个连队攻打新亨。廖正部在罗山与国民党胡琏残部遭遇，展开激烈战斗，廖正被敌人击中胸部，不幸牺牲。廖正的父亲廖良为是革命队伍的情报员、炊事员。揭阳解放后，廖良为被揭阳县人民政府授予"革命父亲"称号。

廖正烈士墓建于1949年9月，占地面积约500平方米，保护面积约1 000平方米。

大崇山烈士墓　位于云路镇赵埔村后头山大崇岭上。1949年4月，闽粤赣边纵队第二支队主力团邱志坚部队到赵埔村休整，遇国民党雷英、唐强中部队来犯。邱志坚部队准备利用赵埔村后头山的有利地形打击来犯之敌。雷英、唐强中部队刚在无水田会合，就被在饭色石严阵以待的邱志坚部队迎头痛击。由于敌强我弱，邱志坚部队在民兵涂两的带引下，边打边沿纱帽岭撤至人头壳山制高点，并筑好工事，抵挡敌人的多次冲锋。敌人由于不熟悉地形，恐遭埋伏便撤退，撤退时还在赵埔宿营一夜，并抢夺村民的粮食等物资300多担。

1950年，为纪念解放战争时期在赵埔村后头山战斗中英勇殉难的革命志士，赵埔村政府拨款修建大崟山烈士墓。该墓占地面积约10平方米，为土坟。

钟木森烈士墓　位于新亨镇下坝村。钟木森（1926—1949），是大革命时期下坝村农民协会主席钟善孝的独生子，自幼随父母过着贫苦的生活。1947年夏，下坝村成立民兵组织，钟木森被选为民兵队队长。同年冬，钟木森加入中国共产党。在革命斗争中，他处处起着党员的模范作用，立场坚定，斗争坚决。1949年8月中旬，台湾新军和国民党雷英等部进攻梅北五房山根据地，占领下坝村，钟木森被捕，受尽毒刑。8月17日，钟木森被杀害于五房村沙坝。此时，他儿子刚三岁。

钟木森烈士墓建于1973年3月，建筑面积约5平方米。

倪忠烈士墓　位于新亨镇硕和村鹅门楼山，占地面积约10平方米。倪忠（1924—1950），1949年参加革命，同年8月在揭阳县五经富战役中头部受伤，被送往八乡山医治，后因环境影响患上肺病，由揭阳医院转至汕头公立医院治疗。1950年3月2日，他因医治无效在汕头公立医院去世，年仅26岁，安葬于汕头烈士墓。后因汕头建设飞机场，倪忠烈士墓迁回硕和村蛇仔龙山。2016年3月，又因开采山林，再次迁移至硕和村鹅门楼山安葬。

徐长顺烈士墓　位于新亨镇北良村叠石山墓园。徐长顺（1897—1935），1933年参加赤卫队，1935年7月15日在新亨被国民党抓捕，同年在揭阳县城被杀害。现在揭阳市区榕江公园革命烈士纪念碑有刻录他的名字。

徐长顺烈士墓于2018年10月重修，占地面积约10平方米。

大坑村革命烈士墓　位于玉湖镇大坑村东面陂角头山上。1980年，揭阳县人民政府拨款建立大坑村革命烈士墓革命烈士纪念碑，安放王流学等烈士遗骨。墓碑上刻着大革命时期牺牲的八位革命烈士的姓名（王流学、李三、王瑞兰、王草鱼、王忠信、王贤存、王秀泉、王玉瑞），以褒扬先烈们为革命英勇无畏、不怕牺牲的精神，供后人瞻仰、纪念。如今，已经成为大坑村革命传统、爱国主义教育基地。

棋盘凤隐岩烈士墓　位于云路镇棋盘村。1949年1月26日，棋盘民兵配合梅北武工队等潮揭丰边武装队伍在凤隐岩山与国民党广东省保警十二团一连、潮安保警十六团交战，战斗十分激烈，双方死伤惨重。1949年4月25日，边纵二支七团、三团与国民党军3 000多人在凤隐岩展开战斗，毙敌数十人，有十三四人壮烈牺牲。隔天，民兵、村民上山打扫战场，将牺牲的战士埋于凤隐岩山上。

林文龙烈士墓　位于今霖磐镇南塘山。大革命时期，林文龙参加当地农民协会并任农会秘书，后又被选为农会执委。1927年，被国民党杀害。解放后，人民政府追认他为革命烈士。1961年，揭阳县人民政府拨款将他的骨灰安葬在南塘山，并修墓立碑。

陈祖虞烈士墓　位于新亨镇楼下村后关岭山。该墓于1954年12月修建。

陈锦松烈士墓　位于今霖磐镇南塘山。陈锦松是霖磐镇德北村人，是一名雷锋式战士。该墓修建于1977年12月。

二、革命烈士纪念碑

大坑村革命烈士纪念碑　位于玉湖镇大坑村。1928年秋，党组织派张家骥到下坡村开展革命活动，认识在下坡村任教的大坑村人王慢兴。在张家骥的启发下，王慢兴开始参加革命活动。后来，张家骥经常到大坑村了解农民的生活情况，发现大坑村是开展革命活动的好地方。同年，他转入大坑村，住在狗子山王回银的荔枝园里。他日间隐居草寮，夜间在王慢兴的带引下，组织一批穷苦大众学习革命道理。不久，便有王活水、王春兴、王润意等加入革命队伍。至1929年，大坑村革命力量发展到20多人，便成立了赤卫队。赤卫队经常到新亨、白石、大头岭一带张贴革命标语，散发革命传单，剪断国民党的电话线。1933年，上级党组织派李三、卢曾文等到大坑，继续开展革命活动。此时古大存也经常到大坑村指导工作。不久，大坑村便组织起民兵队、青年团、妇救会、游击队、担架队等革命组织。1934年，国民党揭阳县清乡团团长何宝书调遣国民党军大举"扫荡"大坑村。是时，红军主力已经转移，游击队不顾敌众我寡，拼死突围，游击队队员王流学牺牲于鹰婆顶乱石堆上。同年，游击队事务长詹何存被捕变节，他带引国民党军包围大坑村，游击队队员死伤很多，卢曾文为了不被敌俘，用最后一颗子弹打向自己，为革命献出宝贵的生命。李三、王如信、陈凤不幸落入敌人手中，并先后被枪杀于榕城。王草鱼、王忠信、王亚丰就义于草埔岗。游击队队员王瑞香(女)、王瑞拱、王秀泉等40多人被捕。王瑞拱被判12年徒刑。12岁的游击队小鬼王秀泉被捕后遭到严刑拷打，1935年被国民党杀害于榕城。此后，大坑村人民仍敢于反抗国民党的黑暗统治，投身共产党的革命队伍，同敌人展开不屈不挠的斗争。

揭阳解放后，为纪念为革命牺牲的烈士王玉瑞、王瑞兰、王流学、李三、王草鱼、王忠信、王贤存、王秀泉等，大坑村人民在村后的山坡上建起烈士纪念碑。1977年8月重修了烈士纪念碑。

五房山革命烈士纪念碑公园　位于新亨镇五房村寨龙山，占地面积约6 800平方米，保护面积15 000平方米。五房山位于新亨镇，地处潮（安）、揭（阳）、丰（顺）三县交界处，是连接韩江东西两岸的山地。它东接凤凰山、西岩山，西及西北接丰顺八乡，南临揭阳平原，地理位置险要。新民主主义革命时期，五房山一直是中共揭阳地方组织的重要根据地。古大存、卢笃茂、林美南等同志都曾在这里开展革命斗争。1928年，揭阳县委巡视员卢笃茂在五房山开展游击活动，古大存在五房山会见卢笃茂，共同商量开展与敌斗争。1929年夏初，古大存率红十一军四十六团驻扎五房山，部署围攻新亨警察署。1945年春，潮揭丰边特派员钟声联系一批党员深入五房山开展革命活动，整编150人成立小北山抗日游击队。解放战争时期，中共潮揭丰边县委长期在五房山区活动，领导人民进行艰苦卓绝的斗争，经历无数次残酷激烈的战斗，给敌人以沉重打击。革命队伍也为党和人民的解放事业付出重大的代价，在这里共有400多名优秀的儿女献出了宝贵的生命。

中华人民共和国成立后，潮揭丰边老战士和五房村村民强烈要求建立革命纪念碑以告慰先烈的在天之灵。1995年，罗天同志提出建立五房山革命烈士纪念碑，得到众多老战士的支持。1999年8月，革命烈士纪念碑破土动工；10月，第一期工程顺利竣工；10月18日，举行革命烈士纪念碑落成揭幕仪式。

五房山革命烈士纪念碑公园占地7亩，坐东北向西南，碑体为正方形柱体，高13.8米，碑座周围是正方形的水泥栏杆。碑面上由罗天同志题写"革命烈士永垂不朽"，碑文刻着五房村革命斗争史及烈士的姓名。2008年11月7日，五房山革命烈士纪念碑与潮揭丰边人民行政委员会旧址被中共揭阳市委、市人民政府命名为市级爱国主义教育基地。

桂林乡革命烈士纪念碑 位于霖磐镇桂东村前。20世纪40年代初，霖磐镇桂林乡（包括现桂东、桂西两村）有200多位热血青年，在中共揭阳县组织的宣传教育下应征入伍、投身革命。战争中，刘悦阳、刘亚蟹、刘育举、刘百首等人壮烈牺牲。为纪念烈士，桂林乡于1949年底召开近2万人参加的烈士追悼大会，并于1950年修建革命烈士纪念碑，1992年迁建于桂林华侨中学前，并增加纪念在对越自卫还击战中牺牲的烈士刘岳贤。

1994年8月，桂林乡革命烈士纪念碑被揭东县人民政府公布为县级文物保护单位；1996年4月，被揭东县人民政府公布为县级爱国主义教育基地。

坤洋村革命烈士纪念碑 位于锡场镇江滨村。坤洋村是革命老区，在揭阳解放前是中共地下组织活动地点之一。从抗日战争后期到解放战争时期，坤洋村先后参加革命的有吴者、吴克、吴声、吴茂、吴璇、吴赐、吴盛、吴武、吴云、吴佩、吴乌等24人。为纪念革命先烈，2006年，由村民自愿捐资，在村庄南面建革命烈士纪念碑。碑塔基正面是石刻碑记，记述该村的革命斗争史，塔基背面刻着烈士英名及革命事迹。这座纪念碑已成为锡场镇爱国主义教育基地。

汾水战役烈士陵园 位于玉湖镇玉联村竹竿山。1927年8月，以周恩来为书记的中共中央前敌委员会及贺龙、叶挺、朱德、刘伯承等人，率领北伐军2万多人在南昌举行武装起义。随后起义军南下广东。9月26日，贺龙、叶挺、刘伯承等率起义军6 000多人抵达揭阳县城。起义军总指挥部设于揭阳县商民协会，贺龙、叶挺等领导人入住姚氏学苑，彭湃率领的东江工农自卫军总指挥部随军到达。当天下午，周恩来、彭湃、贺龙、叶挺、刘伯承、聂荣臻等在揭阳县商民协会楼上的总指挥部召开军事会议，商讨起义军的前进方向。9月27日，起义军接到情报，获悉汤坑仅有敌军王俊部1 000余人。南昌起义军总指挥部遂决定让驻揭阳的贺龙、叶挺部队向汤坑进击歼敌。9月28日至30日，6 000多名起义军与敌军15 000多人在汾水村激战两昼夜，起义军歼敌3 000多人，自身牺牲2 000多人，有3名团长牺牲，此役历史上称"汾水战役"。最后，起义军给敌人重创后撤出战斗，向海陆丰方向转移。

汾水战役烈士陵园占地面积4 760平方米。1997年9月，由揭阳市老游击战士联谊会、潮汕历史文化研究中心揭阳研究会和玉湖镇政府发起并多方筹资，在汾水战役主战场竹竿山上修建汾水战役烈士纪念碑。中央军委原副主席刘华清为纪念碑题词。整座纪念碑占地3.9亩，碑高14.32米，底座宽4米，分两级台阶，周围加石栏杆，并修建烈士公墓、功勋亭、英烈门等。2006—2007年，修建环山水泥公路、纪念碑广场、墓园广场、纪念馆等设施。

2002年12月，汾水战役烈士陵园被广东省民政厅公布为广东省重点烈士纪念建筑物保护单位；2003年6月，被中共揭阳市委、市政府公布为爱国主义教育基地；2009年7月，被中共广东省委宣传部、省军区政治部公布为广东省国防教育基地，8月被揭阳市人民政府公布为揭阳市文物保护单位；2014年12月，被广东省文明委、省委宣传部公布为广东省爱国主义教育基地，同时被揭东区公布为揭东区爱国主义教育基地；2016年，被中国人民武装警察部队广东省总队公布为革命传统教育基地；2019年9月，被中共揭阳市委组织部公布为揭阳市首批市级党员教育基地。

三、纪念馆

吴履逊生平事迹展览馆　位于曲溪街道路篦社区。该社区将宝嘉广场原老学校的群众祠堂打造为打响淞沪抗战第一炮的潮汕爱国将领吴履逊生平事迹展览馆，申报吴履逊故居建筑群、精臣公祠三壁连近现代建筑群列为第七批揭阳市文物保护单位，以弘扬爱国主义精神，提升乡村文化底蕴。

潮揭丰边革命历史纪念馆　位于新亨镇五房村廖氏宗祠内，是潮揭丰边人民行政委员会旧址，曾为五房小学所在地。该馆坐北向南，建筑格局为祠堂包巷厝，祠堂前为阳埕。宗祠内主体建筑面积约300平方米，分前后厅，主要展线长约50米，上嵌展板，下设展柜，包括简介照壁、历史图文、实物展柜等。纪念馆分为峥嵘岁月、情系老区、星火燎原、碧血丹心四大主题展区，以实物和图文的形式系统地展示了以小北山为中心的潮揭丰边党组织革命武装力量、红色政权的发展历程和潮揭丰边革命人物事迹。

历史文献

中共苏区中央局通告

1931年1月，中共苏区中央局发出第一号通告，明确划定了闽粤赣苏区27个县的地域，加上原有东江地区10个县，合计37个县。

闽粤赣边区（苏区）市县一览表①

福建	龙岩、上杭、永定、武平、连城、宁化、清流、明溪、漳平、宁洋、平和、南靖、诏安
广东	海丰、陆丰、惠阳、紫金、潮阳、普宁、惠来、揭阳、潮安、澄海、饶平、龙川、五华、兴宁、梅县、大埔、丰顺、蕉岭、平远
江西	寻乌、安远、会昌、瑞金、石城
福建涉及闽粤赣边区市县	
南安、同安、海澄、厦门、华安、漳州、长泰、大田、德化、永春、安溪、惠安、晋江、漳浦、云霄	
广东涉及闽粤赣边区市县	
汕头	

---

① 摘自《闽粤赣边区的历史丰碑画集》编委会编：《闽粤赣边区的历史丰碑画集》，中央文献出版社2011年版。

揭阳青抗会为纪念"五四"青年节告各界同胞书①

同胞们：

今天是青年节，全国人民都很热烈地纪念着，但这并不是一个乐观的日子，中国人太苦命了，中国青年的命更苦。我们为什么会苦命？不是天注定，亦不是地生成，而是百年前给帝国主义扼住了命脉！他们不让中国进步，不让中国解放！他们和封建势力勾结在一起来镇压中国人，特别是镇压中国青年！

但我们中国青年不怕他们，一百年来中国青年不断地反抗着。"五四"就是日本人要占我们的青岛，和迫我们承认"二十一条"，而引起北京学生起来反日反汉奸的日子。当时实在痛快极了！把汉奸卖国贼打得一塌糊涂，并且烧毁了他们的房屋，结果把日本鬼子吓抖了！

从此中国大大地进步了！

同志们！你说，像这样伟大的日子，怎么不值得纪念？特别是今日敌寇和汪派汉奸正在加紧来灭亡中国，有些顽固分子却也上了他们的当，跟他们同一个鼻孔出气，什么"反共"呀！"清党"呀！"青年思想复杂"呀！"解散青抗会"呀！……不用说的，这完全是因为敌人和汉奸怕我们团结，怕我们青年的力量大，他们要灭亡中国，要投降日本，便不能不首先来迫害青年，摧残青年救国团体。现在，听说有些顽固分子主张"统一"青年组织，把原有救国团体都解散。其实他们的"统一"是假的，"包而不办"是真的，我们何尝不主张统一？我们拥护政府，拥护蒋委员长，服从三民主义，响应政府的一切号召，这不是"统一"吗？为什么偏要"统一"成一个"名"？无非是扼绝青年救国而已。

---

① 选自《揭阳县志》，广东人民出版社1993年版，第855页。

这个，我们是不答应的，我们的家乡已在敌人的铁蹄下，或在枪口下了！谁敢叫我们束手待毙么？让他去做梦吧！我们总是要救国的！抗战到底的！反对投降的！反对分裂的！反对开倒车的！

同胞们！来吧，我们青年是愿意打先锋的！一定要打先锋的！跟着来吧！援助我们吧！

揭阳青年抗敌同志会
1940年5月4日

潮揭丰边人民行政委员会通知[①]

潮通字第1147号

各乡政府、妇女会负责同志：

（一）3月8日是国际妇女节，更是面临着全国解放、妇女翻身的前夕。为此，各乡政府、妇女会应举行隆重的但并不铺张的庆祝，以达到教育干部、群众的效果。

（二）在庆祝大会上，我妇女干部应向群众作报告。报告的内容要包括妇女节的来由，并解释当前各种政策，特别是妇女政策和方针。

（三）所有工厂、学校、机关、乡村的女教师、女学生、女职员应予休假一天，工资照给。

特此通告

1949年3月
主任委员　何绍宽

---

① 选自《揭阳县志》，广东人民出版社1993年版，第864页。

磐桂乡革命烈士纪念碑碑记[①]

抗日战争时期磐桂乡已有秘密革命组织,人民解放战争爆发以来,我乡因得革命风气之先,热血青年纷纷参军杀敌,入伍同志约150余人,其中刘悦扬、刘阿蟹、刘百首、刘育举诸烈士先后为解放事业捐躯,为民就义。

刘悦扬烈士,后厝村人,家贫如洗,饥寒交煎,自认识革命道理后,舍家弃弟,毅然入伍,并加入中国共产党。1947年11月19日,在大北山抗征队挺进梅北于翁内村祯祥坑,他在突围战役中临阵不退,勇敢过人,受伤不屈,奋不顾身,卒至弹尽援绝,壮烈成仁,临难犹高声骂贼,发扬了革命烈士凛然气节。

刘阿蟹烈士,亦后厝村人,身居弱房,素遭封建压迫,几至无立脚之地。加入抗征队后,他奉公守纪,勤工力学。1949年4月27日,他在钱坑追歼王国权匪部战役中阵亡。

刘百首烈士,内社村人,年青博学,历执教鞭,慷慨和蔼,深得乡众赞扬,先于抗征队任中队政治指导员,转调南河武工队队长,共产党员。1948年农历8月16日夜,他于燕浦与同志发生误会中弹身亡。

刘育举烈士,外社村人,机警活泼,倔强敢干。参军以后,他学习勤敏,工作积极,被吸收入党。1947年7月,他于潮阳和平截击台湾伪装新四军战役中英勇牺牲。

诸烈士成仁后所属各部队都曾开会,隆重追悼,现烈士们生前及乡中革命同志为表彰烈士事迹刻石立碑纪念也。

安息吧!烈士们,全国已经解放,人民已经翻身,你们的血没有白流,你们的理想事业已实现。安息吧!烈士们,在勤

---

① 选自《揭东县志》,方志出版社2012年版,第863页。

劳朴质的乡土里，万代人民将永远向你们瞻仰致敬！

革命烈士陈祖虞墓志碑文①

先烈陈祖虞同志，揭阳县第十区楼下乡人，他的父亲陈庆云先生，他的伯父陈宝元先生。他的父亲早过世，他的伯父尽心培养他，督促他入学读书。他聪明过人，思想进步，在第一次国内革命战争时期即参加农运工作，任揭阳县农民协会秘书，积极工作。

一九二七年四月十二日，蒋介石下令"清党"残杀革命同志，在揭阳被反动派捉拿，四月十五日藉名解汕，船到双溪口被反动派残杀，丢尸江中，尸骸浮至砲台被善堂收埋，及后家属闻知即把尸骸移至本乡后虎头陵。但祖虞同志牺牲时三十七岁，遗下妻邝氏三十六岁，儿子奕翰、奕举、奕通都年幼，幸得他的伯父尽心培养，才能自食自主。全国解放，被压迫人民都翻身了，我们饮水思源，永远不忘中国共产党和毛主席的功劳，并要纪念先烈的革命精神，永垂不朽。我揭阳的群众迫切要求为先烈陈祖虞同志立碑纪念，并把遗骨葬于高关岭以作永远纪念，上级是表同情的，我于一九五一年七月把先烈陈祖虞同志的遗像及事迹报告中央人民政府政务院、总理知道，于一九五一年八月十四日中央人民政府政务院来信说总理批准先烈陈祖虞同志的遗像及革命事迹列入革命历史馆保存，我为欲使群众明白先烈的事迹而得到鼓励。

特此作记

一九五五年一月十一日　农历甲午年十二月十八日立碑

林声望敬志

---

① 选自《揭东县志》，方志出版社2012年版，第863页。

附录四 红色歌谣

陈焕新歌谣①

东仓桥头东仓乡，水迷龙眼绕寨场。平原一片水利足，多产稻谷好田洋。

人人种田为正业，闲时担菜去落乡。还有出名磨蜞钓，个人一支如神枪。

自从日本侵我国，战祸侵入同受伤。海口封锁肥料绝，番批无寄着火烧。

妇女绣花无可做，全村皆是闲姿娘。为了生活勤耕种，团结起来保家乡。

这是切身个利益，猛猛出力抢头标。消灭日本和老蒋，和平安乐过日常。

陈焕新教人勿赌博②

时日过去猛如弦，老年过了又新年。正月开头说好话，今年新年勿赌钱。

钱一赌起心就青，一日昏昏不理家。田园生意无心做，痴

---

① ② 选自《东仓革命老区发展史》（内部资料）。

痴呆呆勿面皮。

赌输个人面红红，生钱当厝又卖田。家财破消还欠债，自己暗静气身中。

一时赌赢喜心胸，大开大使不正经。赢了一百想千万，赌到后来反输光。

政府禁赌不宽容，掠去坐监实惨凄。赌输赌赢都一样，破钱受罪无人怜。

赌钱之人心不明，谋头取心来取经。比起强盗恶万倍，还呾耍笑开心胸。

伯叔兄弟听我言，自己勿赌好教人。婶姆姐妹好样榜，赌钱不是好姿娘。

奴仔朋友愈着知，大人赌钱不应该。细细赌至何时老，学着衰样臭奴才。

男女老幼志坚坚，全村无赌名声香。各从正业来去做，同过新年喜洋洋。

大革命时期妇女歌[①]

劳动妇女听原因，听我从头细说情。自古及今个天下，生做姿娘人看轻。

自从落地叫哇哇，人人看做别家婆。倘若会活是造化，不然溪边给犬拖。

养大起来真不甘，件件都是不如人，所食所穿无块好，束缚自己惨难言。

婚姻自由理正宜，情合意投好夫妻。谁知父母自主张，将女

[①]　录自揭阳市档案馆。

买卖如猪儿。

男女交游本无奇，可恨礼教束缚伊。说道男女不可亲，禁女闺房不见天。

姆姐妹欲知机，天下不平是做年，只因封建恶制度，将俺妇女掠下棋。

又逢贫富不相同，富家妇女心内安。穷家姿娘真艰苦，终日驴做脚手忙。

勤家业计理三顿，全个无食去作田，有个上山寻柴草，草担压到嗨嗨呛。

有个采茶共采桑，风吹日晒面乌黄。在家无事着纺织，如做针工免出门。

织有桃花不对时，又逢番花工钱低，纵然磨夜磨日作，一日赚无二个钱。

天光一起到夜昏，十八柴人打到全。你看有钱娘奶帮，出入奴婢随身旁。

槌鼓打模心未足，天热要人扇凉风。企起大厝共洋房，终日十指免用湿。

身穿绫罗食鱼肉，无事抹粉打雅鬃。真是有钱千金身，贫穷之女不如人！

姆姐妹听分明，一桩一件欲记清，要听党的好主意，打倒豪绅不容情。

地主土地来没收，雇贫中农免愁忧。老小妇女都有份，丰衣足食乐悠悠。

革命歌[①]

鸡母叫唿家，胡琏匪军人人骂，只撮蝗头绝种兵，到处散枥枷，搜身掠人件件爱，偷炸池鱼偷挽菜，遇着红军就泄屎。

落来说俺解放军，敬大惜细人温存，夜日都是想办法，使到人人有饭吞。

奴仔歌[②]

王亚夫

你勿笑阮奴仔鬼，奴仔细细上色水(活跃)，衫袖扎并(卷到)猫鼠仔(手臂)，裤脚扎到脚大腿。欲来去，饶(驱赶)掉日本鬼！饶呀饶，饶到门脚口，遇到汉奸大走狗。吠呀吠，跳呀跳，分(结)我一下踢，死翘翘哎死翘翘！

抗敌歌[③]

王亚夫

兄弟姐妹听我言，
快来救国勿放松！
现在只有二条路，
唔是抵抗就投降！
谁人愿做亡国奴，
谁人愿去做汉奸？
除非无知个猪狗，

---

① 选自《桂岭志》（2014年内部资料）。

②③ 选自《潭前王十年革命斗争纪实》（内部资料）。

除非无耻个臭人！
俺大家，唔投降！
欲共潮汕共存亡！
肉殿殿①，血红红，
死在战场心也甘！

欲唻赶走日本鬼②

恁勿看阮奴仔鬼，奴仔细细尚色水，
裤脚卷至脚大腿，衫袖卷至"猫鼠仔"，
欲唻去！欲唻去！欲唻赶走日本鬼。

投笔从戎③

河山破碎恨绵长，投笔从戎意志坚，
可恨倭奴占中国，四亿人民尽遭殃。

天顶一条虹③

天顶一条虹，地下浮革命。
革命剪掉辫，娘仔透脚缠。
脚缠透掉真着势，插枝鲜花冲冲递。

---

① 殿殿：坚实之意。
②③ 选自《白塔区志》（1987年油印本）。
③ 选自《揭东县志》，方志出版社2012年版。

打倒老蒋这臭弟①

行情一年苦一年，俺做奴仔不知机。

日头出起有半"挂"，俺还是睡不走起。

看俺家内个父母，终日忙忙顾赚钱。

都是为了俺个肚，个个想到无神死。

千恨万恨怨老蒋，把将俺国个土地，

全部卖给于美国，换来国币臭金圆。

还再征粮共征税，正用今日受饿饥。

俺这帮，牵牛仔，也着早早来走起。

拿锄头，扒牛粪，赶快倒落俺厕池。

俺大家，来学习，大教细，会教卖。

将来人人会识字，大家努力来团结，

打倒老蒋这臭弟。

打蒋匪②

你勿看阮奴仔鬼，奴仔细细上色水。

衫袖卷到老鼠仔，裤脚卷到脚大腿。

扛枪拿炮阮都会，扛到战场打蒋匪。

怒，打蒋匪。

---

①② 选自《车田村革命简史》（内部资料）。

战斗在家乡[①]

黄一清

拿起我的枪，
我们要战斗在家乡。
从南山到北山，
从桑浦到凤凰；
到处是秀丽的山水，
雄伟的战场。
从高山到平原，
从城市到村庄；
到处有我们的同志，
斗争的红光。

拿起我的枪
我们要战斗在家乡。
我们是乡土的主人，
人民的公敌，
哪能到处烧杀抢？
我们是人民的前锋，

---

① 此歌词作于1947年8月，由牛单（刘天一）谱曲，流行于解放战争时期的潮汕人民抗征队、游击区。选自《瑞联村革命斗争史》，中国文艺出版社2020年版。

苦难的乡亲，
要靠我们去解放。

拿起我的枪，
我们要战斗在家乡。

附录五 革命人物

一、人物传略

陈祖虞

陈祖虞（1890—1927），新亨镇楼下尖石村人，幼年丧父，由伯父陈宝元抚养，9岁起寄居浮山村姑母家读私塾，20岁中揭阳县秀才，名列榜首。1913年，他考入福建省学，毕业后在汕头蓬州任职。自1919年起，他历任关埠、砲台等区区长。1922年，他调任葵潭、惠州。1924年，他从事广州国民政府秘书工作，积极参与农民运动。1925年11月，他奉命回揭阳参加筹建和发展国民党工作。翌年春，国民党揭阳县党部成立，他任秘书，6月任揭阳县农民协会秘书长，领导农会与国民党右派做斗争。1927年"四一五反革命政变"时，他遭反动派逮捕于榕城，被装进布袋沉杀于砲台双溪嘴江中，时年37岁。

1951年8月14日，政务院追认陈祖虞为革命烈士。1955年1月，在楼下村后高关岭山修建陈祖虞陵墓，并树碑铭志。

江明衿

江明衿（1904—1927），曲溪街道港畔村人，1922年考进揭阳榕江中学读书。他与许涤新等在杨石魂的启发、教育下思想进步很快，积极参加与保守派的斗争。在斗争中，学生左派组织——榕中新学生社于1923年成立，江明衿与许涤新均为该组织的骨干人员。1924年春，地下党员杨嗣震到榕江中学任教，旗帜鲜明地支持新学生社。在杨嗣震的指导下，新学生社积极开展社会活动，加强同县城店员工会等左派群众组织的联系。1925年3月上旬，广东国民革命军东征抵达揭阳城。江明衿作为榕中新学生社代表与其他左派组织代表，在东征军政治部科员杨嗣震的引荐下，前往学宫受周恩来主任接见，向周恩来汇报揭阳革命群众组织已有近千人参加活动的情况，得到周恩来的充分肯定与明确指示。其后，他更积极地投身社会活动，并根据周恩来的指示，利用假日回到家乡对乡人、家人进行宣传教育。其祖父、父亲均反对他的所作所为，他却笑着说："我既走上革命这条路，就一直走下去。"他主动协助谢培芳组建青年团揭阳支部工作，并于5月成立揭阳团支部。第二次东征军抵达揭阳时，他协同谢培芳积极开展串联活动，并由青年团发起，召开军民联欢会。1926年春，江明衿被派任青年团揭阳支部书记，还参加国民党揭阳县党部工作，被委任为农工部部长。

1927年春，他被调往汕头市工会工作，以雇员的公开身份，深入基层，与工人打成一片，把宣传活动搞得有声有色，引起国民党右派势力的注意和监视。"四一五反革命政变"后，在揭阳的国民党右派一时抓不到他，便贴出布告通缉他。亲戚劝他远走他乡，他无所畏惧地说："怕杀头，我就不参加革命了。"6月，他被捕，被押解到汕头市，国民党右派对他软硬兼施，要他在"悔过书"上签名，只要声明脱离共产党，就将他释放。他拒绝签名，并坚定地表示："我信仰的事业不变，共产主义信念不变。"敌人见威逼利诱无效，遂于9月5日将他杀害。他在赴刑场的路上不断高呼："共产党万岁！""打倒国民党右派！"就义时年仅23岁。

林文龙

林文龙（1898—1928），霖磐镇东洲村人，1926年参加革命，曾任东林乡农会秘书。他擅写一手秀丽的毛笔字，农民喜欢请他写书信、门联、灯笼、雨笠等，他巧妙利用这一机会，向农民进行革命的宣传鼓动工作，启发农民的阶级觉悟。

在共产党的领导下，他组织农民自卫队，不断痛击反革命武装，取得一次又一次的胜利。在革命低潮时，国民党反动派疯狂镇压革命群众，进行惨绝人寰的屠杀。国民党反动派也挥动屠刀，到处杀害革命志士，镇压革命群众。一天夜里，他们包围林文龙的住处。幸好他先得到情报，在群众的掩护下离开了东林乡。国民党反动派扑了个空，恼羞成怒，下令纵火焚烧林文龙的住屋，毗邻的56间瓦屋也陷入火海，成为一片废墟。脱险后，他携带家眷来到普宁县典竹村外祖母家，自己则潜居深山中，几个月后回到仙桥古溪村。

在古溪村，他仍坚持宣传革命，秘密组织群众掩护革命同志，积蓄革命力量，准备迎接新的战斗。古溪村有一名群众，请他代写灯笼、门联，他一时思想麻痹，竟满口应承，挥笔大书。从此他的身份暴露了，反动派的鹰犬也开始出没于古溪村。他们在古溪村的书斋里，看到墙壁上有一个"神"字，确认是林文龙的笔迹，于是到处搜捕林文龙。在一个盛夏的早晨，林文龙上圩打探敌情，突然身边出现了几十个人。这伙人一拥而上，逮捕了林文龙。

国民党反动派将林文龙押解至东林，晚上即开庭审讯，妄想从他口中得到党组织的秘密。敌人威逼利诱，甚至采取极其残忍的手段，逼迫他交出党的秘密，但他始终不吐一字。1928年8月8日，他被杀害于三洲河边，其尸体被沉入江中，牺牲时年仅30岁。今南塘山上有他的烈士墓一座。

黄家仁

黄家仁（1900—1930），玉湖镇观音山村人。他小学毕业后在家务农。他性格刚直，喜打抱不平。1929年，古大存来潮汕组建苏维埃西南分区，领导人民开展武装斗争，实行土地革命。黄家仁于此时加入东江工农红军。入伍后，他被委任为游击小队长，在观音山一带开展武装斗争。他串联群众，扩大武装队伍，开展对敌斗争，因而惊动了揭阳县县长毛琦，被悬红（光洋500元）通缉，其家里两间房屋还被放火烧毁。但他没有被吓倒，仍带领武装队伍继续打击国民党反动派。当地土豪黄意助，受毛琦指使，暗中监视黄家仁的行踪。1930年9月1日，当黄家仁回家看望父亲时，刚至桥头坑菜地，即被预伏的国民党侦缉队包围。黄家仁寡不敌众，受伤被捕，被押解至榕城监狱。在狱中，他受尽严刑拷打，仍坚贞不屈，历数国民党反动派的罪恶。毛琦恼羞成怒，于同月22日将他判处死刑，枪杀于进贤门外。1935年10月，游击队到观音山村活捉了黄意助，当场给予镇压，革命群众无不拍掌称快。

陈诗慈

陈诗慈（1904—1930），新亨镇硕榕村人，早年就读于蓝田高小、榕江中学。1921年以后，他入浙江南浔大学、上海复旦大学就读。毕业后，他返回揭阳，历任榕城毓秀小学、甲种工艺学校、中山师范学校教员。1926年，他因病回乡；4月投身于当地农民运动，并参加中国共产党，担任揭阳县第四区农民协会宣传委员。他口才出众，在农民运动中威望甚高。1930年春，他被捕，虽受尽酷刑，仍坚贞不屈，严守党的秘密，且当堂掀翻公案，痛斥县长杨开运和法官。同年4月2日，他被杀害于榕城。

卢笃茂

卢笃茂（1903—1935），普宁县洪阳新铺村人。1918年，他就读于汕头市职业中学和商校。1923年，他加入社会主义青年团。次年，他从商校毕业，到普宁麒麟吐书小学教书，与方方等革命领导人联系，在普宁的广泰、揭阳的林厝寮等地组织农会小组。1926年春，他按照党的指示，到揭阳中山中学工读部任教。来揭阳前，他已由青年团员转为共产党员。其后，他担任中共揭阳特别支部组织委员和县部委组织部部长，分管组织、青运、学运和农运工作，并任国民党揭阳县党部青年部部长。1926年下半年起，揭阳右派势力逐步抬头，卢笃茂在县委的领导下，发动进步团体联合起来，进行坚决斗争。

1927年5月，卢笃茂受党的派遣，到暹罗安置流亡到那里的革命志士。是年冬，他回揭阳，担任揭阳县委巡视员。1928年8月，潮安、揭阳、丰顺等七县成立联委，筹建八乡山革命根据地，卢笃茂被选为联委委员。翌年，他任中共东江特委农运部部长。10月起，他多次带武装队伍配合古大存领导的红军攻打揭阳新亨镇，打击反动武装，扩大革命影响。1934年夏，卢笃茂带领一支近200人的红军队伍，转战揭丰华山区。6月11日，国民党军队林大纲部纠集了包括良田自卫团和潘彪团共1 500余人合围胡头山，在激战中红军伤亡惨重。他命令中队长卢秋桂带队突围，自己打掩护，因脚扭伤，暂避于农民阿香之家，被当地反动乡绅抓住，送至潘彪团领赏，然后押解至广州。1935年2月3日，他在广州黄花岗英勇就义。

杨一鸣

杨一鸣（1906—1940），云路镇北洋村人。1924年，他毕业于汕头岩光中学。1927年9月，他从国民革命广东守备军干部训练班毕业后，加入国民党；10月，任国民革命军第十八师第二营中尉指导员。1929—1933年3月，他历任国民党第一集团军第三旅第一团步炮上尉连长、第一一集团军独立第二师独立团第二营上尉营副。从1933年4月起，他任厦门市公安局保安大队副兼特务队长，黔西保安少校大队长兼第一中队长。

1937年七七事变后，他任陆军第四司令部少校参谋。1939年4月，他任闽赣边区绥靖公署少校参谋。翌年4月，他任陆军预六师十八团第一营营长。时日军集重兵于潮安彩塘一带，他奉命驻防于桑浦山前沿。他治军严明，赏罚分明，所带领的队伍同心同德，多次击退日军进攻，获"铁军"称号。1940年11月20日，驻潮安、澄海一带的日军田中部先后攻占郭厝埕、东乡、小坑、乌门等地（均属今地都镇）。其时他驻军钱岗，闻讯率部迎击。官兵英勇杀敌，夺回失地。田中不甘心失败，纠集残部，凭借鸡笼山一带有利地形，组织反扑。杨一鸣部官兵浴血奋战，他身中数弹犹指挥若定，迫使日军败退。他负重伤后急送揭阳真理医院，抢救无效，于21日逝世。该师师部派员与北洋乡士绅扶其灵柩回家乡。11月24日上午，杨一鸣生前集团军参谋长和预六师师长吴德泽率官兵及当地士绅、小学师生共1 000余人举行出殡追悼会。会上，吴德泽给抗日英雄杨一鸣献上"一心吞倭寇，鸣声震山河"的挽联。

蔡耿达

蔡耿达（1918—1942），锡场镇江滨坤头山村人。童年时他就读于新亨蓝田书院，由于成绩优异，后考入揭阳一中。在学校读书时，值东北沦陷，国难当头，他积极投身于抗日救亡运动，被选为揭阳一中学生会负责人。1937年，他在汕头加入"青救会"，经常参加校外各种活动，成为抗日活动的积极分子。1938年初，他参加中国共产党，任学校党支部书记。不久，他返回揭阳，负责党内青年工作。同年春，他被党组织调到普宁县秀陇乡小学教书。在校内，他争取团结一批进步教师，积极开展抗日活动。1939年下半年起，他先后任潮阳县工委和惠来县工委宣传部部长。翌年，他调任潮普惠中心县委青年部部长。1941年7月，他被派到已沦陷的汕头市任中共汕头市区委书记。1942年3月，刘华被捕叛变，致汕头地下党员和革命群众28人被捕，市区委机关遭受严重破坏。叛徒刘华又带领日军前往爱华路将蔡耿达逮捕入狱。蔡耿达惨遭日军严刑毒打，始终没有泄露党的机密，同年6月22日在狱中英勇牺牲。

吴 凯

吴凯（1917—1944），龙尾镇珠坑村人。他出身于农民家庭，只读过五年书。1930年夏，13岁的吴凯在中共潮汕地下组织珠坑联络站当交通员，并做些青年工作。1931年2月，他带领4名进步青年到大南山参加中共潮汕地下组织举办的军政训练班。其后，他与赤卫队队员们一起伪装成挑夫、杂货担郎，为八乡游击队运粮、送盐。不久，事泄，他被悬红通缉，于汕头市被捕。在狱中半年，他保持革命气节，经多方营救，保释出狱。1933年，他以坡头村小学教师职业为掩护，与河坑联络站保持联系，沟通信息。同年，他被派到潮安学习痔疮医术，次年春回到榕城开办吴凯痔疮医务所，为中共地下组织提供秘密活动地点和经费，并为游击队购药。同时，他协助进步组织时光社、馥浪社开展反封建斗争。他在榕城行医时收入甚多，但生活俭朴。1937年，他被吸收为中共党员。9月，党组织决定停办医务所，让他回到珠坑小学任教，继续开展革命工作。1939年，经党组织决定，他又回到榕城复办医务所，为革命活动做掩护。揭阳县委领导人常到医务所楼上活动，并在所内油印有关文件、资料。庆祝建党十八周年纪念活动也在该所举行。吴凯及其妻子则常在门口望风。是年冬，组织派他到兴宁，以办健生医院为名建立中共南委交通站，兴宁县委也设于医院内。林美南、曾广等领导人常到该院。1942年因"南委事件"牵涉，兴宁健生医院被兴梅绥靖公署查封，吴凯及其妻儿辗转于揭阳、陆丰、江西等地，1944年9月回到珠坑村，与中共地下组织取得联系。中共地下组织为筹集抗日游击队经费，11月派他运货往汕头，船到下林村时，他被国民党警察开枪击中而牺牲。揭阳解放后，吴凯被追认为烈士。

洪笑樵

洪笑樵（1888—1945），白塔镇塔北老德围村人，1937年加入中国共产党。青年时，他就读于潮安金中，毕业后曾在揭阳宝峰书院、潮阳峡山等地教书。后回家乡任广育学校校长，因为宣传进步思想，他于1929年被捕入狱。三年后出狱，他仍执教鞭，先后任教于普宁县华溪公学、砺青学社和钟堂洪冶学校，为党和人民的革命事业培养了一大批人才。特别是在普宁钟堂洪冶学校任校长期间，他被誉为"身负时代使命的红色校长"。抗日战争期间，他一家有5位共产党员投身抗日救亡斗争。他一生执教32年，因积劳成疾，于1945年7月病逝。

王昌造

王昌造（1924—1946），月城镇松山王村人。1940年，他到潭王蓝康小学读书。在校时，他得到共产党员郑筠、方思远及进步老师的启发，逐步认识革命道理，积极参加校内外抗日救亡宣传活动。1941年，他加入中国共产党。

小学毕业后，黄昌造就读于霖磐中学、揭阳简师。在简师时，他与王勃等发动组织学生反对学校当局克扣学生津贴米的斗争。1943年，他辍学回家务农，仍不忘革命工作，以原校外读书小组为基础，吸收村内一些进步青年，成立松庐青年间，为团结激励青年，特题门联"松竹并茂齐奋发，庐友合力共争光"。他通过庐友串联、发动村里的王昌照、王勤发等一批青年，向把持村政的封建势力发起进攻，继而利用国民党政府所推行的民选保长制度，发动各房青年参选，先后选出进步青年王海生、王源河、王勤发等担任保长兼村里学校校长。1944年底，日寇进攻揭阳。次年初，松山王村一带成为半沦陷区。时中共潮汕地下组织已恢复活动，开展抗日游击战争。根据上级指示，1945年2月，王昌造在村中秘密中建立潮汕人民抗日游击队松山王游击小组，并担任组长。游击小组经常与设于潭王村的革命据点联络，向上级递送情报，为队伍筹集枪械，还配合武工队惩治汉奸、特务。5月，由于形势需要，经上级同意，他离家参加广东人民抗日游击队韩江纵队梅北独立大队，担任班长。8月，在埔田岭后山遭一八六师与地方部队突袭、包围，他为掩护战友突围，身中数弹仍坚守阵地，终因流血过多无法走动而被捕。1946年，他在兴宁英勇就义。揭阳解放后，人民政府追认他为抗日革命烈士。

王期坚

王期坚（1912—1948），锡场镇潭王港尾村人。他自幼过继给伯父，早年在村塾读书，粗识文字，稍长则在家务农。青年时期，他身强力壮，吃苦耐劳，自耕十来亩田地，喜欢钻研农艺。抗战期间，缺少肥料，他常积土杂肥，挖河、塘泥下田，故所种作物比别人产量高，家庭生活亦较为宽裕。

1940年，蓝康小学创办后，执教老师为抗日爱国的共产党员和进步青年，如郑筠、方思远、谢芳馥等。王期坚在工余或晚上，常到学校听课，开始同情和支持革命，常暗中资助贫苦学生和农民。1942年，他用自己的劳动所得在蓝康小学旁盖起了两间房子，借作学校教师和在城读书的学生假期回家时的住处，成为革命同志、进步师生进行活动的秘密场所。1944年末，日军进占揭阳县城，潮汕中共组织恢复活动，王期坚积极为建立抗日游击队筹措经费。不久事泄，他被父亲王隆诰关了起来。后被党组织营救出来，随即他到大南山参加抗日游击队。

抗日战争胜利后，潮汕党组织决定将部分人员北撤或南移，王期坚随同潮汕领导人林美南等至香港，被安排在广东区党委机关工作。1948年4月，王期坚和一批同志被派回大北山革命根据地，开展抗"三征"武装斗争。潭王"四一七事件"前夕，王期坚回到潮揭丰边的五房山，适遇西南武工队部分队员下山回潭王一带工作，他也随行回乡。当晚碰上国民党军警包围潭王乡，他不幸被捕，被押到县城监禁，不久惨遭杀害。

林瑶珍

林瑶珍（1905—1949），女，锡场镇锡场乡人。她自幼父母双亡，十几岁时，被亲戚卖到渡头村一富户当婢女，两年后逃回家。她19岁时嫁到曲溪缶灶村，夫家一贫如洗，常遭有钱有势人家欺凌，丈夫又患精神病，婆婆双眼失明，二儿子吴龙被迫卖身当国民党兵。在苦难岁月中，她独力支撑整个家庭，使养成她沉默、倔强和爱憎分明的性格。

1948年秋，中共潮揭丰边县委派李木等同志组成山前武工队，以林瑶珍家作为武工队秘密据点。林瑶珍在武工队的教育下，懂得贫苦人要翻身求解放，必须靠共产党的革命道理，于是积极投入革命斗争，并把三儿子吴虎送到武工队当"红小鬼"，把大儿子吴乙送去参加抗征队，只留下小儿子吴猛在身边。林瑶珍对革命同志十分关心，武工队队员林石生病后在她家休养，她精心护理，使林石很快就康复了。11月下旬，她或配合独立大队的同志，或独自化装到新河乡自卫队驻地侦察敌情，为独立大队、山前武工队袭击新河乡公所、消灭自卫队提供了情报。1949年3月初，山前武工队为了逮捕缶灶村"地头蛇"、土匪吴锡奎，于一天黄昏派她将"地头蛇"诱骗到家，由武工队配合主力连将吴锡奎逮捕，但因监押不严被吴锡奎逃脱。吴锡奎随即与国民党军互相勾结，于5月2日凌晨带国民党军雷英部包围缶灶等村，直奔林瑶珍家搜捕武工队。武工队安全突围，林瑶珍和小儿子吴猛不幸被捕。被押送途中，林瑶珍低声告诉儿子吴猛："敌人若是审问你哥哥去哪里，你就说二哥饥荒年饿死，另外两位哥哥远出做工，其他的事都说不知道。"敌人用"苦肉计"，把乡长吴乙茂同时抓入狱中，暗中驱使吴乙茂诱林瑶珍供出儿子的去向。林瑶珍识破敌人的阴谋诡计，不予理睬。敌人进而对她施行"飞机吊"、灌水等酷刑，企图从她口中得到机密，但始终不能得到。敌人又押吴猛到她面前，用夹棍夹吴猛的手指，吴猛顽强不屈，敌人又用针刺其指甲，吴猛痛昏倒地。林瑶珍满腔怒火，痛斥敌人："小孩有什么罪？要打要杀我承担。"敌人无计可施，遂将林瑶珍押往马牙渡北岸枪杀。林瑶珍临刑时毫无惧色，昂首挺胸，面对黄岐山英勇就义。

苏 勇

苏勇（1921—1949），锡场镇东仓村人，曾任闽粤赣边纵队二支七团武工队队长，烈士。1944年底，他加入地下党员陈焕新、方思远及倪宏毅领导的东仓抗日游击小组。1945年，他在东仓加入中国共产党，后加入西南武工队。1949年5月14日，国民党大头岭等地的联防队"围剿"革命据点潭王村，同时在周围的赤岸、月城、山尾、松山等村派兵驻守。恰巧西南武工队队长苏勇和另外4名武工队队员在外执行任务，夜宿月城赤岸村。由于叛徒告密，赤岸村被国民党包围，他不幸被捕，几天后在揭阳县城西门外英勇牺牲。苏勇在赴刑场的路上还高呼"中国共产党万岁"。

廖立正

廖立正（1922—1949），新亨镇五房村人。14岁时，他因丧母辍学，到深山帮助父亲烧炭。1943年，潮汕闹饥荒，他带三弟廖真顺到江西谋生。时值日军入侵江西，他不甘心忍受日本侵略者的欺凌和侮辱，于1945年回归故里，重操烧炭旧业。时中共揭阳地下组织领导的抗日游击队常来往于附近山地，他主动与游击队交往，为游击队放哨，并让出小寮给游击队队员住宿。

参加革命后，他被分配到新亨五房双坑看守所，后调到武工队，驻于潮揭交界的居西溜山。1947年春，他加入中国共产党。不久，他奉命带4个战士到华清公路截击一辆国民党军车，收缴了左轮枪29支、子弹500余发、收音机1台。同年秋，和杨兆民、徐梅、廖六等机智地活捉恶霸钟振翼，缴获长枪10支、国币6亿元。

1949春，他所在连队改编为中国人民解放军闽粤赣边纵队第二支队第七团，他任第二连副连长。9月，廖立正、陈松两个连队被派去攻打新亨，在罗山下和胡琏兵团一部遭遇，被敌人包围。廖立正不幸被敌人击中胸部，壮烈牺牲。

王再喜

王再喜（1923—1949），锡场镇潭王村人。1949年，他接受共产党的先进思想，投身革命，参加民兵组织。

1949年5月14日，国民党反动派出动大批兵力"围剿"潭王村，在进行重点搜查时，王再喜藏于家中的一支步枪和一套民兵制服被搜出，王再喜和在家的哥哥王再添即被押到蓝康中心学校的操场。敌人用尽各种酷刑，要他们兄弟俩供出武工队、民兵队及农会的成员，他们宁死不说。最终，兄弟俩被当众杀害。

王致标

王致标（1926—1949），锡场镇潭王村人。1948年，他参加革命队伍，开展地下革命工作，1949年1月，他在潮揭丰边县委政工队工作。1949年5月14日凌晨，国民党潮汕反动当局包围潭王村。王致标刚好在村里住宿而被捕。敌人对他多次审问并施以严刑，但他坚贞不屈，严守党的秘密。几天后，他被押到揭阳县城西门外枪杀。在从监狱押往刑场途中，王致标昂首挺胸，临危不惧，沿途不断高呼口号"打倒国民党！""共产党万岁！"最终在刑场英勇就义。

李小刘

李小刘（1927—1949），月城镇月城村人。13岁小学毕业后，李小刘就读于揭阳县第二中学、真理中学及汕头岩光中学。1944年，他从岩光中学毕业后，曾到棉湖、浮山、澄海等地小学任教，与校内进步教师一起开展抗日救亡宣传活动。回乡后，他与村中的李华等革命青年联系，积极参加反封建斗争与抗日宣传活动。

1947年冬，梅北武工队筹划破月城谷仓，与先到月城侦察的李泉暗中联系，协助调查情况与串联群众。破仓之夜，李小刘被选派为向导，到东仓桥头带武装队伍到月城，后被吸收入伍。1948年春，山后武工队成立，6月李小刘被调到该队，9月任丰武组组长。1949年1月，他任"羊部"武工队队长，后经常深入大小葫芦、茶背等村发动组织群众，培养骨干，开展斗地霸、抗"三征"斗争。1949年春，他加入中国共产党。同年3月，山后建立行政区，他任区长。8月7日，武工队在闪桥村外公路上与国民党军林福海部遭遇，双方开枪互击，李小刘不幸中弹牺牲。李小刘牺牲的消息传开，当地群众非常哀痛；第二天，山后区政府与当地群众特备棺木安葬烈士遗骸于附近山地。1985年，遗骸迁葬到田东农场内，并立碑纪念。

王期钟

王期钟（1912—1949），锡场镇潭王村人。1948年，他参加潮汕人民抗征队，是潮揭丰边西南武工队队员。1949年5月13日，他与西南武工队队长苏勇，队员陈柚、何友在秋江山玉白一带开展工作，移营赤岸村驻宿于河堤边一间小屋内。隔天凌晨3时许，大头岭（桂岭）等地的联防队欲围攻潭王村，路经赤岸村时，发现武工队的住处，即将门反锁并派兵紧围小屋。天亮时，武工队发现被敌兵围困，英勇抗击敌兵，终因弹尽被捕。几天后，王期钟等4名武工队队员与在潭王被捕的王致标被押到县城西郊枪杀。5名武工队战士临危不惧，坚贞不屈，沿途高呼"共产党万岁"，为解放事业鞠躬尽瘁，壮烈牺牲。

吴文献

吴文献（1890—1952），月城镇篮头村人，国民革命军中将，保定陆军军官学校第一期毕业生。1926年，他任北伐军何应钦部冯裴师部参谋长；1927—1930年，任国民革命军李济深部参谋处处长；1931年任陈济棠部国民革命军第一集团军驻南京办事处主任。宁粤分裂后，他返回广东，任国民革命军第一集团军教导团团长、师参谋长及第三军军长李汉魂部参谋处处长。1932年，他出任潮安县县长。抗日救亡运动爆发后，经卫立煌将军推荐，他进入陆军大学高级参谋班深造，毕业后授中将军衔，任第一战区司令长官部中将参谋长兼洛阳警备司令部副司令。他先后参与、指挥保卫中原抗战各大战役，屡建战功。日本投降后，他自请退役，回汕头、揭东老家闲居，寄情书画。揭阳解放初期，他任汕头市首届人大代表。2015年，国家纪念抗战胜利70周年之际，吴将军作为抗战将领获得中共中央、国务院、中央军委颁发的"中国人民抗日战争胜利70周年纪念章"，由其儿子接领。

陈德智

陈德智（1914—1962），新亨镇硕榕村人。他早年就读于蓝硕小学、蓝田高小、榕江中学。1936年，他考入上海暨南大学历史系。在校期间，他投身于学生运动，并加入中国共产党。

七七事变后，他回到揭阳，参加青年抗日救亡工作，担任揭阳青救会主席兼榕城党支部宣传委员。1938年，他与姚木天率队到水流埔创办南侨中学二校。3月，他调任中共揭阳县委宣传部部长。10月至12月，他为中共揭阳县工作委员会成员，担任揭阳县妇干班指导员，并和杨世瑞等10多人组成工委会第二批工作队，进驻五房村，开展抗日救亡的宣传发动工作。在此期间，他两度回家取款共1 000余光洋，捐作抗日资金，被家属责怨为"破家仔"。1939年1月28日，他被选为青抗会第四届干事会执委总干事。6月，汕头沦陷，他组织青年随军参加前线抗日工作。1942年9月，"南委事件"后，他赴韶关坪石中山大学深造。1945年7月毕业后，他返回揭阳霖磐中学任教，继续秘密进行抗日活动。翌年，他前往香港开办联侨公司，明里经商，暗里从事革命工作。1947年，他拍卖联侨公司全部财产，购置了一批武器，返回潮汕参加大北山游击队，担任游击队政治部副主任，直至揭阳全境解放。

古大存

古大存（1897—1966），原名古永鑫，广东五华人。1917年春，他入读梅州中学，1918年参加五四运动，1921年春入读广东法政专门学校。受共产党人和马列主义书刊的影响，1925年春，他加入中国共产党。同年底毕业后，他参加广东革命政府组织的东征军，任战地政治宣传员、宣传队负责人。

1925年7月，古大存受党组织委派，回五华县组织群众武装，领导农民运动。1926年初，他被选为国民党五华县党部委员，2月任五华县农民协会副会长兼军事部部长。1927年广东"四一五反革命政变"后，古大存组织东江人民反击国民党反动派。同年11月，他任工农革命军第七团团长。1928年革命转入低潮，古大存审时度势带领幸存的战士走进八乡山继续革命斗争。在八乡山根据地10多年的革命战争中，古大存和战友们转战丰顺五华、紫金等县，足迹遍布莲花山、大南山、八乡山。他带领战友建立革命根据地，任五华、丰顺、梅县、兴宁、大埔五县暴动委员会主席。同年8月领导梅州暴动胜利后，他任中共七县（兴宁、五华、丰顺、梅县、大埔、揭阳、潮安）联合委员会书记，领导开展土地革命运动。其间，由于"左"倾路线，内部肃反，敌人的"围剿"等原因，革命屡受挫折，古大存险遭不测，但他仍不折不挠地率领部队坚持斗争，成为东江地区一面不倒的红旗，为东江革命史写下雄奇而悲壮的不朽篇章。

1929年春，古大存率农民武装粉碎了敌人的三次"围剿"。同年6月，他任中共东江特委常委、军委书记；后成立东江工农武装总指挥部，任总指挥。此后，他历任东江工农民主政府副主席、中国工农红军第十一军军长兼代政治委员、中华苏维埃共和国临时中央政府委员、东江红军第一路军总指挥、东江游击总队政治委员、东江特委常委、东江特委组织部部长等职。1935年春，他与敌战斗，率部突围后与党组织失去联系，仍隐蔽在群众中坚持斗争。1938年，他带病外出寻找党组织，经汕头、香港、广州到武汉找到八路军武汉办事处。同年9月，长江局任命他为中共广东省委统战部部长。11月，粤、桂、湘、赣、沪、浙、闽等地出席中国共产党第七次全国代表大会的代表40余人组成代表团，古大存任团长兼临时党支部书记。1939年，古大存作为党的七大代表率领南方代表团赴延安。隔年底，他参加了高级干部学习组的整风学习，任小组长，后调中央党校，先后任支部书记、一部主任。1945年4月，他出席中共七大，被选为七届中央候补委员。日本投降后，他任晋察冀中央局党校校长，中共西满分局常委、秘书长、土地改革工作团团长，东北局委员、组织部副部长，东北行政委员会交通部部长。

中华人民共和国成立后，他调至广东工作，先后任中共中央华南分局常委、广东省人民政府副主席、中共广东省委书记兼副省长等职，主持广东省人民政府工作。1954年9月，他任全国人大常委会委员。1956年9月，在中共第八次全国代表大会上他继续当选为中央候补委员。1957年他在广东反地方主义时受到错误的处分。1958年他下放到增城县，任县委书记。1966年11月4日他病逝于广州。

陈君霸

陈君霸（1913—1966），埔田镇牌边村人。其父陈锦添是同盟会员，他幼年受民主革命思想影响，立志读书救国。青年时期，他先后就读于揭阳一中、汕头同济中学、省立韩山师范、福建省立二师、汕头海滨中学。他思想进步，在学校期间积极参与学生运动。

1935年，陈君霸在保定河北省立农学院读书时，参加保定"一二·一六学生运动"；翌年1月加入中国共产党，2月任中共保定市特别支部宣传委员、保定市委宣传部部长。他先后在《北平新报》《香港大众报》《厦门星光日报》发表过革命文章。1937年7月以后，他回到广东参加抗日救国斗争，历任揭阳梅北南侨中学第二工作队政治指导员、梅北中队代理分队长、梅北党总支书记和普宁梅峰中学党总支书记等职。1942年2月，经中共地下组织介绍，他被张竞生博士聘为饶平县农业学校教导主任，后又到普宁、揭阳等地以教书为职业，从事党的地下工作。1945年2月，他参加揭阳梅北抗日游击小组；7月起，任大南山游击队二支队政治处敌工科科长。

抗日战争胜利后，他先后到普宁、厦门、台湾凤林镇凤林中学和台湾省立第一女子中学任教。1948年8月，他回到潮汕，先后任潮揭丰边县委常委、统战部部长。翌年2月至10月，他任潮揭丰边人民行政委员会主任。

揭阳解放后，他任饶平县第一任县长。1952年6月起，他先后任广东省人民政府粤东办事处建设科科长，粤东行署农业处农业科科长，广东省农业厅办公室副主任，技术室副主任，宣教处、植保处、粮产处副处长，仲恺农校代校长和中华人民共和国动植物检疫所所长等职。1966年4月16日，他病逝于广州。

林声望

林声望（1901—1967），白塔镇霖田村人。他出身贫苦，幼年寄养在外婆家，由舅父送入夜校学习，后返本村私塾读书，因得到亲友资助，才能继续升学。

1919年，他到龙头乡小学任教。1925年，他到美华中学参加潮汕各县教员暑期集中补习会考，受该校校长林中馥的影响，决心会考后投身革命，并亲自赴省农会办事处（设于汕头市）请求彭湃派员到揭阳指导农民运动。10月，省农会派颜汉章等4人到霖田村组建农会，他偕同颜汉章等人深入各家各户宣传革命道理，发展农会会员50余人。1926年1月22日，在该村祠堂正式宣告成立霖田村农会，他被选为农会主席。不久，近邻各乡都成立了农会组织。1926年4月20日，在顶三洲堤边的华阳公室成立第三区农民协会，彭湃亲临大会讲话，林声望被选为县农会组织部部长，并加入中国共产党。随后，县、区农会转移到霖田村办公。1928年，他接受党组织的派遣到新亨尖石村教书，秘密联系和保护各地革命志士。1941年，他在新加坡协助筹款支援祖国抗日救亡运动。1948年10月，他被选为新加坡华侨"武裕平民互助会"主席。1950年7月，他回家乡为父治丧，后在本村夜校任教。1951年8月，他调往汕头市财政局工作，9月又调任渔业公司。1962年，他退休回家。

林 挺

林挺（1919—1968），云路镇中夏村人。1938年3月，他参加中国共产党。1938年至1940年5月，他历任中共普宁泥沟乡小学地下支部委员、训育主任兼教员，国民党独九旅中共地下组织小组长。1940年6月至1944年12月，他进入中山大学地质系勤工俭学，任助教。1944年12月，他奔赴抗日前线，在东江抗日游击纵队参加武装斗争，历任东江纵队青年部训练班指导员、军政干校组织股股长。1945年抗日战争胜利后，他到香港参加筹办四所进步中学，任校董、训育主任等职。1949年3月，他从香港回到粤东参加迎接大军解放广东工作，并担任梅州公学副教育长。1949年10月14日，他随大军进城，解放广州。

1950年后，他历任中共华南分局青委宣传部部长、秘书长、华南团校副校长，广州市青委副书记。1953年4月，他到广东省地质部门工作，先后担任地质部中南地质局地矿室副主任、地矿处处长，广东省地质局副局长、党委委员、中山大学地质系名誉主任，中国地质学会广东分会副理事长等职。

许元雄

许元雄（1901—1971），玉湖镇浮山村人，爱国民主人士。他15岁入蓝田高小，22岁赴广州，考入法政专科学校。毕业后，他返回汕头任教，并与友人合办《汕头日报》，任编辑，后转至香港，任《南方日报》编辑至该报停刊。时军阀混战，许元雄赴北平参加反蒋扩大会议，曾到山西太原、上海等地开展工作，后赴香港，参加反蒋组织之非常会议。九一八事变后，许元雄返回广州，创办《活跃》旬刊，因窘于经费，半年便停办。1933年11月，十九路军将领蒋光鼐、蔡廷锴、徐名鸿等联合李济深，在福建成立"中华共和国人民革命政府"，许元雄担任侨务委员会秘书长。翌年1月，"闽变"失败，他遂与李济深等流亡香港。1938年，成立以翁照垣、陈卓凡为正副主任的潮汕抗日自卫总队统率委员会，许元雄加入自卫总队，奉命率宣慰团到星洲、越南、马来亚等地宣慰侨胞，捐款抗日。不久，他带领一批侨生、技工等归国，在潮安意溪组成华侨救护队，积极参加抗日工作。

1939年6月，许元雄辗转于揭阳、韶关、桂林、衡阳各地，开展民主和抗日活动；翌年，李济深出任军委会西南行营主任，许元雄应邀任秘书。其后，他到重庆、昆明等地过着半流亡的艰苦生活。1944年，他任远征军军法处上校法官，随军征战于中缅边境。

抗日战争胜利后，许元雄受广东省政府派遣，以参议员名义，任中暹文化协会委员、中华总商会秘书、教育协会主席；与黄声等创办《曼谷商报》并任社长；参加创办南洋中学。1948年1月，何香凝、李济深等在香港成立中国国民党革命委员会（简称"民革"），许元雄赴港参加成立大会。同年2月，港英政府公然逮捕民革成员和爱国人士，许元雄被扣留，解送暹罗，再度被监禁。

1950年5月，许元雄回到北京，担任中国华侨事务委员会参事，并被选为民革中央候补委员。1958年4月，许元雄因病获准退休回揭阳老家。1971年许元雄因病逝世。时虽属"文化大革命"初期，浮山大队的广大干部群众仍召开追悼会，为其修墓地，立墓碑。

许元雄好诗文，一生著作甚丰，其诗有唐人风韵，先后出版的诗集和现存诗稿共计300余首，著作有《今已佚》《湖上风载》《光影在萦园》，未刊稿有《两轮集》《啬园藏稿》等。

陈君伟

陈君伟（1905—1972），埔田镇牌边村人。他1927年小学毕业后，任小学教员六年，这期间积极拥护和支持农民运动。1934年后，他任梅北乡公所户籍员，永益乡副乡长、乡长等。其时，当地封建人物横行乡里，他结拜一些进步人士与之斗争，取得埔田地方（梅北区）的统治权。1937年七七事变后，在河北省立农学院读书的胞弟、共产党员陈君霸，接受组织的安排，回到家乡进行秘密活动。中共地下组织领导人林美南、钟声等常来往或夜宿其家。他受党的教育，由同情共产党拥护抗日救国，到积极支持并参加革命工作。1941年春，中共潮揭丰边中心县委转移到牌边村，他利用其乡长职务和社会关系，安排县委组织部部长张克搞抽纱生意，介绍王文波、卢根、杨云等6位同志以教书为掩护从事革命活动。1942—1944年，他以其国民党区分部执委和乡长职务，为一些地下党员填发身份证，作为开展工作的"护身符"。1945年，他接受地下党的意见，以乡公所名义组织永益乡抗日自卫队，由地下党员谢任阳、江文仕等掌握。翌年，这支60多人的武装队伍，与杨兆明和江明理所带领的队伍，组建为潮揭丰边抗日游击队。他积极为该队伍筹措经费、枪弹。由于同共产党精诚合作，中共潮揭丰边县委的一些工作会议，常请他列席，他也常献计献策。1945年5月，为了摧毁国民党政府设在祯祥坑的税务所，他前往观察地形，绘成地图，提出作战意见，结果战斗取得胜利。7月，他配合游击队机智地伏击企图抢耕牛的汉奸谢松荣部20多人。为了防备国民党迫害，他把家人分散五处，自己则过着艰苦而又欢快的游击队生活。

抗日战争胜利后，国民党撕毁"双十协定"，三次通缉陈君伟，他只身到潮阳、普宁、惠来等地掩蔽。1947年初，他回到家乡参加中共潮汕地委领导的人民抗征队。1948年，他任潮揭丰边人民行政委员会委员。1949年，他任潮梅人民行政委员会第二督导团副团长。

1950年，他任潮汕专署矿业科副科长。揭阳土地改革期间，对一些在抗日或解放战争有过贡献的民主进步人士进行斗争，他思想有抵触而离职回家。1951年，他被拘留审查，释放后回家参加农业生产劳动。1956年起，他任揭阳县政协第一至第四届委员会委员、第一届常务委员，积极参政议政。"文化大革命"期间，他受到批判，于1972年病逝。1984年初，中共揭阳县委统战部为陈君伟恢复名誉，并在其家乡隆重举行追悼会，对其家属给予抚恤，安排其孙子1人就业。

李乾利

李乾利（1905—1973），玉滘镇东面村人。他早年就读于广州岭南大学、中山大学，后投身革命。1926年，他参加中国共产党，进入广州农民运动讲习所学习，不久被派往汕头劳动院任文化教员，并任汕头市总工会秘书长，与杜国庠、彭湃、杨石魂等保持联系。1926年冬，受组织派遣，他与李创垂回官硕乡组织农民协会，竖起了农民协会的犁头大旗。农会组织农民示威游行，在溪头埠、曲溪市、潮安的凤塘镇等地集会，宣传革命道理。"四一二反革命政变"后，他被国民党囚禁于汕头市，后经营救出狱，避难于印度尼西亚。在印度尼西亚，他任爱国侨团潮州会主席、报社外勤记者、翻译等职务，继续从事革命活动。1967年，他回到中国，先后居住在北京、广州。

吴履逊

吴履逊（1900—1974），曲溪街道路篦村人。他从上海沪江大学毕业后，东渡日本，进入日本陆军士官学校深造，期间与郭沫若等结识并成为挚友。毕业回国后，适逢九一八事变，日本帝国主义发动侵华战争，民族危机迫在眉睫，他毅然参军，被任命为十九路军一五六旅炮兵营营长。

1932年初淞沪抗战爆发，十九路军为保卫中国的神圣领土，打响了抗日第一枪。吴履逊率领炮兵营全体战士驻守吴淞炮台。他身先士卒，视死如归，号召全营战士"誓死守住吴淞炮台，与炮台共存亡！"先后击退日军的几十次进攻。1937年后，他历任团长、副旅长、潮汕警备司令部副司令等职，由少将晋升中将；在歼灭大鹏湾登陆的日军中立下战功；与叶剑英、郭沫若等开展抗日救亡宣传活动，并积极支持中共舆论阵地《救亡日报》的出版发行工作。后因不满蒋介石内战政策，他于1948年辞去北京行辕中将高参职务，回揭阳奔父丧，翌年春携家属定居香港，1974年病逝于香港。

余鸿业

余鸿业（1904—1975），玉湖镇汾水村人。1925年他毕业于上海东亚体育大学，1926年在广州广雅书院任教，翌年任黄埔军校武术教官。1930年他调任上海十九路军参谋部。抗日战争爆发后，他曾指挥上海青年学生抵抗日军侵略，参加李济深、蔡廷锴在福建发起的倒蒋抗日运动，后任十九路军第四军军需部部长。1939年，他往泰国召集华侨青年380多人回乡抗日，在汕头成立潮汕华侨抗日救护队。抗战胜利后，他定居泰国，1975年11月病逝于曼谷。

刘夷白

刘夷白（1921—1980），霖磐镇桂东村人。他早年就读于韩山师范，1938年加入揭阳青抗会。1939年，他离乡远行到曲江县投考第四战区政工队。1941年，他回到家乡与刘百洲分头组织和领导两个青年读书小组，在家乡传播革命种子。1949年，在家乡秘密建立党支部并任支部书记；在游击根据地先后担任潮揭丰边区委组织委员、西南区委书记。1952年，他任揭阳县文联主席。"文化大革命"期间，他在政治上蒙受不白之冤，但他仍保持革命的坚定性。恢复工作后，他把精力倾注在培养揭阳的文艺工作者身上，后来揭阳涌现的一批文艺工作者和优秀作品，与他的辛勤劳动是分不开的。1980年，他病逝于榕城。1994年，揭阳市文联曾为他出版《刘夷白纪念集》。

林希明

林希明（1907—1982），霖磐镇东洲村人。他早年就读于霖磐高等小学、汕头岩石中学，1924年考入广东省岭东高级商业学校。在校期间，他思想进步，追求真理，结识进步青年，积极参加革命活动。翌年，他参加学校抵制日货宣传队，积极宣传反帝抗日救国的道理，是年被吸收参加共产主义青年团。1926年，他任汕头市学生联合会执委。1927年，他调任国民党汕头市党部青年部干事。"四一二反革命政变"后，他被捕入狱，后被家人营救出来，继续在揭阳一带秘密从事农民运动。同年9月，南昌起义军抵达揭阳，他带领10多名农民自卫军为部队当向导；同月，揭阳县工农革命委员会成立，他任委员。大革命失败后，他只身往新加坡谋生，并参加当地青年运动，被马来亚当局逮捕入狱。被营救出狱后，1931年他被驱逐回国。不久，他与父亲同往暹罗。1938年，他回国参加揭阳青抗会，进行抗日救国宣传工作，并重新参加中国共产党。1946年，他再度携妻儿往暹罗谋生，在曼谷大众文化股份有限公司任总会计。1949年起，他先后担任该公司秘书、印刷总部承印科科长、经理部经理。

1953年，他被泰国当局驱逐出境，携妻儿回国，先后担任广东省侨委石牌及深圳基建组组长。1957年，他调回揭阳工作，任揭阳县归国华侨联合会主任，兼任揭阳县政协第一至四届委员、第四届常委。"文化大革命"期间，他年迈多病还参加"五七干校"劳动。1972年，他被迫办理退职回家，1975年落实政策回县委统战部工作。退休后，他于1978年往石家庄儿媳处度过晚年，1982年在河北逝世。

苏 平

苏平（1927—1982），锡场镇东仓村人。1946年，他参加本村中共地下组织的革命活动；1948年4月加入中国共产党；翌年3月入伍。他历任揭阳县龙东区武工队组长、龙西区队部宣传委员、西南武工队政治指导员，曾两次受到表扬。

1949年后，他任蓝东区公安员、区委委员、区长、区委书记，后任中共揭阳县委委员兼渔湖区委书记，继而调任县委合作部副部长、部长，农林水利局局长；1959年任县委副书记等。1964年，他调任梅县县委副书记、代理书记。在梅县期间，他组织甘蔗生产并创建梅县糖厂，同时推广水稻矮秆良种，大搞农田水利建设。"文化大革命"中，他受到严重摧残，患了高血压症和心脏病。1969年起，他调任梅县地区冶金局革命委员会第一副主任、主任、党委书记。1979年，他调任梅县地区经济委员会副主任、党委副书记。他从事冶金工作9年，尽职尽力，组织全局4 000多名干部职工打矿山翻身仗，为该地区冶金事业做出卓越贡献，使该单位先后被地区、省评为先进单位。《人民日报》《南方日报》发表过文章介绍他们的经验，地区和省冶金工作会议上也表扬了他们。他身体有病仍坚持工作，曾几次因疲劳过度而心脏病发作，倒在会议桌旁。1982年5月17日，他因突发心脏病逝世。

丘　及

丘及（1910—1984），玉湖镇玉牌小坑村人。其家从祖父起就侨居通罗，母亲是泰国人。丘及出生于通罗，从小回到揭阳，由其嫡母抚养。中学时代，他就读于揭阳一中，受业于岭东国画大师孙裴谷。其后，他投考南京晓庄师范学校。在校期间，丘及同进步老师、同学投进孙中山先生倡导的国民革命浪潮。1926年，他加入中国共产党。1930年，他赴上海，先后入读昌明艺专、上海美专。1932年，他毕业后回揭阳，受聘为揭阳一中图画、音乐教师。1934年，他和陈恒雄、章庸熙、林默、陈墨等参加中国共产党领导的文化活动，于5月1日前夕散发革命传单，因叛徒出卖，遭逮捕；一年后保释出狱。1936年，丘及赴南洋，先后在暹罗、老挝、柬埔寨、越南等地从事革命工作，曾任孔教府华侨公校校长、曼谷南侨中学教师、暹罗华侨抗日救国协会宣传部部长、暹罗华侨美术家协会常务理事兼宣传部部长、真话报社社长等职，从事华侨教育和爱国救乡工作。

中华人民共和国成立前夕，他回到北京，先后担任中共中央统战部侨务组长、中共中央对外联络部欧非近东组组长、国务院华侨事务委员会委员兼政策研究室副主任及司长、北京外语专科学校校长、国家预算委员会委员、北京语音学院副院长，当选第一、二、三届全国人民代表，还任第五届全国政协委员、全国侨联理事、中华全国世界语协会常务理事。

工作之余，丘及一直坚持业余绘画创作。其作品笔墨刚健浑厚，布局严谨新颖，赋色秀丽飘逸，格调高雅清秀，多篇被选入《岭东名画集》《潮汕国画家选集》。"文化大革命"

中，丘及遭到迫害，身体备受摧残。打倒"四人帮"后，丘及为许多含冤受屈者写证明、谋昭雪，而对自己儿子丘素穆受迫害至死的事只字不提。1984年8月29日，丘及因病医治无效，于北京医院逝世，终年74岁。

黄贻嘉

黄贻嘉(1904—1986)，龙尾镇石坑村人。他于1921年就读于汕头商业学校，1925年加入共青团，任商业学校团支部书记。同年12月，经卢笃茂介绍，他加入中国共产党；1927年春，他任中共揭阳县第三区委书记；同年12月，他在龙尾镇石坑村组织成立该镇第一个党小组并出任组长，成员有黄亚真、黄有利、黄阿元、黄泽益、黄孟心等。1929年，他到马来亚谋生，当过工人、小学教师和校长等。九一八事变后，他返回揭阳参加抗日战争，并以教书为掩护开展地下革命活动；1947年加入大北山游击队。中华人民共和国成立后，他先后任潮汕专署文教科科长、惠州市政协副主席等。1986年，他在惠州逝世。

王　液

王液（1912—1988），锡场镇潭王广美村人。他从1934年起在揭阳渡头许村、普宁泥沟乡锲金小学教书，1936年春至1937年夏在香港私立华侨中学高中部读书，1938年1月加入中国共产党并被安排到普宁泥沟乡锲金小学任校长，1939年在揭阳马丘乡小学任校长，期间积极协助筹办家乡蓝康中心学校。1948年6月起，他在五房山中共潮揭丰边县委会任《红星报》主编。1949年秋至1951年，他在中共潮汕地委宣传部任干事，兼任潮汕人民出版社副总编，出版潮汕方言诗集《走毛泽东个路》，深受文艺界好评。1951年起，他在中共粤东区党委宣传部任干事、副科长，"三反"时兼任《三反快报》主编；1954年起在汕头地委宣传部任副科长；1956年下半年起在汕头专署文化科（后改局）任科长、副局长，兼《工农兵》文艺月刊主编；1958年7月被错划为"右派"，1978年平反，恢复党籍和职务；1982年4月离休，享受处级待遇。

王液是潭王村早期从事教育、文化工作的地下党员。他积极协助创办蓝康中心学校，并通过党组织为学校推荐一批党员和进步教师到学校任职，把蓝康中心学校办成一所远近闻名的红色学校，为革命队伍输送了一大批优秀人才，其功绩值得人们永远怀念。

刘百洲

刘百洲（1922—1988），霖磐镇桂东村人。他1939年加入中国共产党；1944年，受中共组织委托，与刘夷白在桂林乡开展抗日活动；1947年，参加潮汕人民抗征队，先后任指导员、榕江两岸武工队队长、闽粤赣边纵队团政治处主任等。1949年后，他任汕头市公安局二分局局长、汕头市人民法院院长、汕头市郊区党委书记等。1985年，刘百洲离休，享受副厅级待遇；1988年病逝于汕头。

王捷生

王捷生（1926—1990），又名王大目，锡场镇潭王广美村人，中共党员。1938年，他随父到泰国谋生。1941年，日军侵占泰国，他辍学做小贩，加入泰共领导下的抗日团体——反日大同盟，积极张贴和散发抗日宣传资料。1945年4月，由爱国华侨林汉云介绍，他加入暹罗华侨各界抗日救国联合会，参加"援我中华，抗日救国"的活动，积极动员华侨捐款支援祖国抗战。日本投降后，他便随部分泰国华侨回国参加革命斗争。1947年6月，他参加潭王民兵连；1948年1月加入潮汕人民抗征队梅北独立大队，经方思远介绍加入中国共产党。1948年4月，他调任中共潮揭丰边西南武工队，任区队支委兼政治指导员；

1948年8月，他调任西南武工区北分区任书记兼分区队长，随后又调往潮揭丰边地方大队任大队长。1949年初，潮汕人民抗征队改编为中国人民解放军闽粤赣边纵队第二支队，他任二支七团作战参谋。1949年10月后，他历任揭阳县警备司令部参谋长、榕城公安分局局长、县食品公司党支部书记兼主任、县畜牧办公室主任及科长，丰顺县铜盘农场党支部书记兼场长，林业局党支部书记、第一副局长，丰顺县外贸综合公司副主任，丰顺县外贸局副局长及调研员等职；1987年离休，享受处级待遇。

王　充

王充（1929—1991），锡场镇潭王广美村人，1947年3月加入中国共产党。1947年3月起，他历任潮汕人民抗征队潮揭丰边独立大队西南武工队队长、区委武装委员、区委副书记、区委书记兼区长等职。

1949年10月起，王充任揭阳县公安局政保科科长、调研股股长、公安队教导员；1952年4月起，任揭阳县新亨区土地改革复查队队长、区委委员、代区长；1952年12月起，先后任潮梅矿务局勘探队队长、基建科科长，粤东有色金属管理处、新岭矿党委代书记，揭阳锡矿科长，汕头冶金局潮安矿站副站长，潮安县飞天燕瓷土矿副矿长。落实政策后，1981年12月起，他任潮安县经委副主任兼陶瓷公司党委书记；1983年9月起，任潮州市经委副主任；1986年5月起，任汕头市纪律检查委员会副处级纪检员，同年12月任正处级纪检员。他于1989年3月离休，享受副厅级待遇；1991年病逝于汕头。

徐　坤

徐坤（1927—1994），埔田镇新岭村人。1946年，他参加梅北游击队，任潮揭丰边区基干大队副官。1949年至1952

年，他任梅岗区公安队政训员等职。1953年至1959年，他任粤东区民政办公室组长、汕头市组织部组织委员、汕头市下蓬公社代书记等。1959年10月至1973年，他任澄海县在城上华公社书记、隆都公社书记、县委农村部副部长、县"五七干校"党委书记；1974—1978年，调任湛江市郊区海头公社副社长、郊区湖光公社书记、郊区农办副主任；1979年起任汕头市郊区党委农村部副部长、汕头市农会主席等。1994年，他在汕头市病逝。

黄一清

黄一清（1921—1994），白塔镇瑞联村人。他于1938年4月加入中国共产党，1938年11月至1939年12月先后任揭阳岭东青抗会交通员和潮汕前线随军工作队队员，1940年2月被派往揭阳灰寨、河婆等地任小学教师；1945年2月参加潮汕抗日游击队；1947年2月任揭丰华边武工队队长；1948年6月调任揭阳卅岭区委书记兼第六大队教导员。中华人民共和国成立后，他任揭阳县人民法院院长等；1974年2月起，任中共广东省委宣传部、省文化厅处长等职，系中国戏剧家协会会员。他于1981年离休，享受副厅级待遇，1994年病逝于广州。

李　跃

李跃（1921—1996），玉滘镇尖山村人。他是尖山村解放战争时期开展革命活动的发起人、负责人。1939年秋，潮汕人民处于水深火热之中，尖山村青年李跃先后求学于石牛埔南侨中学、普宁鲤湖区立中学，学习《现代革命运动史》《社会概论》等革命书籍；在这里，他开始接触革命道理，接受进步思想。但后因家境窘迫，他中途辍学，以种田教书为生；目睹国民党政治腐败，民不聊生，他虽有革命之心，但找不到革命之路。1947年秋，随着全国革命形势的发展，潮汕人民抗征队挺进潮揭丰边区，在新亨一带进行革命活动。李跃为寻找革命组织，独自到新亨白石村找到驻村抗征队王同志。王同志问明他的经历及身世，了解来意后送给他两本小册子（一本关于农会，一本关于民兵）及一批宣传资料、标语等文件，交代他回乡开展活动，定期联系。李跃回乡后，按小册子的内容进行串联农民，筹建农会、民兵组织，同时开展募枪募粮等地下革命活动。1947年梅北武工队的杨元、罗能等人到尖山村了解情况，弄清组织关系，同时正式接收李跃入伍，并任命李跃为分队负责人，以尖山村为据点，主持开展革命活动。从此尖山村的革命活动更加活跃了，成立农会、民兵组织，为尖山村的革命斗争中翻开了轰轰烈烈的序章。1948年春，随着革命斗争形势发展的需要，为使潮揭二县、枫江两岸三区的武工区连成一片，上级派杨元、李涛、江建、林镇、李琴良、李先等人进入尖山村，全面摸清情况。李跃经常与武工队骨干李琴良、李先等同志一同破坏敌人的通信设施，同地主展开"退租减押"斗争，募枪募粮等。这些革命活动有效地打击了敌人和反动地主的气焰，壮大了革命武装的力量。

揭阳解放后，李跃回到他热爱的教师岗位上继续工作，兢兢业业为培养下一代做出贡献。他于1980年离休回家安享晚年，1996年病逝。

苏 青

苏青（1918—1997），锡场镇东仓村人，延安抗大及抗日军政学院毕业。他1937年加入中国共产党，参加了抗日战争和解放战争。1949年8月上旬，他随中共中央华南分局第一书记、广东军区司令员兼政治委员叶剑英南下，由赣入粤参加广东战役，参与接管广州，就任广州市公安局治安处副处长；后历任广州市公安局副局长、广州市公共交通局局长、广州市人大城建委员会副主任等职。他于1994年离休，享受副部级待遇。

杨昭玲

杨昭玲（1915—1999），女，埔田镇牌边村人，革命前辈陈君霸的夫人。她于1934年就读汕头市海滨师范学校；1938年3月参加潮揭丰边区地下革命工作；1948年至1952年先后任中共潮揭丰边县委委员、中共饶平县委委员；1952年至1954年任粤东行署副科长；1954年至1966年任广东省农业厅科长；1966年至1972年任广东农科院蚕业系党支部书记；1972年以后任广东省农业厅科长等。1999年，她在广州病逝。

刘　英

刘英（1927—1999），霖磐镇桂东村人，中共党员。1946—1948年，他由组织安排到揭阳下寮、钱坑、云路等学校以教书做掩护从事地下活动。1951年，他任揭阳县武装部股长；1952年任粤东军区民干队区队长；1953年任揭阳县第七、十二区武装部部长；1954年至1963年历任海丰、潮阳、普宁县武装部科长；1963年11月任汕头军分区科长；1966—1974年任汕头地区电影公司经理；1984年任汕头医药联合公司巡视员。1985年，他离休，享受副厅级待遇；1999年在汕头逝世。

王　瑛

王瑛（1923—2001），锡场镇潭王广美村人。他于1941年8月加入中国共产党；1945年任游击小组长；1946年以教书做掩护从事梅北区中共地下支部工作；1947年卜山组建武装队伍并任连长、指导员；1948年1月任梅北西山武工区委书记兼队长，6月调任二支司令部军政学校、军干班指导员；1949年10月起任潮安农村工作队队长、潮安三区委书记；1952年9月起任潮安县总工会副主席；1957年4月起任潮安县工业部部长兼总工会主席；1958年起下乡插队，任浮洋细菌肥料厂厂长；1972年起任潮安县电池厂、机械厂厂长；1981年3月起任潮安县总工会副主席；1989年9月离休，享受正处级待遇。离休后，他任"两纵"潮州市老战士联谊会顾问。

刘　辉

刘辉（1925—2002），霖磐镇桂东村人。他从1944年12月开始参加中共地下工作；1946年5月加入中国共产党；1947年6月，参加共产党领导的抗征队，担任政训员。解放战争时期，他历任闽粤赣边纵队副政治指导员、政治指导员、连长、副教导员，潮汕军分区第一团政治处民运股股长等职务。中华人民共和国成立后，他在揭阳先后任土地改革队队长、区委书记、县委委员、县委副书记、县委第二书记等；1961年任丰顺县委第一书记；1964年任汕头地委办公室第一副主任、汕头地委统战部副部长；1965年8月后任梅县地委水电局副局长兼梅西电厂党委书记、革委会主任、梅县地区农林水办公室副主任等职务；1981年任梅县地区行署秘书长；1983年8月任梅县地委统战部部长；1985年离休，享受副厅级待遇；2002年在汕头逝世。

王　微

王微（1928—2003），女，锡场镇潭王广美村人，中共党员。她于1947年6月加入梅北游击队，成为队员；1949年起在高要县大湾区白沙参加土地改革；1951年起任肇庆镇南区任妇联主席；1958年起在肇庆任镇南公社、宝月公社的社长，肇庆福利厂、针织厂的厂长；1988年在肇庆市南华集团自行车公司离休，享受副处级待遇。

刘百周

刘百周（1921—2004），霖磐镇桂东村人，1945年参加革命，1946年加入中国共产党。揭阳解放后，他先后任揭阳县副县长、广州番禺紫坭糖厂厂长；1985年离休，享受副厅级待遇；2004年病逝于广州。

刘特敬

刘特敬（1925—2005），曾用名刘庵，霖磐镇桂东村人。他于1944年在揭阳一中读书时便加入中共地下组织，积极宣传抗日救亡运动，并任该校学生会主席；1945年加入抗日游击队韩江纵队；1947年加入中国共产党；1949年11月至1950年3月在揭阳县磐岭区委工作；1950年4月到饶平县参加土地改革工作并任队长；1986年离休回到家乡；2005年初因病在家乡逝世。

王　彻

王彻（1929—2009），锡场镇潭王村人。他1944年参加革命，1945年12月加入中国共产党，历任揭阳抗日游击队战士、文化教员、联络员，武工队队长，区委书记等。中华人民共和国成立后，他任揭阳县团委副书记、县委民运部副部长等，参加揭阳、云浮、罗定等县的土地改革工作；1955年任华南组织部科长，中共广东省委组织部副处长、处长；1968年下放到干校——广州钢铁厂工作；1975年任广州市红旗轧钢厂党委委员、广州轧延厂党委代理书记；1980年后任广东省人大法工委办公室主任、法工委副主任，省人大常委会办公厅主任、副秘书长、秘书长；1992年后任广东省第七、八届人大常委会委员、选举委员会主任；2009年4月5日在广州逝世。

刘　达

刘达（1932—2009），霖磐镇桂东村人。他于1949年入伍，任潮汕二支六团塔头交通站通讯员。1950年后，他先后任县政府通讯员、县税务局副股长、县公安局榕城分局副股长等。"文化大革命"期间，他被扣上"现行反革命分子"帽子；1971年平反昭雪，恢复工作。1972年后，他历任汕头海洋渔业公司物资科、供销科的副科长、科长；1984年，任汕头经济特区公安局党组书记、局长；1985年，出席北京全国公安战线功臣模范表彰大会，受到公安部嘉奖；2009年病逝于汕头。

陈 茸

陈茸（1919—2010），女，埔田镇老岭村人，中共党员。1938年，她受党组织委派，以历泉家塾为秘密据点，成立老岭村中共地下支部；杨昭玲任支部书记，陈茸任组织委员，成员有徐婵珠、徐南梅、徐秀专等；同时成立潮揭丰边游击队"揭青抗"。杨昭玲、陈茸带领游击队"揭青抗"及老岭村进步青年在历泉家塾秘密宣传抗日救国，还将情报巧妙地藏在蒜叶中及时送到五房山等革命根据地，同时对进驻老岭村的日寇及反动武装展开激烈斗争，在寨前大埕破坏反动势力的枪支和交通工具。

揭阳解放后，陈茸同志不讨功说劳，没有要求党和政府安排什么工作，一直在老岭村担任妇女干部，做一名家庭主妇。

洪 凯

洪凯（1913—2011），女，白塔镇塔北老德围村人。1938年，她加入中国共产党。抗日战争和解放战争时期，在中共潮汕中心县委的领导下，她以教书为掩护，长期奔走于潮揭普等地开展抗日救亡运动。1948年，她回家乡重建中共秘密交通情报站和党支部，培养了一批革命青年入党；1949年7月参与筹建揭阳县民主妇女联合会；1961年起主持县妇联全面工作；1966年退休，1982年改办离休，享受副厅级待遇。

苏子键

苏子键（1920—2012），锡场镇东仓村人。他于1944年加入中国共产党，同年在地下党员陈焕新的领导下，成立东仓抗日游击小组并成为负责人；1945年带领游击小组成员和各村民兵数百人，参加围攻日军驻地锡场成玉楼和溪头村梅哥楼的战斗。1945年6月，在他家中成立中共东仓支部，他任东仓的第一任党支部书记，积极宣传革命道理，吸收党的积极分子。1946年后，他加入武工队。中华人民共和国成立后，他任普宁县武装部部长，离休后享受副厅级待遇。

王　镝

王镝（1929—2014），曾用名王耀锋、王隆镝，锡场镇潭王广美村人，中共党员。1945年2月，他参加韩江纵队第一支队抗日游击小组，任交通员。1947年，他在揭阳一中入党，曾任支部宣传委员，参加学生爱国运动。1948年春，他在边纵二支七团任政训员，在《红星报》任出版组长。揭阳解放后，他先后在揭阳县委、榕城市政府、地委第一工作团、揭阳土地改革队任职。1951年，他在潮汕土委会调研科、地委秘书处分别任科员、股长，在粤东区党委"三反"复查办、统战部、工业部分别任秘书组长、主办科员、副科长。1956年2月，他因"三青团"问题被错误处理，送劳动教养，后回潮汕专署工矿交办公室任民运组长；1958年6月又被开除回家。在家乡期间，他曾因参与水改、沼气设计工作有成效而被揭阳县评为先进工作者。1979年底落实政策，他在汕头公路局机修厂任工会干事；1981年在地委党史研究室任主任科员、副科长、科长、副处级巡视员兼汕头市中共党史学会秘书；1990年离休（享受副厅医疗待遇）。离休后，他任地区老促会理事、汕头市老战士联谊会副秘书长兼办公室主任；2014年病逝于汕头。

刘　声

刘声（1917—2015），霖磐镇桂东村人。1945年，他与中共党员刘夷白在家乡秘密建立交通联络站；1947年加入中国共产党；1949年2月，任中国人民解放军闽粤赣边纵队第二支队第六团团部副官处主任。揭阳解放后，他任军管会警备司令部后勤主任、县粮食局局长等。1965年，揭西置县，他任揭西县委副书记；"文化大革命"期间遭受迫害。1979年，他任中共汕头地委纪律检查委员会副书记；1984年离休，享受副厅级待遇；2015年病逝于汕头。

罗　知

罗知（1924—2015），埔田镇埔田村人。1945年3月，他参加抗日游击队，任车田村游击小组组长。1946年初，他加入中国共产党，先任揭阳锡场党总支委员，后车田村党组织成立，任车田村党支部书记。1946年11月，在潮揭丰边县委书记杨英伟的领导下，在梅北岭后村组建了武装经济工作队，他与徐梅一起负责交通联络工作。1947年初，在郭奕祥的领导下，他率先组织发动群众成立山会，培养党的同情分子，发展党员，使山会的影响迅速扩大到顶八乡一带。1947年11月，在潮揭丰边县委的领导和组织下，他在梅北祯祥坑村参与组织成立潮揭丰边武征队（即第一支武工队），任武征队事务长（后兼任武装侦察员）。1948年春，他与梅都区委委员林三、孙波等领导成立揭阳梅都武工队，任组织科长。1949年春，他任梅北行政区委书记兼副区长，组织建立区政权及管辖区内各村的建党、建政和成立农会、妇女会、青年团、民兵组织等工作，组织发动边区人民开展减租减息运动，调剂耕地，改善人民群众生活。

1950年春，他任梅岗区委书记、区长；1951年初在梅岗区领导完成土地改革工作，是年8月参加揭阳县安东区的土地改革复查试点工作；1952年3月调任地都区委书记，领导全面开展土地改革复查工作；1953年4月任揭阳县委委员兼砲台区委书记；1953年9月参加华南分局党校学习；1954年2月调任渔湖区委书记；1954年6月调任华南分局工业部国营工矿处副科长、科长；1956年至1960年10月任广东省工矿部工矿处科长、副处长；

1960年10月至1962年3月任连阳矿区长江煤矿党委书记；1962年3月至1974年10月任澄海莲花山钨矿党委书记；1974年10月至1979年初任韶关凡口铅锌矿（厅级）党委副书记、代理书记；1979年3月任中共珠海市委常委、副市长、珠海经济特区管委会副主任、九洲港建设总指挥；1985年至1989年6月任珠海市副市级顾问；1989年7月离休；2015年病逝于珠海。

洪　奇

洪奇（1925—2015），白塔镇塔北老德围村人。他在国立海疆学校读书期间积极参加抗日救亡运动，1946年毕业前夕随长兄洪幼樵赴台湾，参加中共隐蔽战线工作，1947年加入中国共产党。因国民党败退台湾后对共产党进行"清剿"，他身份暴露，于1948年撤回大陆，在上海中共中央华东分局统战部工作。1954年，他调至黑龙江省富拉尔基中国第一重型机械厂工作，任厂教育处处长、技工学校校长等职；1974年调至湖北省十堰市第二汽车制造厂工作，任技工学校校长、职工大学党委书记兼校长、教委副主任等；1986年离休，享受副厅级待遇；2015年因病在武汉逝世。

徐　斌

徐斌（1928—2015），埔田镇老岭村人。他于1945年2月参加革命工作，1948年8月加入中国共产党，并在家乡任交通员，后由中共地下组织安排到闽粤赣边纵队、潮汕抗征大队、敌后武工队工作，担任中共梅北区委委员、工委副书记。1950年后，他先后担任梅岗区团委副书记、书记，潮汕地委土地改革工作团土地改革队队长，潮安县十二区团委书记、潮安县团委组织部部长，有色金属东管理处团委书记，新岭锡矿场场长，海丰锡矿矿长，韶关冶炼厂党委委员兼工会主席。他于1998年离休，享受厅级待遇。

罗烈泉

罗烈泉（1927—2016），埔田镇湖下村人。他于1947年2月参加游击队，曾配合县委特派员林野开展革命活动；1948年5月参加中国共产党，同时加入梅北武工队，负责交通联络工作。1950年，任揭阳安乐区副区长，负责安全保卫工作。1952年，他回家乡负责土地改革工作，因家中私藏亲属（归国华侨）寄存的物品而被组织审查，后回家务农。中共十一届三中全会后给予平反，恢复其党员权利，给予"五老"人员待遇。2016年，他在家乡逝世。

徐 梅

徐梅（1923—2017），女，埔田镇新岭村人。1945年，她参加韩江纵队第一支队，任警卫员；同年8月日本投降后转入地下工作，并加入中国共产党；1946年秋参与潮揭丰边县委组建10人武装经济工作队；1947年9月后转入潮汕人民抗征队。抗日战争至解放战争时期，她任军事指挥员、武工队长兼区工委书记、民运科长等职。1949年至1955年，她先后任安乐区委书记、新亨区委书记、县委委员、县工业部副部长等职；1955年任海丰国营公平机械农场第一副场长；1957年任惠阳地区农科所党委书记兼所长；1958年任佛山农学分院党总支副书记兼财务办公室主任；1959年起历任佛山地区农科所书记、地区机关干部、农场书记兼场长、佛山市农业局人事科长等职。

刘桂睦

刘桂睦（1925—2017），霖磐镇桂东村人。他于1944年6月加入中国共产党，先后担任中共桂林乡地下支部组织委员、书记；1947年起，先后输送150多名青年参加游击队；1949年5月，任区组织委员，11月调至潮汕四期干校任分队长；1950年3月后，历任揭阳县磐东、桃山、地都、砲台的区委书记；1956

年，任揭阳县委委员兼农村部部长；1959—1962年，任陆丰县委委员；1987年，任汕头地区处级巡视员；1985年离休，2002年享受副厅级待遇；2017年病逝于汕头。

吴　波

吴波（1934—2017），埔田镇长岭村人。他于1948年4月参加中国新民主主义青年团；1949年10月到中共梅岗区卫委工作，11月到潮汕干校工作；1950年3月到中共潮汕地委清匪反霸工作团工作；1952年2月任粤东区党委农村工作处干事；1955年2月加入中国共产党；1956年3月任中共汕头地委农村工作部干事；1961年9月任中共汕头地委调研科副科长；1964年至1966年到揭阳和海丰参加"四清"工作；1973年9月任汕头日报社编辑部编辑组长；1977年3月任汕头地区农业办公室科长；1983年7月任汕头市农村工作委员会主任；1986年7月任汕头市副市长；1988年7月兼任中共汕头经济特区委员会副书记和汕头经济特区管委会主任；1990年4月任中共汕头经济特区委员会书记；1991年12月任汕头市代市长；1992年6月任汕头市市长；1993年当选为汕头市人大常委会主任；1995年离休，享受正厅级待遇；2017年1月12日病逝于汕头。

王　思

王思（1927—2017），锡场镇潭王村人。他于1944年12月参加潮汕抗日游击运动，组织发动学生反内战、反迫害、反饥饿斗争；1945年12月参加中国共产党；1948年2月起，在钱坑乡钱新小学教书，8月起任潮揭丰边驻潭王副官处负责人、地方党总支组织委员；1949年10月起，任潮汕税务局汕头市税捐处接管组组长，后任汕头市税务局科长；1960年1月起，任广东省财政厅企财处科长、副处长；1967年11月起，任广东省税务局副局长；1968年8月起，任广东省财政厅革命委员会副主任；1970

年1月起，任梅县丙村煤矿革委会副主任；1973年4月起，任中国人民银行梅县地区中心支行行长；1976年5月起，任梅县地区供销社主任、党委书记；1979年6月起，任广东省财政学校校长、党委书记；1990年1月离休，享受正厅级政治、经济待遇；2017年于广州逝世。

王 娟

王娟（1934—2017），女，锡场镇潭王村人。她于1941年加入中国共产党，1945年参加抗日游击队，1946年后从部队转到揭阳、潮阳、普宁等从事党的地下工作，公开身份为小学教师。1948年，她加入潮揭丰边武工队，后任县青年妇女筹备委员会常务委员。1949年10月起，她任揭阳县妇女委员会宣传部部长；1950年3月起任广州市电业局人事股股长；1953年3月起任海南岛海南铁厂人事科副科长、科长，机械处党总支副书记；1975年10月起，任广东省冶金地质勘探公司工会副主席；1983年6月离休，享受副厅级待遇；2017年病逝于广州。

苏 愈

苏愈（1922—2019），锡场镇东仓村人。他于1944年10月在东仓加入游击小组，次年加入中国共产党；揭阳解放后就任渔湖区委书记、区长；1954年任揭阳县委常委兼农业合作部部长；1956年任揭阳县委书记；1960年调任广东省农业厅畜牧局副局长，后历任省农机服务站处长、省一级局计财处处长、省一级局规建处处长；1980年任省农机厅计财处处长；1983年退休，退休后享受厅级待遇。

他在渔湖期间，完成了清匪反霸和土地改革工作，抓大生产，兴修水利，从揭阳刚解放时每亩田年产300千克粮食到其离任时亩产500千克以上。在此期间，他还注意培养吸收有觉悟的骨干参加共产党和青年团。这批骨干不单能负起当时的生产建设，并在后来走上了领导岗位。

苏 烈

苏烈（1930—2019），锡场镇东仓村人。他于1944年参加东仓游击小组；1947年在东仓入党；1948年毕业于揭阳一中；1949年任西南武工区组织委员；揭阳解放后，历任饶平县委副书记、海南琼山县委书记、惠阳地委书记；2019年病逝于惠州。

二、革命烈士表

大革命时期（1924—1927）

姓名	性别	出生年份	籍贯①	党团员	参加革命年月	牺牲年月	生前所在单位及职务	牺牲地点
张为坤	男		霖磐区联西村		1924	1926	三十岭区委会执委	普宁
林亦侨	男	1895	霖磐区东风村		1925	1927.2	揭阳县农协会秘书	本县②
张御周	男	1896	霖磐区联西村		1925	1927.3	洋头岗村农协会员	广州
王清雅	男	1896	龙尾区高明村		1926	1927.3	高明村自卫军队长	本县
蔡锡贤	男	1871	月城区新围村		1926	1927.4	新围村农会执委	本县
王百万	男	1902	桂岭区客洞村	党员	1927	1927.4	客洞村赤卫队长	本县
陈祖虞	男	1890	新亨区楼下村		1924	1927.4	揭阳县农协会秘书长	本县

① 籍贯为评定时的地址，后同。

② 本县，指揭阳县，下同。

（续上表）

姓名	性别	出生年份	籍贯	党团员	参加革命年月	牺牲年月	生前所在单位及职务	牺牲地点
黄苏增	男	1904	白塔区瑞联村		1924	1927.5	南山自卫队队长	本县
洪庆云	男	1895	白塔区塔东村		1925	1927	七区农会执委	本县

土地革命战争时期（1927—1937）

姓名	性别	出生年份	籍贯	党团员	参加革命年月	牺牲年月	生前所在单位及职务	牺牲地点
林勤展	男	1896	霖磐区东风村	党员	1926	1928.1	揭阳县自卫队通讯员	本县
陈甲六	男	1902	新亨区下坝村		1926	1928.2	顶坝村赤卫队员	本县
陈老蟹	男	1910	新亨区顶坝村		1926	1928.2	顶坝村赤卫队员	本县
陈幼目	男	1907	新亨区顶坝村		1926	1928.2	顶坝村赤卫队员	本县
林万意	男	1885	霖磐区东洲村	党员	1925	1928.3	揭阳县农协宣传员	广州
吴自建	男	1899	龙尾区朱坑村		1927	1928.4	朱坑村联络站长	本县
林文词	男	1906	白塔区林田村		1927	1928.6	林田村赤卫队员	本县
林文龙	男	1898	霖磐区东洲村	党员	1925	1928.8	七区农协执委	本县

（续上表）

姓名	性别	出生年份	籍贯	党团员	参加革命年月	牺牲年月	生前所在单位及职务	牺牲地点
李福来	男	1899	玉滘区尖山村		1925	1928.9	尖山农会主席	本县
何炳美	男	1907	桂岭区建豪村		1927	1928.11	红军战士	本县
王喜元	男	1862	龙尾区龙珠村	党员	1926	1928.12	龙珠村农会长	本县
王洁古	男	1899	龙尾区龙珠村	党员	1926	1928.12	龙珠村赤卫队员	本县
黄新桃	男	1905	玉湖区山联村	党员	1923	1928	揭阳县赤卫队大队长	本县
黄亚珍	男		白塔区塔南村		1926	1929.6	塔南村赤卫队员	本县
邱兰勤	男		白塔区元联村		1929	1929.6	红军四十团战士	本县
廖清来	男	1909	新亨区五房村		1928	1929.7	五房村赤卫队长	本县
廖文用	男	1898	新亨区五房村		1928	1929.9	五房村赤卫队长	本县
黄兴通	男	1905	玉湖区埔龙村	党员	1927	1929	大坑村赤卫队员	本县
廖德时	男	1911	新亨区五房村		1928	1929	五房村赤卫队员	本县
廖六人	男	1912	新亨区五房村		1929	1929.12	五房村赤卫队员	本县
王福镇	男	1898	龙尾区龙珠村	党员	1926	1930.1	红军通讯员	本县

（续上表）

姓名	性别	出生年份	籍贯	党团员	参加革命年月	牺牲年月	生前所在单位及职务	牺牲地点
林亚毗	男	1910	白塔区林田村		1929	1930.1	红军四十六团通讯员	本县
吴来全	男	1909	桂岭区双山村		1928	1930.4	双山村赤卫队员	本县
陈诗慈	男	1904	新亨区硕榕村		1923	1930.4	揭阳县农协会执委	本县
冯南州	男		玉湖区下坡村		1930	1930.5	红军二团战士	普宁
冯裕书	男		玉湖区下坡村		1928	1930.6	红军二团战士	普宁
徐三弟	男	1912	新亨区北良村		1927	1930.6	北联村赤卫队员	本县
许玉山	男	1883	玉湖区军囤村		1930	1930	河婆赤卫队	本县
冯孝京	男	1887	玉湖区下坡村	党员	1928	1930	下坡村赤卫队员	本县
冯祝兴	男		玉湖区下坡村		1927	1930	红军二团战士	普宁
黄林富	男	1895	玉湖区埔龙村	党员	1927	1930	大坑村赤卫队通讯员	本县
黄中宝	男	1903	白塔区瑞联村		1925	1930	大南山赤卫队长	本县
黄加仁	男	1901	玉湖区山联村	党员	1927	1930.11	玉湖区赤卫队中队长	本县
王辉明	男		龙尾区龙尾村		1926	1931.4	三十岭区农会执委	本县

（续上表）

姓名	性别	出生年份	籍贯	党团员	参加革命年月	牺牲年月	生前所在单位及职务	牺牲地点
黄景耀	男	1908	玉湖区山联村	党员	1923	1931.5	党代表	福建
沈安心	男		桂岭区大岭村		1929	1931	大岭村赤卫队员	本县
洪雄力	男	1903	桂岭区大围村		1932	1932.8	红军二团战士	本县
洪亚猴	男	1914	白塔区塔东村		1929	1932	七区农会执委	本县
王忠信	男	1903	玉湖区大坑村		1928	1932	大坑村赤卫队员	本县
陈宝青	男	1890	新亨区顶坝村		1929	1933.2	顶坝村赤卫队员	本县
洪长光	男	1914	白塔区塔北村		1933	1933.4	圆墩村赤卫队员	本县
冯汉辉	男	1897	玉湖区下坡村		1927	1933.7	大坑村赤卫队员	本县
冯汉对	男		玉湖区下坡村		1927	1933.7	大坑村赤卫队员	本县
廖戊成	男	1909	新亨区五房村	党员	1927	1933.7	大北山赤卫队长	本县
许亚福	男	1904	玉湖区军民村		1927	1933	揭阳良田（今揭西）苏维埃主席	揭西
冯安南	男		玉湖区下坡村		1932	1933	红军二团战士	普宁

（续上表）

姓名	性别	出生年份	籍贯	党团员	参加革命年月	牺牲年月	生前所在单位及职务	牺牲地点
王卢发	男	1914	桂岭区客洞村		1933	1933	红军二团战士	普宁
吴自足	男	1897	桂岭区客洞村		1927	1933	红军战士	本县
洪和美	男	1900	白塔区塔北村		1933	1933	圆墩村赤卫队员	本县
王何章	男		桂岭区建新村		1933	1933	红军二团战士	普宁
彭亚李	男		桂岭区彭厝村		1933	1933	红军二团战士	普宁
陈木告	男		桂岭区客洞村		1933	1933	红军二团战士	普宁
王良顺	男		桂岭区客洞村		1933	1933	红军二团卫生员	普宁
郭原章	男		玉湖区下坡村		1928	1934.4	红军战士	丰顺
赖一祥	男	1904	龙尾区河坑村		1932	1934.6	卅岭区赤卫队宣传员	本县
吴丙五	男	1911	桂岭区客洞村		1933	1934.6	红军战士	本县
王俊恭	男	1900	桂岭区客洞村		1930	1934.7	红军战士	本县
冯陈吉	男	1908	玉湖区下坡村	党员	1932	1934.7	下坡村赤卫队员	本县

（续上表）

姓名	性别	出生年份	籍贯	党团员	参加革命年月	牺牲年月	生前所在单位及职务	牺牲地点
陈俗林	男	1901	桂岭区大围村		1933	1934.8	红军二团战士	潮安
黄　真	男	1895	龙尾区石坑村		1928	1934	石坑村联络站长	本县
王瑞兰	女	1914	玉湖区大坑村		1934	1934	红军二团战士	普宁
邱英密	女	1885	新亨区北良村		1925	1934	北良村赤卫队员	本县
陈连庠	男	1905	桂岭区大围村		1934	1935.3	红军二团连长	普宁
黄亚茨	男	1907	白塔区瑞联村		1930	1935.5	大北山赤卫队员	本县
赖奈藤	男	1903	龙尾区河坑村		1934	1935.6	三十岭联络员	本县
赖力古	男	1905	龙尾区河坑村		1934	1935.6	三十岭区赤卫队员	本县
赖十一	男	1911	龙尾区河坑村		1934	1935.6	三十岭区赤卫队员	本县
赖晒日	男	1907	龙尾区河坑村		1934	1935.6	赤卫队宣传员	本县
徐长顺	男	1897	新亨区北良村		1933	1935.7	北良村赤卫队员	本县
廖细被	男		新亨区五房村		1928	1935.7	五房村赤卫队员	本县
卢梁合	男	1891	桂岭区龙岭村		1933	1935.8	红军二团战士	本县

（续上表）

姓名	性别	出生年份	籍贯	党团员	参加革命年月	牺牲年月	生前所在单位及职务	牺牲地点
洪祥照	男	1907	桂岭区大围村		1932	1935.8	红军二团战士	本县
洪辛亥	男	1911	桂岭区大围村		1933	1935.8	红军二团战士	本县
陈美焕	男	1917	桂岭区大围村		1934	1935.8	红军二团战士	本县
黄新宝	男	1901	白塔区瑞联村		1930	1935	大北山赤卫队医生	本县
王和朝	男	1912	桂岭区客洞村		1933	1935	红军战士	普宁
陈连述	男	1912	桂岭区大埔村		1934	1935	红军二团战士	普宁
卢亚龙	男		桂岭区玉步村		1933	1935	红军二团战士	普宁
黄如龙	男	1904	白塔区瑞联村		1927	1935	瑞联村赤卫队员	本县
黄亚兴	男	1904	白塔区瑞联村		1927	1935	瑞联村赤卫队员	本县
黄亚薯	男	1904	白塔区瑞联村		1933	1935	瑞联村赤卫队员	本县
林亚鸟	男	1883	白塔区林田村		1927	1935	林田村赤卫队员	本县
卢榜坤	男		桂岭区玉步村		1933	1935	红军二团战士	普宁
王玉瑞	男	1908	玉湖区大坑村		1934	1935	大坑村赤卫队员	本县

（续上表）

姓名	性别	出生年份	籍贯	党团员	参加革命年月	牺牲年月	生前所在单位及职务	牺牲地点
王秀泉	男	1920	玉湖区大坑村		1934	1935	大坑村赤卫队通讯员	本县
王刘学	男	1905	玉湖区大坑村		1928	1935	大坑村赤卫队员	本县
王草鱼	男	1903	玉湖区大坑村		1935	1935	大坑村赤卫队员	本县
卢木潮	男	1912	桂岭区玉步村		1934	1936	红军二团战士	普宁
卢徐龙	男	1912	桂岭区玉步村		1934	1936	红军二团战士	普宁
赖爱敬	男	1912	龙尾区河坑村		1934	1936	红军联络员	本县
王贤存	男	1905	玉湖区大坑村		1928	1936.9	大坑村赤卫队员	本县

全面抗战时期(1937—1945)

姓名	性别	出生年份	籍贯	党团员	参加革命年月	牺牲年月	生前所在单位及职务	牺牲地点
高宝林	男	1916	桂岭区大围村		1935	1937	大围村赤卫队员	本县
冯俊裕	男	1897	玉湖下坡村		1930	1938	下坡村赤卫队员	本县
冯汉贞	男	1881	玉湖下坡村		1927	1938	大坑村赤卫队员	本县
廖廷庚	男	1909	新亨五房村		1928	1939.8	红军司务长	本县
欧光福	男	1892	桂岭区建豪村		1935	1943.7	地下交通员	本县

（续上表）

姓名	性别	出生年份	籍贯	党团员	参加革命年月	牺牲年月	生前所在单位及职务	牺牲地点
何中周	男	1909	桂岭区建豪村		1934	1943.7	地下交通员	本县
吴 凯	男	1917	龙尾区珠坑村	党员	1934	1944	地下交通员	本县
王友放	男	1924	龙尾区高明村		1944	1944	潮汕人民抗日游击队员	普宁
林木顺	男	1920	白塔区桐联村	党员	1945	1945.8	潮汕人民抗日游击队小队长	普宁

解放战争时期（1946—1949）

姓名	性别	出生年份	籍贯	党团员	参加革命年月	牺牲年月	生前所在单位及职务	牺牲地点
王昌造	男	1924	月城松山王村	党员	1940	1946	潮汕人民抗日游击队班长	兴宁
钟锦贤	男	1923	新亨坪埔村		1945	1946.5	榕城地下交通站班长	本县
李 延	男	1919	月城区月城村		1946	1947.2	地下工作者	本县
谢拱莲	女	1915	云路区苍口村		1945	1947.8	地下工作者	本县
刘悦阳	男	1928	霖磐区桂东村	党员	1947	1947.9	潮汕人民抗征队员	本县
邱陶淑	男	1922	白塔区元联村		1946	1947	潮汕人民抗征队队长	普宁
黄发周	男	1922	白塔区瑞联村		1945	1947	潮汕人民抗征队战士	普宁

（续上表）

姓名	性别	出生年份	籍贯	党团员	参加革命年月	牺牲年月	生前所在单位及职务	牺牲地点
王耀东	男	1926	龙尾区高明村	党员	1943	1947	潮汕人民抗征队中队长	本县
黄吉灵	男	1929	龙尾区石坑村		1946	1947	潮汕人民抗征队第二支队战士	河婆
陈世华	男		云路区翁洋村		1946	1947	潮汕人民抗征队战士	本县
罗湖强	男	1926	埔田区车田村		1947	1947	潮汕人民抗征队战士	本县
朱锡侨	男	1923	埔田区车田村		1947	1947	潮汕人民抗征队战士	本县
谢松吉	男	1917	云路区老桃村		1946	1947	潮汕人民抗征队战士	本县
陈裕金	男		埔田区牌边村		1947	1947	潮汕人民抗征队战士	本县
黄风音	男		白塔区瑞联村		1944	1948.3	潮汕人民抗征队战士	本县
何 耀	男	1924	桂岭区建豪村		1947	1948.3	潮汕人民抗征队副连长	本县
廖上春	男	1924	新亨区五房村		1948	1948.4	潮汕人民抗征队战士	丰顺
王期坚	男	1912	锡场区潭王村		1945	1948.4	潮汕人民抗征队武工队队员	本县
黄玉堂	男	1926	白塔区瑞联村		1948	1948.5	潮汕人民抗征队战士	河婆
黄惠卿	男	1929	龙尾区东湖村		1947	1948.9	潮汕抗征队大北山队炊事员	南山

（续上表）

姓名	性别	出生年份	籍贯	党团员	参加革命年月	牺牲年月	生前所在单位及职务	牺牲地点
吴锡谦	男	1927	埔田区长岭村		1947	1948.8	潮汕人民抗征队战士	本县
徐受宽	男	1912	新亨区白石村		1948	1948.10	白石村地下民兵	本县
黄倪赐	男	1922	新亨区白石村		1948	1948.10	白石村地下民兵	本县
黄源太	男	1920	新亨区白石村		1948	1948.10	白石村地下民兵	本县
刘百首	男	1921	霖磐区桂东村	党员	1948	1948.11	南岸武工队员	本县
温老鼠	男	1927	埔田区车田村		1947	1948.12	闽粤赣边纵队第二支队战士	本县
陆御逢	男	1917	埔田区新龙村		1944	1948.12	潮汕人民抗征队 班长	本县
黄振有	男	1918	白塔区瑞联村	党员	1945	1948	潮汕人民抗征队中队长	棉湖
黄广进	男	1929	龙尾区石坑村		1947	1948	潮汕人民抗征队大北山战士	五经富
黄和内	男	1932	龙尾区石坑村		1947	1948	潮汕人民抗征队大北山战士	南山
廖山喜	男	1929	新亨区五房村		1947	1948	潮汕人民抗征队战士	本县
吴 权	男	1928	锡场区坤洋村	党员	1946	1948	潮汕人民抗征武工队队员	本县
廖廷音	男	1928	新亨区五房村		1947	1948	潮汕人民抗征队战士	丰顺

（续上表）

姓名	性别	出生年份	籍贯	党团员	参加革命年月	牺牲年月	生前所在单位及职务	牺牲地点
苏　汉	男	1925	锡场区东仓村		1948	1948	潮汕人民抗征队战士	本县
陈吉昌	男	1907	埔田区牌边村		1947	1948	潮汕人民抗征队炊事员	本县
陈汉宏	男		埔田区牌边村		1947	1948	潮汕人民抗征队战士	本县
吴岳声	男	1908	埔田区长岭村		1946	1948	潮汕人民抗征队战士	本县
徐　喜	男		埔田区新岭村		1948	1948	潮汕人民抗征队战士	丰顺（八乡山）
陈联多	男		埔田区埔田村		1949	1949.1	埔田村民兵	本县
林光福	男	1930	磐东区南河村		1948	1949.3	闽粤赣边纵队五团排长	普宁
徐　杰	男		新亨区白石村		1949	1949.3	闽粤赣边纵队二支七团五连战士	本县
袁亚佛	男	1928	霖磐区新联村		1948	1949.4	闽粤赣边纵队二支七团战士	本县
林耿嵩	男	1918	磐东富经桥村		1948	1949.4	富经桥村地方民兵	本县
王再喜	男	1923	锡场区潭王村		1949.1	1949.5	潭王地下民兵	本县
苏　勇	男	1921	锡场区东仓村	党员	1946	1949.9	闽粤赣边纵队二支七团武工队队长	本县

（续上表）

姓名	性别	出生年份	籍贯	党团员	参加革命年月	牺牲年月	生前所在单位及职务	牺牲地点
王致标	男	1930	锡场区潭王村		1948	1949.5	闽粤赣边纵队二支七团政工队员	本县
张金科	男		白塔区新村村		1949	1949.5	古沟村地下民兵	本县
蔡友清	男	1929	桂岭区建豪村		1949	1949.5	闽粤赣边纵队第二支队队员	本县
张金戈	男	1905	白塔区新村村		1948	1949.5	新村地下民兵	本县
皱有艮	男	1907	白塔区红坡村		1948	1949.5	闽粤赣边纵队二支七团战士	本县
张竹勃	男	1910	白塔区广联村		1948	1949.5	广联村民兵班长	本县
张卢亮	男	1919	白塔区广和村		1948	1949.5	闽粤赣边纵队二支七团战士	本县
张三弟	男	1922	白塔区广和村		1949	1949.5	广和村地下民兵	本县
林瑶珍	女	1905	曲溪区缶灶村		1948	1949.5	缶灶村地下交通站联络员	本县
何杨广	男	1918	龙尾区新丰村		1948	1949.6	闽粤赣边纵队五团班长	丰顺
陈信	男	1931	新亨区硕榕村		1948	1949.6	闽粤赣边纵队二支七团战士	本县
杨成	男	1928	云路镇北洋村		1948	1949.6	闽粤赣边纵队二支七团战士	本县
刘育举	男	1924	霖磐区桂东村	党员	1947	1949.7	闽粤赣边纵队第二支队战士	潮阳

（续上表）

姓名	性别	出生年份	籍贯	党团员	参加革命年月	牺牲年月	生前所在单位及职务	牺牲地点
袁美平	男	1928	霖磐区新联村		1948	1949.7	闽粤赣边纵队第二支队游击队员	本县
林 铁	男	1928	磐东区棉树村		1949	1949.7	潮揭丰边第三武工队队员	本县
许何秋	男	1926	磐东区潭角村		1949	1949.7	闽粤赣边纵队二支七团战士	本县
谢细弟	男	1927	白塔花树坑村		1948	1949.7	闽粤赣边纵队二支七团通讯员	本县
纪永泉	男	1916	玉湖区玉联村		1948	1949.7	纪罗村农会长	本县
钟木森	男	1926	新亨区下坝村		1948	1949.8	下坝村民兵队长	本县
谢深信	男	1927	云路区洪住村		1949	1949.7	闽粤赣边纵队二支七团战士	本县
李小刘	男	1927	月城区月城村	党员	1947.7	1949.8	潮汕人民抗征队武工队长	本县
陈业圆	男	1930	霖磐区德中村		1948	1949.8	闽粤赣边纵队二支七团通讯员	本县
廖立正	男	1922	新亨区五房村	党员	1948	1949.8	闽粤赣边纵队二支七团副连长	本县
许镇城	男	1919	玉湖区月地村		1949	1949.8	月地村地下民兵	本县
杨任心	男	1924	云路区北洋村		1948	1949.9	闽粤赣边纵队二支七团战士	本县

（续上表）

姓名	性别	出生年份	籍贯	党团员	参加革命年月	牺牲年月	生前所在单位及职务	牺牲地点
张炳茂	男	1932	白塔区新村村		1948	1949	闽粤赣边纵队二支七团战士	丰顺
刘亚蟹	男	1925	霖磐区桂东村		1947	1949	潮汕人民抗征队指导员	本县
黄凤音	男	1916	白塔区瑞联村		1945	1949	潮汕人民抗征队	本县
王期钟	男	1912	锡场区潭王村		1945	1949.5	潮汕人民抗征队武工队队员	本县
陈粕柚	男	1930	新亨区秋江村		1948	1949	闽粤赣边纵二支七团武工队队员	本县
柯两河	男	1932	锡场区塔步村		1948	1949	闽粤赣边纵队二支七团战士	五经富
苏立	男	1922	锡场区东仓村	党员	1947	1949	闽粤赣边纵队二支七团排长	本县
吴大华	男	1927	玉湖区砾尾村		1928	1949	闽粤赣边纵队第二支队班长	五经富
蔡齐	男	1922	新亨区仙美村		1945	1949	解放军战士	江西
刘巧发	男		埔田区翁内村		1949	1949	闽粤赣边纵队二支七团战士	本县
彭耀	男		埔田区翁内村		1948	1949	闽粤赣边纵队二支七团战士	本县
高松强	男	1915	埔田区庵后村	党员	1946	1949	闽粤赣边纵队二支七团战士	本县

附录六

大事记

1925年

3月6日，广东国民革命军（第一次东征）抵达揭阳县城，黄埔军校校长兼粤军参谋长蒋介石、黄埔军校政治部主任周恩来随军到达，下榻县国民协议会厢房。

3月7日，周恩来在揭阳县城考院前向集会群众做题为《国民革命的宗旨和三民主义的真谛》的演说。

1926年

1月22日，第三区霖田村成立农民协会，是揭东地域第一个乡农民协会，会长为林声望，会员共100多人。

2月，揭阳成立第一个区农民协会——第二区农民协会。

4月，共青团揭阳支部改为共青团揭阳特别支部，书记为江明衿。

4月3日，卓献弼、梁良蓁等组织成立揭阳县第三区农民协会，主席为林伟成，农会执委为林文龙、林开成。东江地区农运领袖彭湃同志参加了成立大会。

5月，揭阳县农民协会（筹委会）在县城成立，9名执委是：颜汉章、梁良蓁、彭名芳、卓献弼、陈剑雄、黄峰、林声望、陈卓然、张香吉；秘书长为陈祖虞，顾问为郑德初。县农会下辖4个区农会、75个乡农会，有会员6.4万人。

6月，成立揭阳县农民协会。

7月，揭阳县农民协会召开全县农民代表大会，有几百名代表参加，省农运领导人彭湃到会指导。

冬，揭阳县党员人数增至100多人。中共揭阳特制支部转为中共揭阳县部委员会，颜汉章仍任书记，组织委员为卢笃茂，宣传委员为张秉刚。

是年，霖田、瑞来、大寨内、老德围建立党支部，是白塔最早建立的一批党组织。

1927年

1月，揭阳农民自卫军改称为赤卫队。

3月，第三区农会参加洋稠岗战斗，与国民党武装展开激烈战斗。

4月30日至5月2日，国民党揭阳县县长丘君博和民团团长张万仕、林其德、林尊光组织各路武装500余人，围攻霖田、老德围、大寨内农会，烧毁房屋168间，学校、祠堂各1座，杀害10余名乡民。

4月，揭阳县第三区赤卫队在颜汉章、卢笃茂的带领下，与普宁县第八区赤卫队，围攻揭、普交界的东林村太史第，以回击国民党反动派的"清党""清乡"行动。

5月12日，揭阳县国民党反动派下令通缉共产党员和进步人士颜汉章、卢笃茂、谢培芳、彭名芳等22人。

9月26日，南昌起义军抵达揭阳。下午，起义军领导人周恩来、贺龙、叶挺等在揭阳县商民协会楼上召开军事会议，并成立揭阳县工农革命委员会。

9月28日至30日，南昌起义军贺龙、叶挺部在揭阳白石村至汾水村十多里的丘陵地段，与国民党陈济棠部激战，双方伤亡惨重，后因力量悬殊，起义军被迫向普宁流沙退去，此次战役史称"汾水战役"。

11月，先后在揭阳县第二、四区建立了苏维埃政府。

1928年

2月中旬，古大存带领60多名革命骨干，其中党员30多名，化装上八乡山，然后分散到揭阳观音山、丰顺县崇下，以打石做长工为掩护，进行革命活动。

5月17日，中共东江特委指派共青团东委书记王克欧和袁裕到揭阳指导暴动。

5月，中共揭阳县委机关报《红光报》创刊，为周刊。颜汉章为主编，只出版了2期。此为中共揭阳县委最早印行的刊物。

7月，中共广东省委派员改组揭阳县委，喻奇辉任书记，县委委员有张家骥、张静民、卢笃茂等。

1929年

秋，揭阳县委在卅岭山区边沿小北山区的乡村建立革命活动据点，恢复农会组织，并在下坡村建立地下交通站，主任为周阿祥，交通员为周德群。

10月，在新亨楼下乡尖石村飞蛾地召开大会，宣布成立小北山区苏维埃政府。卢位美、徐合秋当选为区苏维埃政府正、副主席。

1930年

6月，古大存、卢笃茂带领红军及地方革命武装近千人攻打新亨镇，进占两天后撤出。

1931年

桐坑林任夫在汕头成立红十字会分会，并于桐坑设立办事处，办事处做了一些社会赈济的工作。

1932年

春，成立中共揭阳第三区委及区苏维埃政府。区委书记为陈子山，区苏维埃主席为张阿最。

10月1日，潮普揭第一大队伏击国民党警卫队，歼敌22人。

是年，东江红军领导人古大存在瑞来村外寨活动。

1934年

年初，东江游击总队改为东江工农红军第二团，卢笃茂任团长。

6月11日，红二团团长卢笃茂率红二团和卢秋贵带领的潮普揭第一大队100多人，在揭阳与五华交界的胡头山遭国民党林大纲部及当地反动自卫团共1 500多人包围。此战中卢笃茂负伤，后被俘，1935年2月3日就义于广州黄花岗。

秋，国民党团长何宝书部经常到瑞来、马坑、河坑一带，采用围村、调查户口等手段抓人杀人，弄得人心惶惶。

1935年

1月，成立中共潮（安）澄（海）揭（阳）县委，书记陈圆圆。

7月11日，红二团揭普惠游击大队大队长张木葵率领红军2个中队共140人赴五房石角山袭击国民党警兵（实是国民党"清乡"先头部队），但被发觉，反被邓龙光部2 000多人包围。激战两个多小时后，张木葵及大部分指战员牺牲，仅20多人突围转入凤凰山根据地。

1936年

3月29日，坚持斗争的中共潮普揭县委书记张锄及工作人员3人被国民党邓龙光部所俘，不久牺牲。

1937年

秋，抗日战争全面爆发后，林美南到瑞米联系老赤卫队队员黄梅杰，在寨外书斋组织成立了青年抗日同志会，开展抗日救亡活动。

1938年

1月，白塔成立青抗分会，领导人洪幼樵，组织会员开展宣传抗日救国活动。

2月，成立揭阳妇女抗敌同志会。

2月，中共揭阳组织派杨兆民等第一批揭青抗骨干参加国民党在揭阳梅冈书院开办的广东第八区统率委员会干部训练所训练。

3月10日，成立中共揭阳县第一区委员会，书记林美南。

4月22日，成立揭阳学生抗敌联合会。

4月，中共揭阳县工作委员会重新建立，书记为林美南，组织部部长为曾广，宣传部部长为曾畅基，武装部部长为黄梅杰。

5月17日，为准备开展抗日游击战争，抵御日军对潮汕的侵略，中共揭阳县工作委员会通过揭青抗，建立以揭青抗为主的抗敌先锋队，开展民众武装自卫运动。

5月17日，中共揭阳县工作委员会建立以青抗会会员为主体的人民抗敌先锋队，开展民众抗日武装自卫运动，瑞来村有几十人参加。

夏，黄梅杰担任中共揭阳县工作委员会军事部部长。

7月，在瑞来成立中共揭阳县第三区委员会，邱秉经任书记，曾冰任组织委员，吴灵光任宣传委员。

8月，瑞来小学改为瑞来中学。

10月，中共揭阳县工作委员会在水流埔召开会议，林美南传达潮汕中心县委的指示精神，确定地处揭丰边的五房、坪上山区作为游击支点；同时成立中共揭阳县第四区委员会，区委书记为曾广。

11月，瑞来中学校长姚木天，老师王质如、丘金爱、杨昭玲等带领学生20多人，到五房、坪上等村宣传抗日。

12月，中共揭阳县工作委员会改为中共揭阳县委员会，林美南任书记。当时丰顺县的工作由揭阳兼管，故又称中共揭丰县委。

1939年

1月，在中共潮汕中心县委和揭阳县工作委员会的指导下，瑞来中学改办为南侨中学二校，秘密建立地下党支部。支部书记为梁灵光，党员共21人。

春，日寇侵略潮汕。省立潮汕师范学校从潮安迁至白塔古沟水尾祠堂办学，校长李育藩。为学生实习方便，把该乡小学改为韩师附小。

5月，南侨中学二校师生组织三个宣传队到普宁、丰顺、揭阳等县开展抗日救国宣传。

6月21日，日本飞机轰炸南侨中学二校，炸弹抛落于学校后边的空地上，幸逢节日放假，师生未有伤亡。但用作学校的祠堂墙壁和屋顶都被炸弹震裂，神龛里的神牌被震倒。22日，黄佚农带领青光学习社全部社员，砍树枝、打草胚给学校披上伪装，并填好弹坑。

夏，党组织在白塔瑞来学校举办女党员训练班，参加的有10多人。

夏，中共揭阳县工作委员会决定将南侨中学二校、三校并入一校。

秋，中共党员王液受中共揭阳县委的指示，趁创办蓝康中心学校之机，向校董会推荐一批有教育工作经验的"揭青抗"骨干（中共党员）到校任教。

8月，白塔瑞来老寨外成立青光学习社，社址设在子殿公厅黄书强家，学习内容主要是马列主义小册子、抗日书籍及其他进步报纸杂志。

9月开始，根据上级指示，白塔瑞来新寨村党总支部经常派党员黄亲爱、黄文营、黄连敬等到附近各村联系，如玉陇、高明、坑尾等，协助这些村成立党支部。

9月中旬，中共潮揭丰边县委领导人林美南、陈勉之、卢叨等移往梅东洪厝寨；同时县委不定期出版刊物《前卫报》，报道抗战前线的情况，以此鼓舞人民抗战的信心。

10月，中共潮揭丰边县委指示揭阳县第四区委组织梅冈各界抗日联合会，主要成员是各村的小学教师及知识分子，谢晖被推举为联合会主席，出版《梅联》通讯。

12月至翌年1月，中共潮普惠揭中心县委扩大会议在瑞来召开。

1940年

1月，锡场蓝康中心学校聘请郑筠任校长、方思远任训导主任、谢芳馥任教务主任。

4月，撤销中共潮揭丰边县委，新成立中共揭阳县委，书记罗天。

5月，新成立的中共揭阳县委会议在白塔瑞来小学召开。

夏，揭阳县第三区委书记许继在瑞来小学举办党训班，组织各村支委学习党章，参加的党员有10多人。

12月，中共潮梅党代会在瑞来埔召开，成立中共潮梅临时特委（1941年改为中共潮梅特委）。

1941年

1月，皖南事变后，瑞来党支部分配党员在夜间到处张贴和散发上级党组织送来的《中共中央军事委员会发言人对新华社记者的谈话》及《为皖南事变发表的命令和谈话》等传单，使本村和邻村的群众知道国民党反动派破坏抗战、屠杀新四军的罪行。

9月，林美南任中共潮梅特派员。

1942年

6月，中共汕头市区委书记蔡耿达及其妻子马雪卿（潮阳籍人）分别于20日和26日在汕头市惨遭日寇杀害，壮烈牺牲。

6月，中共南方工作委员会遭受国民党破坏（史称"南委事件"），潮汕党组织遵照上级决定，暂时停止党的组织活动。瑞来小学党员老师分散隐蔽到各处。村党支部也暂停活动。

是年，苏子键介绍地下党员陈焕新到东仓的小学教书，以教书为掩护，把农村学校作为阵地，积极开展秘密革命活动。

1943年

春，揭阳旱情严重，官商趁机勾结在一起，囤积居奇，操纵粮价。有2.4万名饥民逃往江西、福建，许多人死于路上。全县饿死约6.8万人，少女幼婴被拐卖2.2万人。白塔镇范围内逃荒江西者有982户3 321人，饿死者551人，逃荒南洋谋生者成千上万。时瘟疫流行，死者无棺盛殓，以门板、草席掩之。幸存者以野草、香蕉头、树叶充饥。至5月25日开始下雨。

1944年

10月，日寇侵占白塔镇，先后两次进驻白塔、桐坑两乡，抢掠洗劫，奸淫妇女，乡民受害不浅，第三区基本上沦陷。

12月8日，两架日军战机在轰炸棉湖返航途经霖磐三洲村上空时，一架战机失事坠落在对岸竹林，另一架迫降在该村江边，飞行员被当地村民击毙。

12月9日，日军田中部及伪军共3 000余人，揭阳县城首次沦陷，12日撤出。

12月11日，林美南在揭阳九斗埔汪硕波家召开党员骨干会议。会议决定成立揭阳人民抗日游击大队，大队长为曾畅基。

12月底，钟声被任命为中共潮揭丰边特派员，驻在梅北陈君伟家里，着手审查恢复揭阳党组织、筹建揭阳抗日武装队伍的工作。

12月，中共潮梅特委于白塔瑞来埔成立揭阳人民抗日游击大队。

是年，中共揭阳县委在桂林后厝村设地下交通联络站，并成立抗日游击小组。

是年底，在地下党员陈焕新、方思远及倪宏毅的领导下，在苏勇的铺子里召开成立东仓抗日游击小组会议，介绍抗日斗争形势。

1945年

1月14日中午，桂林人民协同西庐凤山抗日队伍在三角渡圩伏击日军，击毙日军5人。

1月26日，日军再次占领揭阳县城，揭阳第二次沦陷。29日，日军撤出县城。

3月6日，白塔瑞来村首批参加抗日队伍的队员20多人，出发前往普宁，参加潮汕人民抗日游击队。

3月，党组织在白塔瑞来埔设地下交通站两处，新寨设在黄稳营家，老寨内设在李瑞花家。

3月8日，揭阳县城第三次沦陷，直至日本投降才光复。

4月5日，揭阳县第四区锡场的村民获悉驻扎在成玉楼的大股日军进攻汤坑，几百乡民奋起围攻。义顺乡、蓝康乡的群众围攻锡场溪头村的梅哥楼日伪军营地。后从汤坑方向赶来的日军与民众激战。终因敌强我弱，"火烧成玉楼"宣告失败。

6月，巫志远、苏子键介绍苏愈、苏勇、苏命三人入党，入党的宣誓仪式在苏子键的家里秘密举行，当晚正式成立东仓党支部。

6月下旬，根据中共广东区党委指示，潮汕人民抗日游击队改成广东人民抗日游击队韩江纵队（简称"韩纵"），韩纵司令员兼政委林美南。

8月13日，周礼平等率领潮澄饶敌后游击队100多人到居西溜与小北山抗日游击队独立大队会合，成立广东人民抗日游击队韩江纵队第一支队。周礼平任支队长兼政委。

1946年

6月，广东人民抗日游击队韩江纵队原中队长、党员黄正吾随东江纵队北撤。瑞来村党员20多人隐蔽在本村，党支部暂时停止活动。

6月，国民党军队"围剿"瑞来村，进行搜刮劫掠，并通缉黄一清、黄佚农、黄梅杰、黄连兴、黄金明、黄林放、黄河清等7人。

6月，中共潮揭丰边县委在东仓建立地下交通情报站和北山军事物资转运站。

7月，潮揭丰边县委在锡场东仓召开党员骨干会议。会议确定"交好朋友，为村民办好事，改善群众生活"作为今后开展工作的指导思想。

7月和10月，潮揭丰边县委在揭阳梅北岭后村召开两次干部整风会议，潮汕特委组织部部长吴坚到会指导。

夏，以黄书意、黄书强为骨干，成立瑞来中小学同学会，先后参加者约50人，会址设于南侨中学二校旧址。同学会的宗旨是团结联络青年同学，互相学习，共同进步。

10月，为解决党组织活动经费和保存武装骨干，中共潮揭丰边县委在岭后村徐贤林家成立一支10人的武装经济工作队。队长为陈金，指导员为赖基长。

冬，水流埔、高明等村组织秘密民兵队，有的以守菁队的名义为掩护。

1947年

8月，何绍宽受中共潮汕地委之命，组织卅岭武工队并任队长。这支队伍活动于灰寨至卅岭一带，以军事、政治素较好的党员为骨干。

11月20日，潮汕人民抗征队发布《减租减息的暂行办法》。

11月22日，中共潮揭丰边县委在岭后村徐贤林家成立潮揭丰边武工队（也称"梅北武工队"），队长为杨兆民。

秋，潮揭丰边武工队捕杀新亨大坪埔恶霸钟振翼，缴获自动步枪10支、国币6亿元。

冬，邱志坚、林震带领抗征队到桐坑乡收缴国民党闽粤边区"剿匪"总部政治部主任林飞的轻机枪，瑞来党支部配合行动，缴获轻机枪一挺和一批弹药。

是年，瑞来村办起夜校识字班，新寨片先办在黄诗纯的新巷间，老寨片集中在子殿公祠。

是年，成立瑞来埔抗征小组，开展抗征斗争。

1948年

1月7日，潮揭丰边武工队队员化装成乡民，在埔田圩抓获民愤极大的恶棍吴恭贺、吴有海，当场枪决。

1月底，经中共潮汕地委批准，潮揭丰边武工队改建为潮揭丰边武装中队（也称"长枪队"）。杨甦忠任中队长，王瑛任指导员。

2月1日，在潮汕人民抗征队的带领指挥下，瑞来党支部发动民兵、群众150多人参加了破东林谷仓的夺粮行动，缴获150多担谷子。

2月8日，揭阳锡场东仓成立妇女会，会员40人左右，负责人为陈素娟、林婵梅。

2月下旬，潮汕人民抗征队潮揭丰边独立大队成立，大队长

附　录

为倪宏毅，政委为吴扬。

2月29日，中共潮揭丰边县委在大葫芦村召开区一级干部会议，决定独立大队和武工队分开活动，新成立4支武工队：梅北武工队，队长为林三；小北山武工队，队长为孙波；山后武工队，队长为张桐萱；西南武工队，队长为方思远。

3月18日夜，揭阳梅北武工队突袭位于潮下村的梅北乡公所，缴获长枪12支及其他物资一批。

春，瑞来党支部配合卅岭武工队到桐坑乡没收反动乡长林春士的财产行动，随后派出黄何为、黄顺春等星夜挑运没收的物资10余担，送抵大北山杨梅坪抗征队驻地。

4月28日，黄自周、黄顺、黄连敬等10多人，配合卅岭武工队20多人袭击桐坑联防队。

5月2日，驻桐坑国民党广东省保安十一营三连，会合揭阳县保警第一大队县自卫队两个中队和白塔联防队共600多人，在县自卫总队副队长的指挥下，分三路向卅岭进犯。潮汕人民抗征队第一大队、武工队、民兵布防在珠坑一带。11时左右，抗纵队第一大队放冷枪数发诱敌进入射击圈，然后以钳形夹击，激战至下午，毙敌17人，敌溃退。

5月，中共揭阳县委在揭西灰寨召开有卅岭等7个区参加的文教会议，会议提出学校由分散走向集中，初等小学应就近为完全小学。会后，金联乡在金钩村办起新华小学，接着，各乡政府派出专管干部接管学校，并承担全部经费和委派教师。

5月初，国民党揭阳保安团配合白塔、桐坑联防队大批军警先后两次"围剿"瑞来埔，枪杀3名无辜群众，枪伤1人，抓去村民32人。

6月中旬，在中共揭阳县委的领导下，成立中共卅岭区委员会，黄一清任书记，区委成员为王裕金；公开名称是卅岭工作

373

委员会，设在高明池贝村。

6月18日，敌人从潮安调来保警一队，配合国民党揭阳县保警及白塔、大头岭、桐坑联防队共300多人，配轻机枪4挺，进犯瑞来村外寨。潮汕人民抗征队和卅岭武工队前往抗击，结果毙敌11人，伤6人。

6月23日，揭阳县自卫总队雷英部和大头岭联防队共300多人，从大头岭向古沟进发，企图洗劫古沟、谢屋宾一带村庄。武工队与古沟等乡民兵英勇抗击，抗征队驻东畔寨（东洲村）的独二连闻讯即奔赴古沟水尾村山头阻击，第六大队驻三洲的连队和短枪队赶赴古沟侧面山头参战，驻南塘的第二连抢占谢屋南面高地。战斗至12时许，敌军败退。此役，毙敌几十人。

6月，瑞来党支部在卅岭武工队协助下，正式成立民兵大队，大队长黄瑟旺，副大队长黄天晓，副官黄诗纯。各片村相应成立民兵中队，先后配备长短枪50多支、弹药一批。

7月，中共卅岭区委书记黄一清在背头岭召开群众大会，宣传革命形势，阐明共产党主张，号召群众团结起来，积极投入革命斗争。

7月，瑞来党支部在新寨片成立农民协会，接着建立瑞来埔农会，各片村设分会。

夏，西南武工队负责人方思远在东仓附近的草寮内召开会议，成立"义属二五减租委员会"。参加会议的有王彻、许炎丰、王树根、苏炎标、苏愈、吴者、许炎清、柯帆、柯国等人。

9月10日，国民党广东省保安十一营会合丰顺埔仔寨、白塔联防队共500多人，从卅岭向大北山进犯。卅岭武工队、卅岭独立大队和民兵配合抗征队第一大队，在五经富鸭麻湖迎战，从上午激战至下午5点。

秋，瑞来成立村妇女联合会，并在各片村成立分会。

秋，中国人民解放军闽粤赣边纵队第二支队第六团同瑞来民兵100多人，攻打国民党桐坑联防队。

11月上旬，中共潮揭丰边县委在五房山召开各武工队骨干会议。会议决定组建城北武工队（或称"山前武工队"），代号"龙部"，队长为李木；组建西山武工队，代号"马部"，队长为王捷生。

11月中旬，中共卅岭区委员会委员增至三人，黄一清任书记，王裕金为组织委员，李化为宣传委员。对外仍称中共卅岭工作委员会，主任黄一清，副主任李化。

12月，中共潮揭丰边县委指示，在潭王村秘密建立潮揭丰边游击队，设在敌后的副官处和民兵基干连，作为五房山游击根据地的物资筹集转运处。

冬，卅岭武工队与县警及联防中队300余人于瑞来村激战，毙敌11名，伤6名，缴获步枪3支、子弹100余发、电话机2部，大挫敌人锐气。

1949年

1月10日，中国人民解放军闽粤赣边纵队第二支队动员近千人围攻白塔联防，毙敌4名，伤数名。

1月中旬，成立潮揭丰边人民行政委员会，主任陈君霸，副主任方思远。

1月，潮汕人民抗征队改编为闽粤赣边纵队第二支队。

2月中旬，揭阳成立大和武工队，代号"兔部"，队长为罗能。

2月，潮揭丰边独立大队改编为闽粤赣边纵队第二支队第七团，团长杨兆民，政委杨英伟。

3月，潮揭丰边成立3个行政区：第一行政区为梅北区，书记罗知，区长杨甦忠；第二行政区为五房区，书记李华，区长柯帆；第三行政区为山后区，书记兼区长孙尚。3个行政区约有5万人。

3月上旬，桂林农会、民兵中队成立。

5月，卅岭区人民政府正式成立，区址设于高明，统辖范围为今白塔镇和龙尾镇。曾凌任中共卅岭区委书记。区委会下设9个支部：区政府支部，书记曾凌；武工队支部，书记刘石头；政工队支部，书记曾凌（兼）；区青妇联支部，书记李铎；区农会支部，书记黄文营；瑞来支部，书记李文山（又名李扬双）（兼）；高明支部，黄文营（兼）；桐坑支部，书记李文山（兼）；河坑支部，书记黄文营（兼）。

5月，成立潮揭丰边第四行政区，即西山区，区委书记兼区长王充。

5月，成立青年团卅岭区筹委会，主任李铎，委员黄宝林、黄诗纯、刘百祥。不久，筹委会改为工作委员会。

6月，瑞来村与河坑村合并成立村民主政府，选举黄宝琛为村长，赖美（河坑村人，中共党员）为副村长。村政府设于瑞来埔老寨内祠堂。

6月，成立潮揭丰边新民主主义青年团筹委会，孙波任书记。不久，孙波调离，由王彻接任。

6月2日，在玉湖纪厝大埔举行庆祝第四行政区成立大会。

6月，成立潮揭丰边民主妇女联合会筹委会，杨昭玲为主任。

7月12日早晨，国民党军高英部乘小汽船到桂林附近的河面，准备向桂林乡发起"清剿"。因事前获得情报，桂林乡民兵配合边纵第二支队第六团与敌战斗2小时，敌不能得逞，撤回榕城。

7月17日，第二行政区在东寮村振东中心小学召开全区干部大会，各村村长、农会主席、民兵队长参加。

8月3日，驻新亨的台湾新军刘鼎汉部秘密出动，突袭东寮乡。

8月6日，敌军进占玉湖，由于有所准备，二区武工队边打边撤，进入五房山。

9月上旬，中国新民主主义青年团桂林支部成立。

9月下旬，中共潮揭丰边县委在山湖坪上成立城市武装工作队，共50多人，王充任队长兼指导员。工作队准备入城后开展肃反和保卫工作。

9月，白塔新青团瑞来支部正式成立。

秋，白塔瑞来儿童团成立。

10月19日，揭阳县域解放。

10月20日，中共潮揭丰边县委和中共揭阳县委合并为新的中共揭阳县委员会，并成立揭阳县军事管制委员会。杨英伟任县委书记兼军管会主席，林史任县委副书记兼军管会副主任，王勃任县委组织部部长，杨坚任县委宣传部部长。同时成立揭阳县警备司令部，郑剑夫任司令员。

10月23日，成立揭阳县人民政府，杨世瑞任县长，何绍宽任副县长。

后记

　　根据中国老促会《关于编纂全国1 599个革命老区县发展
史的安排意见》（中老促字〔2017〕15号）和广东省老促会
《关于印发编纂〈革命老区县发展史〉丛书有关文件的通知》
的文件精神，为激励全区广大干群不忘初心、牢记使命，中共
揭东区委、区政府十分重视《揭阳市揭东区革命老区发展史》
的编纂工作，切实加强领导，专门召开会议，下发文件（揭东
府办明电〔2018〕25号），着手做好本书的有关史料、照片
的搜集、整理和编辑工作。同时，划拨本书编撰和出版的专项
经费。

　　从2018年下半年开始编纂本书，编辑部工作人员深入全区
49个革命老区村，得到各镇（街道）、各老区村的大力支持和
配合，资料搜集详细具体（其中大部分是上级史志、档案部门
未搜集的第一手材料和影像）。在编辑过程中，参与本书编纂
工作的同志，本着向历史负责的精神，以积极认真、严谨核对
的态度，做了大量的调查、撰写、编辑等工作。经过半年多的
努力，终于在2018年12月形成本书初稿。2020年9月，原由揭阳
产业园代管的磐东街道和龙尾、白塔、桂岭、霖磐、月城五镇
划归揭东区，编辑部工作人员立即着手将五镇一街道相关内容
充实到书中，并对全书内容做了全面修改。随后，将书稿送区
委、区政府领导以及市委党史研究室、揭阳日报社、区委宣传

部、区委组织部、区志办、区扶贫办、区老促会等部门广泛征求意见，组织专家审稿。经过反复修改、充实、校正，终于使这本书顺利出版，与广大读者见面，为庆祝建党100周年献上一份厚礼，为建设揭东这片有着光荣革命历史的热土增砖添瓦。

《揭阳市揭东区革命老区发展史》重点突出老区人民在中国共产党的领导下，创建和发展革命根据地，开展革命斗争的历史地位和贡献，以及中华人民共和国成立以来，各个历史时期的重大事件。特别是党的十八大以来，老区人民在党中央、省、市的正确领导下，发扬自力更生、艰苦奋斗的精神，大力发展经济，脱贫致富，涌现出一大批爱岗敬业的先进事迹，努力使揭东经济社会发展走在全市前列。

本书彩页中"革命史迹"图片没有署名的，均由各老区村提供或主编手机拍摄。由于历史原因，本书在编辑过程中有些地方表述仍用揭阳县，并参考了《中共揭阳县地方史》、《中共揭阳历史大事记》、《揭阳县志》（1993年版）、《揭东县志（1992—2010）》（2012年版）等大量历史著作、文献和工具书。在此，谨向所有支持老区建设和本书出版的有关单位和个人，致以崇高的敬意和深深的感谢。

《揭阳市揭东区革命老区发展史》的出版，我们深感欣慰，因为它是《全国革命老区县发展史》丛书中的一册。由于本书工作量大，要求严格，有部分资料欠缺，加上编辑经验不足，时间仓促，错漏之处在所难免，敬请读者斧正。

《揭阳市揭东区革命老区发展史》编委会

2021年5月20日